KB206734

논리-철학 논고

비트겐슈타인 선집 **1**

논리-철학 논고

Tractatus Logico-Philosophicus

루트비히 비트겐슈타인   이영철 옮김

책세상

일러두기

1. 이 책은 루트비히 비트겐슈타인(Ludwig Wittgenstein)의 《논리−철학 논고》(*Tractatus Logico-Philosophicus*)(1921)를 완역했다.

2. 이 책은 맥기니스(B. McGuiness)와 슐테(J. Schulte)가 편집한 루트비히 비트겐슈타인의 《논리−철학 논고》 비평본(Frankfurt am Main : Suhrkamp, 1989) 가운데 《논고》 부분과 〈러셀의 서론〉을 번역 대본으로 삼았다.

3. 주는 모두 각주로 처리했으며 비트겐슈타인의 주는 (저자주)로, 옮긴이의 주는 (옮긴이주)로 표시했다.

4. **고딕체**로 표시한 말은 원문에서 이탤릭체로 강조된 말이고, 방점으로 표시한 말은 원문에서 대문자로 강조된 말이다. '**하나의**'처럼 방점 강조된 고딕체는 원문에서 이탤릭체 대문자로 강조된 말이다.

5. 맞춤법과 외래어 표기는 1989년 3월 1일부터 시행된 〈한글 맞춤법 규정〉과 《문교부 편수자료》, 《표준국어대사전》(국립국어연구원, 1999)에 따랐다.

차례 | 논리-철학 논고

*

옮긴이의 말

　비트겐슈타인의 《논리-철학 논고》(*Logisch-Philosophische Abhandlung*)는 원래 1918년에 완성된 책이다. 이 작품의 진가를 이해하는 출판사가 당시에는 없었기 때문에, 출판 과정에서 우여곡절을 겪은 끝에 이 작품은 1921년에야 비로소 《자연철학 연보》라는 독일의 정기간행물에 버트런드 러셀의 서론을 곁들이는 조건으로 처음 게재되었다. 그러나 몇 가지 이유로 이 출판물은 교정이 거의 이루어지지 않아 사실상 읽을 수 없는 상태였다. (비트겐슈타인은 그것을 '해적판'으로 간주했다고 한다.) 1922년 영국의 케건 폴 출판사에서 역시 러셀의 서론을 곁들여 독영 대역본으로 출판하면서 비로소 이 작품은 본래의 모습을 되찾았는데, 이때 G. E. 무어의 제안으로 책 제목도 라틴어로 "*Tractatus Logico-Philosophicus*"라고 개칭되었고, 그 후 이 책은 이 이름으로—또는 단순히 '*Tractatus*'(《논고》)라는 약칭으로—더 잘 알려져 있다.

　현대 철학의 고전이 된 지 이미 오래인 이 책에서 비트겐슈타인은 언어의 본질에 관한 탐구를 통하여 세계와 사고의 한계들을 해명하고, 우리의 삶에서 진정 중요한 것은 무엇인가를 드러내고자 하고 있다. 이 책은 명제의 논리적 구조와 논리적 추론의 본성에 관한 고찰들로부터 시작하여, 인식론, 자연과학 및 심리학의 기초, 수학의 본성, 철학의 본성과 역할, 윤리-미학의 지위 등에 대한 논의를 거쳐, 마침내 '신비스러운 것', 또는 '말할 수 없는 것'의 존재에 대한 사상에까지 이르고 있다.

이 책은 '모든 철학은 언어 비판'이라고 보는 시각에서 현대 철학의 이른바 언어적 전환을 확립하는 데 결정적인 기여를 한 책이다. 이 책에 따르면, 철학의 문제들은 우리의 언어 논리에 대한 오해에서 비롯된다. 그러므로 올바른 철학은 언어의 논리에 대한 명료한 이해를 통해, 말할 수 있는 것의 한계를 드러내지 않으면 안 된다. 이 책에서 비트겐슈타인은 우리의 언어와 사고의 본질이 사태에 대한 논리적 그림 즉 기술(記述)에 있다고 보았다. 그림으로서의 언어—이는 결국 과학의 언어가 되는데—는 세계 내에서 일어날 수 있는 모든 것을 기술할 수 있다. 그러나 이는 한편으로 언어와 사고, 그리고 세계의 한계를 드러내는 것이 된다. 언어와 사유가 사태의 그림일 수 있기 위해 세계와 공유해야 하는 것 자체—즉 논리—는 그림의 대상이 될 수 없기 때문이다. 논리는 그림에서 드러나지만, 유의미하게 말해질 수는 없다. 그것은 언어와 사고와 세계의 한계를 이루는 것이다. 비트겐슈타인에 의하면, 논리뿐 아니라 윤리-미학적인 것도 역시 말해질 수 없다. 이것들 역시 초월적인 것으로서, 기술 가능한 우연적 세계 내에 속하지 않는다. 그러나 이것들은 가치를 지닌 것들이고, 따라서 이것들이야말로 중요한 것들이다. 이런 점에서 비트겐슈타인은 이 책의 요점을 '윤리(학)적'이라고 말하기도 했다. 왜냐하면 결국 이 책은 언표 가능한 세계의 한계에 대한 고찰을 통해 언표 불가능한 가치의 존재를 보여 주고 있기 때문이다.

이 책의 궁극적인 진리성은 비트겐슈타인이 후기에 언어의 본질에 관한 생각을 바꿈으로써 포기된다. 그러나 이 책의 매력은 그럼에도 불구하고 일정 부분 남는다. 그것은 단순히 이 책이 논리(학)의 본성에 대한 새로운 통찰을 보여 주었다거나, 언어의 본질을 재현으로 보는 전통적 언어관을 진리 함수 이론과 같은 것을 이용해 현대적으로 혁신했다는 데 있지 않다. 또 그러한 생각들을 신비주의적이라고까지 일컬어지는, 언표 불가능한 것에 대한 사상과 교묘하게 결합했다는 데 있지만도 않다. 물론 이러한 생각들은 비록 문제가 있더라도 탁월한 전형으로서 여전히 의미를 지닌다. 그러나 아마도 이 책에서 여전히 우리를 사로잡는 매력이라면—이것은 옮긴이의 개인적 느낌에 불과할지도 모르지만—철학적 문제들의 궁극적 해결은 우리의 언어를 명료화하는 가운데 우리의 삶을, 그러니까 우리의 언어와 사고와 세계(의 한계)를 바꾸는 것이 되지 않으면 안 된다는, 아마도 그의 실존적 체험과도 연결된 깨달음 또는 신념에 있을 것이다. 그리고 이것이 그가 이 책의 요점을 '윤리(학)적'이라고 한 진정한 이유일 것이다. 이 책의 사상이 후기 비트겐슈타인에 의해 다각도로 비판되면서도, 그가 《철학적 탐구》 머리말에서 언급하고 있다시피, 그의 후기 사상이 오직 그의 전기의 사고방식을 배경으로 해서만 올바로 이해될 수 있다고 하는 것은 이러한 맥락까지 포함해서 이해되어야 할 것이다.

아무튼 이 책은 금강석처럼 작고 단단하고 투명하면서도 그 속을 들여다보면 많은 것이 반짝거리며 빛나고 있는, 공학도 출신 천재 철학자의 경이로운 작품이다. 이 작품은 보는 사람의 시각에 따라 여러 가지 의미를 지닐 수 있겠지만, 그것이 철학사에 오래 기억되고 이야기될 것이라는 점만은 아마 변함없을 것이다.

이 책은 독일 주어캄프사에서 1989년에 맥기니스(B. McGuinness)와 슐테(J. Schulte)가 편집하여 나온 《논리-철학 논고》 비평본(Kritische Ausgabe)

의 《논고》 부분과 러셀의 서론을 번역한 것이다. (이 비평본에는 《원논고》 (*Prototractatus*)도 같이 실려 있다.) 러셀의 서론은 《논고》가 출판되는 데 결정적인 도움을 주었으나, 그 내용에 만족하지 못한 비트겐슈타인이 서론으로 싣기를 거부하였을 정도로 중요한 문제점을 안고 있기도 하다. 이 서론은 영국 쪽에서 출판된 《논고》에는 앞부분에 실려 있고, 독일 쪽에서 출판된 기존의 《논고》에는 빠져 있다. 맥기니스와 슐테의 비평본은 러셀의 서론을 부록으로 싣고 있는데, 이제는 이것이 온당한 처사라고 생각된다.

《논리-철학 논고》는 그 분량도 짧고 문장도 매우 간명하게 되어 있지만, 일반 독자에게는 매우 난해한 철학서이다. 옮긴이는 이 책을 읽는 사람들이 본문의 내용을 더 명료하게 파악할 수 있도록, 필요하다고 생각되는 대목에서 약간의 각주들을 달았다. 번역서가 해설서나 주석서는 아닌 만큼, 옮긴이가 단 주는 주로 번역과 관련된 유의사항이거나 비트겐슈타인이 독자의 이해를 전제하고 따로 설명하지 않은 것들 중 어느 정도 설명이 필요하다고 생각되는 것들에 대한 간략한 설명과 같은 최소한도에 한정되어 있다. 이러한 한정은 한편으로는 옮긴이의 천학 비재로 말미암아 불가피한 사정이기도 하다. 옮긴이의 주가 오히려 없느니만 못한 결과가 되지는 않기만을 바랄 뿐이며, 독자 제현의 질정을 바라마지 않는다.

또한 이 작품은, 비트겐슈타인의 다른 많은 작품들과 마찬가지로, 보통의 책들에서 볼 수 있는 장절 구분이 없다. 이는 이 책의 내용들이 서로 겹치면서 이어져 기계적으로 나눌 수 없는 부분들이 있기 때문이지만, 어쨌든 이것이 독자들에게 이 책의 난해성을 증가시키는 요인 중의 하나이다. 그러므로 옮긴이는 이 작품의 구조에 대해 그동안 연구자들이 분석해놓은 것들 가운데에서 두 견해를 취하여 부록에 실었다. 두 견해는 그 분석의 세부화의 정도에서 차이가 있을 뿐, 큰 골격에서 꼭 상충하는 것은 아니라고 할 수 있을 것이다.

그리고 이 책에는 일반 독자에게는 낯설 수도 있는 기호들이 꽤 많이 사용되고 있는데, 이러한 독자들을 위하여 옮긴이는 기호 설명을 부록으로 달았다. 본문에서도 물론 특수한 기호들에 대한 설명은 나오고 있지만, 일반적인 기호들에 대해서는 그 이해를 전제하고 설명을 생략하는 경우들도 있기 때문에, 이러한 일괄적인 기호 설명 목록은 독자들에게 어느 정도 편리를 주리라고 생각한다.

찾아보기는 맥스 블랙(Max Black)의 《비트겐슈타인의 '논고' 길동무》(*A Companion to Wittgenstein's 'Tractatus'*)(Cambridge, 1964)에 실린 《논리-철학 논고》의 독일어 용어 색인 등을 기초로 하여 작성되었다. 이 색인은 《논고》에 대한 색인으로서는 가장 자세한 것 같다. 그러나 옮긴이는 이 색인에서 불필요하거나 중요하지 않다고 생각되는 약간의 부분은 생략하였고, 불충분한 부분이 발견된 항목은 보완하였다.

개정1판을 펴내며

실질적인 개정은 초판의 마지막 쇄(13쇄)에서 이미 이루어졌다. 거기서 번역을 전면 재검토하여 상당 부분 다시 다듬고 고쳤으며, 독자의 이해를 돕기 위해 각주를 대폭 추가하고 또 부록에서 이 책의 구조에 관한 견해도 하나 더 실었다. 그러나 그러한 노력에도 불구하고 거기에는 유감스럽게도 일부 부정확하거나 부자연스러운 표현이나 어법, 또는 어쨌든 조금이라도 더 개선할 여지가 있는 곳들이 아직도 남아 있었다. 그것들을 이번에 최종적으로 바로잡고 다듬어 '개정판'으로 이름하여 낸다. 명(名)과 실(實)을 합치는 이 정당하지만 뒤늦은 조처에 대해서는 독자의 양해를 구한다.

개정 2판을 펴내며

최근에 제자들과 함께 이 번역을 사실상 처음으로 꼼꼼히 읽고 토론할 기회가 있었다. 개정 2판은 그 과정에서 일부 번역을 다시 손보고 옮긴이주를 대폭 수정 보완한 결과이다. 이제 이 번역은 초판 옮긴이의 말에서 내가 번역서와 구별한 해설서나 주석서의 기능까지 상당 부분 겸하는 것이 되었다고 할 수 있다. 이러한 변화에 대해서는 호불호가 있을 수 있겠지만, 아무래도 이 책은 더 충분한 도움 없이는 독자들이 이해하기가 거의 불가능하다고 할 수 있고, 그런 점에서 이번 개정은 나름 정당화될 수 있으리라고 본다. 이제 옮긴이의 바람은 이로써 독자들에게 이 어려운 책의 이해를 돕는 더 튼실한 사다리가 마련되었으면 하는 것뿐이다. 더 나은 번역과 주해가 나올 수 있게 도움을 준 제자들에게 감사한다.

✳ 논리–철학 논고

나의 친구

데이비드 H. 핀센트[1]를

기념하여 바침

모토: ······ 그리고 우리들이 아는 모든 것,

단지 살랑대고 윙윙대는 소리로 듣지 않은

모든 것은 세 낱말로 말해질 수 있다.

—퀴른베르거[2]

---

1 (옮긴이주) 핀센트(David H. Pinsent, 1891~1918): 케임브리지 대학에서 수학과 철학을 공부했고 비트
겐슈타인과 1912년부터 절친한 친구 사이였으나, 비트겐슈타인이 제1차 대전에 참전해 있는 동안 비
행기 사고로 사망했다.

2 (옮긴이주) 퀴른베르거(Ferdinand Kürnberger, 1821~1879): 오스트리아의 비평가이자 문필가. 여기 모토로
쓰인 말은 그의 문예란 기사 모음집인 《문학의 주요 문제》(*Literarische Herzenssachen*)(1877)에 실려 있다.

*

머리말

아마 이 책은 이 책 속에 표현된 사고들을―또는 어쨌든 비슷한 사고들을
―스스로 이미 언젠가 해 본 사람만이 이해하게 될 것이다.―이 책은 그러므
로 교과서가 아니다.―이 책의 목적은 이 책을 읽고 이해하는 어떤 한 사람에
게 즐거움을 준다면 달성될 것이다.

　이 책은 철학적 문제들을 다루고 있으며, 이러한 문제들을 문제로 제기함
이 우리의 언어 논리에 대한 오해에 기인한다는 것을―내가 믿기에는―보여
주고 있다. 이 책의 전체적인 뜻은 대략 다음의 말로 요약될 수 있을 것이다:
무릇 말해질 수 있는 것은 명료하게 말해질 수 있다; 그리고 이야기할 수 없
는 것에 관해서는 우리들[1]은 침묵해야 한다.

1　(옮긴이주) 이 책에서 '우리들'은 불특정의 세상 사람 일반을 가리키는 말이자 ('우리'로 번역되는) 'wir'의
　완곡한 대용적 표현이기도 한 독일어 'man'의 번역이다. 이 점은 이 선집의 나머지 번역에서도 일관되
　게 적용된다.

이 책은 그러므로 생각에 한계를 그으려 한다. 또는 차라리, 생각이 아니라 사고의 표현에 한계를 그으려 한다. 왜냐하면 생각에 한계를 그으려면 우리는 이 한계의 양쪽 측면을 생각할 수 있어야 (따라서 우리는 생각될 수 없는 것을 생각할 수 있어야) 할 것이기 때문이다.

그러므로 한계는 오직 언어에서만 그어질 수 있을 것이며, 그 한계 건너편에 놓여 있는 것은 단순히 무의미가 될 것이다.

나는 나의 노력이 다른 철학자들의 노력과 얼마만큼 합치하는지는 판정하지 않겠다. 사실, 내가 여기에 쓴 것은 개별적으로는 결코 참신성을 주장할 게 없다; 그리고 나로서는 내가 생각한 것을 나 이전에 이미 다른 사람이 생각했는지는 아무래도 상관없기 때문에, 나는 또한 전거들을 제시하지도 않았다.

나는 단지, 나의 사고를 위한 자극 대부분에 대해 나는 프레게[2]의 위대한 저작들과 나의 친구 버트런드 러셀[3] 씨의 작업에 빚지고 있다는 것만을 언급해 두고자 한다.

이 작업이 어떤 가치를 지닌다면, 그것은 두 가지 점에 있다. 첫째로, 이 작업 속에는 사고들이 표현되어 있다는 것이다. 이 가치는 그 사고들이 잘 표

---

2 (옮긴이주) 프레게(Gottlob Frege, 1848~1925): 독일의 수학자이자 철학자로 예나 대학에서 가르쳤다. 현대 기호논리학의 창시자로 일컬어진다. 주요 저서로 《개념 표기법》(*Begriffsschrift*), 《산수의 기초》(*Die Grundlagen der Arithmethik*), 《산수의 근본 법칙》(*Grundgesetze der Arithmetik*)이 있고, 주요 논문으로 〈뜻과 의미(지시체)에 관하여〉가 있다. 프레게는 1911년 그를 방문한 비트겐슈타인에게 케임브리지 대학의 러셀에게 가서 공부할 것을 권유했다고 알려져 있다.

3 (옮긴이주) 러셀(Bertrand Russell, 1872~1970): 영국의 논리학자이자 수학자이며 철학자. 사회비평가와 평화운동가로서도 활약했다. 주요 철학적 저서로 주요 철학적 저서로《수학의 원리들》(*The Principles of Mathematics*), 《수학 원리》(*Principia Mathematica*)(A. N. 화이트헤드와 공저), 《신비주의와 논리 *Mysticism and Logic*》, 《수리철학 입문》(*Introduction to Mathematical Philosophy*), 《외적 세계에 대한 우리의 지식》(*Our Knowledge of the External World*), 《마음의 분석》(*The Analysis of Mind*), 《의미와 진리에 관한 탐구》(*An Inquiry into Meaning and Truth*), 《인간의 지식: 그 범위와 한계》(*Human Knowledge: Its Scope and Limits*) 등이 있다.

현되어 있으면 있을수록, 정곡을 찌르는 게 많으면 많을수록, 더 커질 것이다.―여기서 나는 가능한 수준에 훨씬 못 미침을 자각하고 있다. 이는 단순히, 나의 능력이 그 과제를 성취해 내기에는 너무 빈약하기 때문이다.―아무쪼록 다른 사람이 나와서 더 잘해 주기를!

반면에, 나에겐 여기서 전달된 사고들의 **진리성**은 불가침적이며 결정적이라고 보인다. 따라서 나는 본질적인 점에서 문제들을 최종적으로 해결했다고 생각한다. 그리고 내가 이 점에서 틀리지 않는다면, 이 작업의 가치는 둘째로, 이 작업은 문제들이 해결됨으로써 이루어진 것이 얼마나 적은지를 보여 준다는 점에 있다.

1918년 빈에서

L. W.

1*   세계는 일어나는 모든 것이다.¹

1.1   세계는 사실들의 총체이지, 사물들의 총체가 아니다.

1.11   세계는 사실들에 의하여, 그리고 그것들이 모든 사실들이라는 점

---

*   (저자주) 개별 명제들의 번호인 십진법 수들은 그 명제들의 논리적 무게, 즉 나의 서술 속에서 그 명제들에 놓인 역점(力點)을 암시한다. n.1, n.2, n.3 등의 명제들은 n번 명제에 대한 소견이다; n.m1, n.m2 등의 명제들은 n.m번 명제에 대한 소견들이다; 그리고 나머지도 같은 식으로 계속된다.

1   (옮긴이주) '일어나는 모든 것'='alles, was der Fall ist'('all that is the case'). 여기서 'ist'('is')는, 세계가 일어나는 모든 것'이다'라고 할 때의 '이다'와 마찬가지로, 시간적 현재가 아니라 무시간적 현재이다. (이런 무시간적 현재의 관점에서 우리는 가령 "플라톤은 철학자였다"가 아니라 "플라톤은 철학자이다"라고 말한다. "하늘은 푸르다(푸른색이다)"와 같은 문장도 마찬가지이다.) 즉 비트겐슈타인은 여기서 이미 뒤의 6.4311 및 6.45에서 언급되는 영원의 관점을 취하고 있다고 할 수 있다. 시간적 관점에서 보면, 사실들의 세계는 이미 '일어난'(사실'이었던') 것과 지금 '일어나는'(사실'인') 것과 장차 '일어날'(사실'일') 모든 것이 될 것이다. 그러나 영원의 관점에서 보면, 세계는 논리적 공간 속에서 무시간적 현재의 의미로 '일어나는' 모든 것이 된다(1.13). 이 세계는 논리 공간의 무시간적 현재들로 이어지는 좌표축을 따라 일어나는 모든 것으로 이루어지는 하나의 연속물이 될 것이다.

에 의하여 확정된다.

1.12   왜냐하면 사실들의 총체는 무엇이 일어나는가를, 그리고 또한 대
        체 무엇이 일어나지 않는가를 확정하기 때문이다.

1.13   논리적 공간[2] 속의 사실들이 세계이다.

1.2   세계는 사실들로 나뉜다.

1.21   하나는 일어나거나 일어나지 않을 수 있고, 나머지 모든 것은 그
        대로 있을 수 있다.[3]

2   일어나는 것, 즉 사실은 사태들의 존립이다.[4]

2.01   사태는 대상들(실물들, 사물들)[5]의 결합이다.

---

2   (옮긴이주) '논리적 공간'이란 사물들(대상들)의 '논리적 장소'인 모든 가능한 사태들의 공간, 즉 대상들의
    결합이 이루어지는 모든 논리적으로 가능한 사태들의 (유일하고 불변적인) 공간을 말한다.

3   (옮긴이주) 세계가 사실들로 나뉠 때, 하나의 사실은 다른 사실에 포함되어 있거나 다른 사실로부터 독
    립적이다. 이 절은, 세계가 그것을 구성하는 사실들 하나하나가 서로 논리적으로 독립적인 단계—각 사
    실이 말하자면 논리적으로 '원자적'이 되는 단계—에 이르기까지 나뉠 수 있음을 암시한다.

4   (옮긴이주) '사실'='Tatsache', '사태'='Sachverhalt'. 사태는 사실에 비해서 원자적이다. 비트겐슈타인이 러
    셀에게 보낸 한 편지의 설명에 의하면, 사태는 어떤 한 요소 명제가 참일 때 거기에 대응하는 것이요,
    사실은 요소 명제들의 논리적 곱(積)이 참일 때 거기에 대응하는 것이다(비트겐슈타인의 《노트북 1914-
    1916》 2판, 부록 III. p.130 참조). 그래서 최초의 영역본에서—그리고 1933년의 수정본에서도—'사태'
    는 '원자적 사실(atomic fact)'이라고 번역되었다. 그리고 이 번역은 비트겐슈타인 자신에 의해서도 받
    아들여졌다. 그러나 사실이 사태들의 존립이라면, 원자적 사실은 결국 어떤 한 사태의 존립인데, 이것
    은 실제로는 사물들이 서로 어떤 관계를 맺고 있는 것에 다름 아니다(2.01 참조). (그리고 '사태들의 존
    립'으로서의 사실은 그러한 사태들이 서로 어떤 관계를 맺고 있는 것에 다름 아니다.) 이런 점을 고려할
    때, 'Sachverhalt'의 번역으로는 단순히 그것과 사실과의 형식적 관계를 나타내 주는 '원자적 사실'보다
    는 그것의 실제 내용을 나타내어 줄 수 있는, 그리고 글자 그대로의 번역이랄 수 있는, '사태'가 나은 것
    으로 보인다. ('Sachverhalt'는 'Sache(n)'+'Verhalt', 즉 사물 연관, 또는 일의 상태란 뜻이다.) 이 낱말은
    1961년에 나온 페어스와 맥기니스의 영어 번역에서는 'state of affairs'로, 2023년에 나온 M. 비니의 번
    역에서는 'state of things'로 번역되었다.

5   (옮긴이주) '대상(Gegenstand)' 개념과 관련하여 비트겐슈타인은 《노트북 1914-1916》(16.6.16)에서 다
    음과 같이 말한 바 있다: "우리에게 선천적으로(a priori) 주어진 것으로 보이는 것은 **이것**(Dieses),—
    즉 **대상**이라는 개념과 동일한 개념이다. 관계들과 속성들 등도 **대상**들이다." 그리고 후일 그와 《논고》
    의 시작 부분에 대해 논의한 바 있는 제자 D. 리의 기록에 따르면, 비트겐슈타인은 여기 2.01과 관련해
    서 다음과 같이 말했다고 한다: "대상들 등은 여기서 색깔, 시야 속의 한 점, 등등과 같은 것들에 대해 쓰
    인다. […] '대상들'은 또한 관계들을 포함한다; 명제는 어떤 한 관계로 연결된 두 사물이 아니다. '사물

2.011   사물에 본질적인 것은, 어떤 한 사태의 구성 요소가 될 수 있다는
         것이다.

2.012   논리에서는 아무것도 우연적이지 않다: 사물이 사태 속에 나타날
         수 있다면, 그 사태의 가능성은 사물 속에 이미 선결되어 있어야
         한다.

2.0121   만일 그 자체로 홀로 존립할 수 있을 터인 사물에 어떤 상황이
         나중에 가서 걸맞게 된다면, 그것은 말하자면 우연으로 보일 것
         이다.

         사물들이 사태들 속에 나타날 수 있다면, 이 점은 이미 그 사물
         들 속에 놓여 있어야 한다.

         (논리적인 어떤 것은 단지-가능한-것일 수 없다. 논리는 모든
         가능성 각각을 다루며, 모든 가능성들은 논리의 사실들이다.)

         우리가 공간적 대상들을 결코 공간 밖에서, 시간적 대상들을 시
         간 밖에서 생각할 수 없듯이, 우리는 어떠한 대상도 그것과 다른
         대상들과의 결합 가능성을 떠나서는 생각할 수 없다.

         내가 대상을 사태라는 연합 속에서 생각할 수 있다면, 나는 그
         것을 이러한 연합의 가능성 밖에서 생각할 수 없다.

2.0122   사물이 모든 가능한 상황들 속에서 나타날 수 있는 한, 사물은 자
         립적이다. 그러나 이러한 자립의 형식은 사태와의 연관 형식, 즉
         비자립의 형식이다. (낱말들이 상이한 두 방식으로―단독으로,
         그리고 명제 속에서―등장하는 것은 불가능하다.)

2.0123   내가 대상을 알고 있다면, 나는 그것이 사태들 속에서 나타날 가

들'과 '관계'는 같은 수준에 있다. 대상들은 말하자면 사슬에서처럼 걸려 있다." (*Wittgenstein's Lectures: Cambridge, 1930-1932*, ed. D. Lee, p. 120.) 그러나 《논고》의 '대상들'이 개체들 외에 속성들과 관계들일 수도 있는지는 해석자들 사이에 논쟁의 대상이 되곤 한다.

능성들도 전부 알고 있다.

(이러한 모든 가능성은 대상의 본성 속에 놓여 있어야 한다.)

나중에 가서 새로운 가능성이 발견될 수는 없다.

2.01231   어떤 한 대상을 알기 위해 내가 그 대상의 외적 속성들을 알아야만 하는 것은 아니다. 그러나 나는 그 대상의 내적 속성들은 모두 알아야 한다.[6]

2.0124   모든 대상들이 주어진다면, 그와 더불어 모든 **가능한** 사태들도 주어진다.

2.013   모든 사물은 말하자면 가능한 사태들의 공간 속에 있다. 나는 이 공간을 텅 비었다고 생각할 수 있지만, 사물을 그 공간 없이 생각할 수는 없다.[7]

2.0131   공간적 대상은 무한한 공간 속에 놓여 있어야 한다. (공간적 점은 논항(論項) 자리[8]이다.)

시야 속의 얼룩점이 붉어야만 하는 것은 아니다. 그러나 그것은 어떤 색(色)을 지니기는 해야 한다: 그것은 말하자면 자기 주위

---

6   (옮긴이주) 대상의 내적 속성은 대상이 그것을 소유하지 않는다고는 생각될 수 없는 속성이고, 외적 속성은 그렇게 생각될 수 있는 속성이다(4.123 참조). 전자는 대상의 형식, 즉 대상이 사태들 속에서 다른 대상들과 이룰 수 있는 결합 가능성에 속하는 형식적 속성이고, 후자는 대상이 다른 대상들과 결합하여 존립하는 사태 속에서 비로소 대상에 주어지는 실질적 속성(2.0231)이다. 전자는 대상에 본질적이고, 후자는 비본질적이다. 내적 속성과 외적 속성에 대해서는 뒤의 4.122 이하에서 더 이야기된다.

7   (옮긴이주) 비트겐슈타인의 《원논고》(Prototractatus)에는 이 말 다음에 《논리-철학 논고》 2.0131의 첫 문장으로 대체된 다음과 같은 말이 있는데, 이는 여기서 그의 생각에 헤르츠(H. Hertz)의 영향이 있었음을 암시한다: "사물은 제 주위에 무한한 공간을 지닌 질점(質點)일 것이다. 질점이 무한한 공간 없이 생각될 수 없다는 것은 분명하다."

8   (옮긴이주) '논항 자리(Argumentstelle)': 함수적 표현에서 독립적으로 변할 수 있는 부분을 (그 부분이 정해지면 그에 상응해 어떤 표현을 값으로 갖는, 나머지 변하지 않는 부분인 '함수'에 대한) '논항'이라고 한다. 'a의 아버지', 'b는 철학자다', '모든 x는 아름답다', '어떤 x는 y를 사랑한다' 등의 (함수적) 표현에서 a나 b, x나 y 자리('논항 자리')에 들어갈 수 있는 것들이 논항이다. (본래 수학에서 '독립 변수'를 의미하던 'Argument'란 말의 이런 용법은 프레게에서 비롯된다.) 비트겐슈타인은 여기서 이러한 논항과 함수의 관계에 빗대어 공간적 점과 그것을 둘러싼 공간과의 관계를 이야기하고 있다.

에 색깔 공간을 지니고 있다. 음(音)은 어떤 높이를 지녀야 한다, 촉각의 대상은 어떤 굳기를 지녀야 한다, 등등.

2.014 대상들은 모든 상황들의 가능성을 포함하고 있다.

2.0141 대상이 사태들 속에 나타날 수 있는 가능성이 대상의 형식이다.

2.02 대상은 단순하다.

2.0201 복합체들에 관한 모든 진술은 그것들의 구성 요소들에 관한 하나의 진술과 그 복합체들을 완전히 기술하는 명제들로 분해된다.[9]

2.021 대상들은 세계의 실체를 형성한다. 그렇기 때문에 대상들은 합성되어 있을 수 없다.[10]

2.0211 만일 세계가 아무런 실체를 갖지 않는다면, 한 명제가 뜻을 지니느냐는 다른 한 명제가 참이냐에 달려 있게 될 것이다.[11]

---

9 (옮긴이주) 비트겐슈타인은 여기서 러셀의 기술(記述) 이론을 염두에 두고 있다. 그 이론에 의하면 예컨대 "현재 프랑스의 그(the) 왕(혹은 대통령)"과 같은 기술구 C를 포함한 "그(the) C는 이러저러하다"와 같은 명제는 "어떤(a) C가 유일하게 존재하며, 그것은 이러저러하다"로 분석된다. 만일 C가 R의 관계로 맺어진 a와 b의 복합체라면, 앞의 명제는 다시 "a와 b가 R의 관계로 맺어져 있는 어떤 것이 존재하며, 그것은 유일하다"(그 복합체를 완전히 기술하는 명제들)와 "a, b 각각은 이러저러하다"(그 복합체의 구성 요소들에 관한 한 진술)로 분석될 것이다. 《노트북 1914-1916》 5.9.14에 따르면, "φa.φb.aRb=Def φ[aRb]"이다.)

10 (옮긴이주) 대상들이 단순하며 세계의 실체를 이룬다고 하는 점에서, 그것들은 생성, 소멸하는 일상의 사물들과는 다른 어떤 것들이어야 할 것으로 보인다. 그러나 비트겐슈타인은 그런 것들이 존재해야 한다는 점을—명제의 뜻의 확정성에 관한 요구와 이에 대한 논리적 고찰을 통해—주장할 뿐, 그것들의 구체적인 예를 제시하려고 하지는 않았다. 그는 대상의 구체적인 예를 제시하는 일은 순전히 논리적인 고려를 넘어서는, 논리의 적용에 속하는 문제라고 여겼고, 따라서 논리학자로서의 그의 관심 밖에 있는 것으로 간주하였다. 그러나 이 때문에 그가 말하는 '대상'의 정체는 논쟁거리가 되었다. 2.01, 2.0232, 4.123 및 거기에 붙인 옮긴이의 주들 참조.

11 (옮긴이주) '한 명제': 어떤 복합체에 관한 진술. '다른 한 명제': 그 복합체의 구성 요소들에 관한 진술. 복합체에 관한 진술은 2.0201에서 이야기된 방식으로 분해된다. 그리고 복합체에 관하여 이야기하는 명제는 그 복합체가 존재하지 않는다면 무의미해지는 것이 아니라 단순히 거짓이 된다(3.24). 그러나 이렇게 되려면, 그 복합체의 구성 요소들은 존재해야 한다. 만일 그 구성 요소들조차 존재하지 않는다면, 원래의 명제는 결국 아무것도 지칭하지 않는 기호들을 포함하므로 뜻을 지닐 수 없을 것이다. 그런데 그 구성 요소들은 단순하거나 복합적이다. 만일 이 구성 요소들이 단순한 대상들로서의 실체들이라면, 우리는 그것들이 존재한다고 따로 말할 필요가 없다. 더 정확히 말한다면, 그렇게 말할 수가 없다

2.0212	그렇게 되면 세계의 그림(참이거나 거짓인)을 기획하는 것은 불가능할 것이다.
2.022	현실 세계와 아무리 다르게 생각된 세계조차도 현실 세계와 어떤 것—하나의 형식—을 공유해야 한다는 것은 명백하다.
2.023	이러한 확고한 형식은 바로 대상들로 이루어진다.
2.0231	세계의 실체는 단지 형식을 확정할 수 있을 뿐이고, 실질적 속성들을 확정할 수는 없다. 왜냐하면 후자는 명제들에 의해서 비로소 묘사되기 때문, 즉 대상들의 배열에 의해서 비로소 형성되기 때문이다.
2.0232	대충 말해서, 대상들은 색깔이 없다.[12]
2.0233	같은 논리적 형식을 지닌 두 대상은—그것들의 외적 속성들을 도외시한다면—그것들은 상이하다는 점에 의해서만 서로 구별된다.[13]
2.02331	한 사물이 다른 어떤 사물도 지니지 않는 속성들을 지니고, 그러면 우리들은 곧바로 어떤 한 기술(記述)을 통해 그 사물을 다른 사

(4.1272 참조). 그것들이 없다면 그것들을 위한 기호들이 의미가 없으므로, 그것들이 존재한다는 말도 (그 반대의 말과 마찬가지로) 무의미해지기 때문이다. 그러나 만일 그러한 실체가 존재하지 않는다면, 따라서 구성 요소들 자체도 늘 복합체라면, 원래의 명제가 뜻을 지니기 위해 이 구성 요소들의 존재는 결국은 따로 주장되지 않으면 안 될 것이다. 다시 말해서 그 경우 "한 명제가 뜻을 지니느냐는 다른 한 명제가 참이냐에 달리게 될 것이다". 그리고 이는 논리의 문제가 우연적인 존재의 문제에 의존하게 되어 버린다는 것, 즉 논리의 자율성의 상실을 뜻한다.

12 (옮긴이주) 대상들은 색깔 공간 속에 놓일 수 있고, 따라서 색깔(채색성)은 대상들의 한 형식이다 (2.0251). 그러나 이는 대상들이 색깔을 지닐 수 있다는 가능성을 말하는 것일 뿐, 단순한 대상들이 그 자체로 색깔을 지닌다는 말이 아니다. 즉 대상들은 그 자체로는 색깔이 없다. 색깔은 대상들의 배열이 이루는 사태 연관 속에서만 비로소 형성되는 실질적 속성에 해당한다.

13 (옮긴이주) 한 대상의 논리적 형식은 그 대상이 사태들 속에 나타날 수 있는 모든 가능성이다. 논리적 형식이 같은 두 대상은 그 가능성에서 같고, 따라서 그것들이 나타날 수 있는 사태들의 범위가 같다. (즉, 그 두 대상의 본성을 이루는 내적 속성들이 같다.) 그러나 그 범위 내에서 그 둘은 서로 다른 특정한 사태 속에 나타날 수 있고, 그 두 사태가 실현하는 서로 다른 실질적 속성에서 구별될 수 있다. 이러한 외적 속성에서의 차이를 제외하면, 동일한 논리적 형식을 지닌 서로 다른 두 대상이 구별될 수 있는 길은 없다.

물들에서 들어내고 지시할 수 있거나; 그렇지 않으면 속성들 전부를 공통으로 지니는 여러 사물이 존재하고, 그러면 그 사물들 중 하나를 가리키는 것은 전혀 불가능하거나이다.

왜냐하면, 사물이 어떤 것으로도 부각되어 있지 않다면 나는 그것을 부각할 수 없기 때문―왜냐하면 그렇지 않다면 그것은 어쨌든 부각되어 있기 때문―이다.

2.024   실체는 일어나는 것으로부터 독립적으로 존립하는 것이다.

2.025   그것은 형식이며 내용이다.[14]

2.0251   공간과 시간과 색깔(채색성)[15]은 대상들의 형식이다.

2.026   오직 대상들이 존재할 때만 세계의 확고한 형식이 존재할 수 있다.

2.027   확고한 것과 존속하는 것과 대상은 하나이다.

2.0271   대상은 확고한 것, 존속하는 것이다; 배열은 변하는 것, 비영속적인 것이다.

2.0272   대상들의 배열이 사태를 형성한다.

2.03   사태 속에서 대상들은 사슬의 고리들처럼 서로 걸려 있다.

2.031   사태 속에서 대상들은 특정한 방식으로 서로 관계되어 있다.

2.032   사태 속에서 대상들이 연관되어 있는 방식이 사태의 구조이다.

---

14 (옮긴이주) 실체를 형성하는 대상들은 다른 대상들과 결합하여 사태들을 이룰 수 있는 가능성을 그 형식으로 지니면서, 그 모든 가능한 사태들의 변화 속에서도 확고하게 존속하는 것이라는 점을 내용으로 지닌다.

15 (옮긴이주) 《원논고》(2.0251-2.0252)에는 대상들의 형식이 공간과 시간이라고 되어 있고, 색깔(또는 채색성)은 '시각적 대상들'의 형식이라고 되어 있다. 즉, '색깔(채색성)'은 시공에 비해 대상들의 특수한 형식이라 할 수 있을 것이다. 한편, 특수 형식들은 2.0131에서 언급된 음(音), 굳기 등의 경우에도 적용될 수 있을 터이므로《노트북 1914-1916》82쪽 11.9.16 참조), '색깔(채색성)'은 그것들을 대표해 말하는 것으로 보아야 할 것이다. (그리고 이는 2.0232에서 대상들은 '색깔'이 없다고 할 때도 마찬가지이다.)

2.033   형식은 구조의 가능성이다.

2.034   사실의 구조는 사태들의 구조들로 이루어진다.

2.04   존립하는 사태들의 총체가 세계이다.

2.05   존립하는 사태들의 총체는 어떤 사태들이 존립하지 않는가를 또
         한 확정한다.

2.06   사태들의 존립과 비존립이 현실이다.

         (우리는 사태들의 존립을 긍정적 사실, 비존립을 부정적 사실[16]
         이라고 부르기도 한다.)

2.061   사태들은 서로 독립적이다.

2.062   한 사태의 존립 또는 비존립으로부터 다른 한 사태의 존립 또는
         비존립이 추론될 수는 없다.

2.063   전체 현실이 세계이다.

2.1   우리는 사실들의 그림을 그린다.[17]

2.11   그림은 논리적 공간 속의 상황, 즉 사태들의 존립과 비존립을 표
         상한다.

---

16 (옮긴이주) 사태들의 비-존립으로서의 부정적 사실은 사실의 부정인 비-사실과는 다르다. 비-사실은 존
   립하지 않는 사태로서 비-현실인 데 반해, 부정적 사실은 그러한 사태의 부정으로서 현실에 속한다. 즉,
   어떤 사태 S가 존립하면, S는 긍정적 사실이고, ~S(S의 부정)는 비-사실이다. 그리고 S가 존립하지 않
   으면, S는 비-사실이고 ~S는 부정적 사실이다. 만일 사태 S1, ..., Sn만이 존립하고 나머지 사태들은 존
   립하지 않는다면, 존립하는 사태들의 총체로서의 세계는 (S1, ..., Sn)이고 사실들의 총체로서의 세계
   는 긍정적 사실들 (S1, ..., Sn) + 부정적 사실들 (~Sn+1, ~Sn+2, ...)이다. 두 세계 규정은 일견 일치하
   지 않는 듯 보이지만, 존립하는 사태들의 총체는 존립하지 않는 사태들(Sn+1, Sn+2, ...)을 또한 확정
   한다(2.05). 그리고 이는 그 존립하지 않는 사태들의 부정(~Sn+1, ~Sn+2, ...), 즉 그 사태들의 비-존립
   이 부정적 사실로서 현실임을 또한 확정한다. 결국, 저 두 세계 규정은 실제로는 같은 현실을 확정한다.
   즉 사실들의 총체(1.1)로서의 세계는 존립하는 사태들의 총체(2.04), 혹은 이것이 확정하는 전체 현실
   (2.063)과 같은 세계인 것이다.

17 (옮긴이주) 여기서 '그림'은 물리적 그림들만이 아니라 (특히) 정신적, 언어적 차원의 그림들을 포함한
   다. ('그림'의 원말인 독일어 'Bild'는 그림, 사진, 상(像), 모습, 이미지, 비유 등을 의미한다.) 《원논고》에는
   2.1이 "우리는 그림들에서 사실들을 파악한다."라고 되어 있다.

2.12	그림은 현실의 모형이다.
2.13	그림에서 그림의 요소들은 대상들에 대응한다.
2.131	그림에서 그림의 요소들은 대상들을 대신한다.
2.14	그림은 그 요소들이 특정한 방식으로 서로 관계되어 있다는 데 있다.
2.141	그림은 하나의 사실이다.
2.15	그림의 요소들이 특정한 방식으로 서로 관계되어 있다는 것은 실물들이 서로 그렇게 관계되어 있다는 것을 표상한다.
	그림 요소들의 이러한 연관은 그림의 구조라고 불리며, 그 구조의 가능성은 그림의 모사 형식이라고 불린다.
2.151	모사 형식은 사물들이 그림의 요소들처럼 서로 관계되어 있을 가능성이다.
2.1511	그림은 그렇게 현실과 연결되어 있다; 그것은 현실에까지 닿는다.
2.1512	그림은 현실에 잣대처럼 대어져 있다.
2.15121	오직 눈금의 가장 바깥에 있는 점들만이 측정될 대상과 접촉한다.
2.1513	그러므로 이러한 파악 방식에 따르면, 그림에는 그것을 그림으로 만드는 모사 관계도 또한 속한다.
2.1514	모사 관계는 그림의 요소들과 실물들의 짝짓기들로 이루어진다.
2.1515	이 짝짓기들은 말하자면 그림 요소들의 촉수들이다; 그것들을 가지고 그림은 현실과 접촉한다.
2.16	사실이 그림이려면, 그것은 모사된 것과 어떤 것을 공통으로 지녀야 한다.
2.161	그림과 모사된 것에서 어떤 것이 동일해야, 그로써 그 하나는 무릇 다른 하나의 그림일 수 있다.
2.17	그림이 현실을 그림의 방식으로―올바르게 또는 그르게―모사할

수 있기 위해 현실과 공유해야 하는 것이 그림의 모사 형식이다.

2.171   그림은 자신이 그 형식을 지니는 모든 현실을 모사할 수 있다.

        공간적인 그림은 모든 공간적인 것을, 채색 그림은 모든 색채적인 것을, 등등.

2.172   그러나 그림은 자신의 모사 형식은 모사할 수 없다; 그림은 자신의 모사 형식을 내보인다.[18]

2.173   그림은 자신의 대상[19]을 밖으로부터 묘사하며(그것의 관점이 그림의 묘사 형식[20]이다), 그 때문에 그림은 자신의 대상을 올바르게 또는 그르게 묘사한다.

2.174   그러나 그림은 자신의 묘사 형식 밖에 서 있을 수 없다.

2.18   모든 그림이, 그 형식이 어떠하건, 아무튼 현실을—올바르게 또는 그르게—모사할 수 있기 위해 현실과 공유해야 하는 것은 논리적 형식, 즉 현실의 형식이다.

---

18 (옮긴이주) 한 그림의 모사 형식을 다른 그림이 모사할 수는 있을까? 그림 A를 똑같이 그린 그림 B(A의 모작)가 있을 수 있다. B는 A와 모사 형식을 공유함으로써 A를 모사한다. 그러나 그 모사 형식은 B가 A와 공유하는 것으로서 B 자신의 모사 형식이기도 하다. 그리고 그런 한, B는 그 모사 형식을 모사한 것이 아니다. 왜냐하면 그림은 자신의 모사 형식은 모사할 수 없고 내보일 뿐이기 때문이다. 만일 그림이 자신의 모사 형식을 모사할 수 있다면, 그림은 자신의 그림으로서 그 자체로 참이 될 것이지만, 이런 그림은 존재하지 않는다(2.225).

19 (옮긴이주) 원말은 'Objekt'. 이 말은 이 책에서 여기서만 등장하는데, 그림의 주제가 될 수 있는 일상적 사물('오브제')로서 이미 어떤 사태를 이루고 있는 것을 가리킨다. 이 책의 나머지에서 단순한 실체로서의 대상을 가리키는 데 쓰이는 '대상'이란 말은 모두 'Gegenstand'의 번역이다.

20 (옮긴이주) '묘사 형식(Form der Darstellung)': 그림의 모사 형식은 그림과 그것이 모사하는 것이 내적으로 공유하는 형식인 데 반해, 그림의 묘사 형식은 그림이 자신의 대상을 그 외부로부터 묘사하므로 취해야 하는 입각점(관점)으로서 그림에만 속하고 그림이 자신의 묘사 대상과 공유할 수 없는 형식이다. 묘사 형식의 이러한 본성으로 인해 그림은 자신의 대상을 옳거나 그르게 묘사하게 되지만, 그림과 모사 형식을 공유해도 그림의 대상은 그 그림의 그림일 수 없으며, 또 그림도 그 자신의 그림일 수 없다. (그림 A를 똑같이 그린 그림 B가 원작과 모작의 관계로 모사 형식을 공유할 수 있어도, A와 B는 서로 그 묘사 형식이 다른 그림이다. B는 A의 그림이지만 A는 B의 그림이 아니다. 그리고 A와 B 어느 것도 자기 자신의 그림이 아니다.)

2.181	모사 형식이 논리적 형식이면 그 그림은 논리적 그림이라고 불린다.
2.182	모든 그림은 또한 논리적 그림이기도 하다. (그에 반해서, 예컨대 모든 그림이 공간적 그림인 것은 아니다.)
2.19	논리적 그림은 세계를 모사할 수 있다.
2.2	그림은 모사된 것과 모사의 논리적 형식을 공유한다.
2.201	그림은 사태들의 존립과 비존립의 가능성을 묘사함으로써 현실을 모사한다.
2.202	그림은 논리적 공간 속에 들어 있는 가능한 하나의 상황을 묘사한다.
2.203	그림은 그것이 묘사하는 상황의 가능성을 포함한다.
2.21	그림은 현실과 일치하거나 일치하지 않는다; 그림은 올바르거나 올바르지 않다, 즉 참이거나 거짓이다.
2.22	그림은 그것이 묘사하는 바를, 그것의 참 또는 거짓과는 상관없이, 모사 형식을 통해 묘사한다.
2.221	그림이 묘사하는 것이 그림의 뜻이다.
2.222	그림의 참 또는 거짓은 그림의 뜻과 현실의 일치 또는 불일치에 있다.
2.223	그림이 참인지 거짓인지 인식하려면, 우리는 그것을 현실과 비교해야 한다.
2.224	오로지 그림만으로는 그것이 참인지 거짓인지 인식할 수 없다.
2.225	선천적[21]으로 참인 그림은 존재하지 않는다.

---

21 (옮긴이주) '선천적'='a priori'. 즉, 경험(적 현실)과 독립적으로, 오직 이성적 사고에서 나오는. '선천적'이
란 번역어에 관해서는 옮긴이의 "선험'·'선천'·'초월"《철학사상》제75호, 2020) 참조.

3	사실들의 논리적 그림이 사고이다.[22]
3.001	"어떤 한 사태가 생각될 수 있다"가 뜻하는 것은, 우리는 그 사태에 관해 그림을 그릴 수 있다는 것이다.
3.01	참인 사고들의 총체는 세계의 그림이다.
3.02	사고는 그것이 생각하는 상황의 가능성을 포함한다. 생각될 수 있는 것은 또한 가능한 것이기도 하다.
3.03	우리는 비논리적인 것은 아무것도 생각할 수 없다. 왜냐하면 그렇지 않다면 우리는 비논리적으로 생각해야 할 터이기 때문이다.
3.031	사람들은 일찍이, 논리 법칙에 어긋나는 것만 제외한다면 신(神)은 모든 것을 창조할 수 있노라고 말했다.―요컨대 우리는 "비논리적" 세계에 관해서는 그 세계가 어떻게 보일지 말할 수 없을 것이다.
3.032	"논리와 모순되는" 어떤 것을 언어에서 묘사할 수 없는 것은 기하학에서 공간 법칙들과 모순되는 도형을 좌표로 묘사할 수 없는 것과, 또는 존재하지 않는 점의 좌표를 제시할 수 없는 것과 꼭 마찬가지이다.
3.0321	우리는 물리학의 법칙에 역행하는 사태를 공간적으로 묘사할 수는 있지만, 기하학의 법칙에 역행하는 사태를 공간적으로 묘사할 수는 없다.
3.04	선천적으로 올바른 사고는 그것의 가능성이 그것의 참을 조건부로 하는 사고일 것이다.
3.05	하나의 사고가 참이라는 것을 우리가 선천적으로 알 수 있을 경우는 그 사고 자체로부터 (비교 대상 없이) 그 사고의 참이 인식될

---

22 (옮긴이주) 《노트북 1914-1916》(12.9.16)에 따르면, "사고는 **또한** 당연히 명제의 논리적 그림이며, 따라서 마찬가지로 일종의 명제이다." (그래서 "사유는 일종의 언어이다.")

수 있을 때뿐이다.

3.1 명제[23]에서 사고는 감각적으로 지각될 수 있게 표현된다.

3.11 우리는 감각적으로 지각될 수 있는 명제의 기호(음성 기호 또는 문자 기호 등)를 가능한 상황의 투영으로서 이용한다.

   그 투영 방법은 명제의 뜻을 생각하는 것이다.[24]

3.12 우리가 사고를 표현하는 데 쓰는 기호를 나는 명제 기호라고 부른다. 그리고 명제란 세계와 투영 관계에 있는 명제 기호이다.

3.13 명제에는 투영에 속하는 모든 것이 속한다; 그러나 투영된 것은 속하지 않는다.

   그러므로 투영된 것의 가능성은 속하지만, 이 투영된 것 자체는 속하지 않는다.

   명제 속에는 그러므로 명제의 뜻을 표현할 가능성은 포함되어 있지만, 명제의 뜻은 포함되어 있지 않다.

   ("명제의 내용"은 뜻이 있는 명제의 내용을 말한다.)

   명제 속에는 명제의 뜻의 형식은 포함되어 있으나, 그 뜻의 내용은 포함되어 있지 않다.[25]

---

23 (옮긴이주) '명제'는 'Satz'의 번역인데, 이 독일어는 '문장'으로도 번역될 수 있다. 그러나 이 책에서는 ('Satz'가 '원칙'의 의미로 쓰이는 경우를 제외하고는) '명제'로 통일하여 번역했다. 이러한 번역(영역)을 비트겐슈타인 자신이 승인했을 뿐 아니라, 굳이 '명제'와 '문장'을 구별할 경우 그는 후자를 위해 '명제 기호'라는 말을 사용하고 있기 때문이다. 이러한 그의 어법은 문장에 대한 (그 당시) 그의 관심사가 논리적 측면에 한정되어 있음을 뜻한다. 즉 문장은 주장, 명령, 의문 등으로 다양할 수 있는데, 그러나 그는 그것들이 '단지 심리학적'이고 같은 수준에 있다고 보면서 다음과 같이 말한다: "그러나 그 모두는 공통으로 명제적 형식을 지니며, 그것만이 우리의 관심사이다. 논리의 관심사는 주장되지 않은 명제일 뿐이다."《노트북 1914-1916》(초판) 96쪽 참조.) 즉, 그에게 문장들은 뜻이 있는 명제(인 사고)를 표현하는 데 쓰이는 명제 기호(3.12&4)로서만 관심의 대상이었던 것이다.

24 (옮긴이주) 《원논고》3.12-3.13에는 "그 투영 방법은 명제 기호의 적용 방식"이고, "명제 기호의 적용은 명제 기호의 뜻을 생각하는 것"이라고 되어 있다.

25 (옮긴이주) 명제의 뜻은 명제가 투영 혹은 묘사하는 가능한 상황이며, 이는 그것이 현실이면 명제가 참이 되고 현실이 아니면 명제가 거짓이 되는 조건, 즉 명제의 진리 조건이다. 명제는 이러한 진리 조건의

3.14   명제 기호는 그것의 요소들인 낱말들이 그 속에서 특정한 방식으
          로 서로 관계되어 있다는 데 있다.

          명제 기호는 하나의 사실이다.

3.141   명제는 낱말들의 혼합물이 아니다.—(음악적 테마가 음들의 혼합
          물이 아니듯이 말이다.)

          명제는 분절(分節)되어 있다.[26]

3.142   오직 사실들만이 뜻을 표현할 수 있고, 이름들의 집합은 그렇게
          할 수 없다.

3.143   명제 기호가 하나의 사실이라는 것은 글씨나 인쇄의 통상적인 표
          현 형식으로 인해 은폐된다.

          왜냐하면 예컨대 인쇄된 명제에서 명제 기호는 낱말과 본질적
          으로 다르게 보이지 않기 때문이다.

          (프레게가 명제를 합성된 이름이라고 부른 것은 그래서 가능했
          다.)

3.1431   명제 기호의 본질은 우리가 그것을 문자 기호 대신에 공간적 대상
          들로 (가령 책상, 의자, 책 같은 것들로) 합성되어 있다고 생각한
          다면 매우 분명해진다.

          그 경우 이러한 사물들 상호 간의 공간적 위치가 그 명제의 뜻
          을 표현한다.

3.1432   "복합적 기호 'aRb'가 a는 b와 R의 관계에 있음을 말한다"가 아니

표현, 즉 "사태들의 존립과 비존립의 가능성"(혹은 "요소 명제들의 진리 가능성")과 명제 자신과의 일치
및 불일치의 표현이다(4.2 및 4.4-4.431 참조). 그러나 명제의 뜻인 진리 조건은 명제를 참이 되게 하
는 상황의 실제 존재가 아니라 존재 가능성일 뿐이다. 그래서 명제 속에는 명제의 뜻의 내용이 아니라
형식만이 포함되어 있다고 하는 것이다. 만일 명제 속에 그것의 진리 조건이 내용으로 포함되어 있다면
명제는 그 자체로 참인 그림이 될 수 있겠지만, 그런 그림은 없다(2.225).

26 (옮긴이주) '분절된'의 원말은 'artikuliert'. 사태가 사슬의 고리들처럼 서로 걸려 있는 대상들의 결합이듯
이(2.03 참조). 명제는 낱말들의 마디 결합으로 되어 있다는 말이다.

라, "a"가 "b"와 모종의 관계에 있다는 것이 aRb임을 말한다.[27]

3.144 상황들은 기술될 수는 있으나 **명명**될 수는 없다.

(이름들은 점(點)들과 같다; 명제들은 화살들과 같고, 뜻을 지닌다.)[28]

3.2 명제에서 사고는 명제 기호의 요소들이 사고의 대상들과 대응하도록 표현될 수 있다.

3.201 이러한 요소들을 나는 "단순 기호들"이라고 부르고, 그 명제는 "완전히 분석되었다"라고 부른다.

3.202 명제에서 적용된 단순 기호들을 일컬어 이름이라고 한다.

3.203 이름은 대상을 의미한다. 대상은 이름의 의미이다.[29] ("A"는 "A"와 동일한 기호이다.)

3.21 명제 기호 속에서의 단순 기호들의 배열에 상황 속에서의 대상들의 배열이 대응한다.

3.22 명제에서 이름은 대상을 대신한다.

3.221 나는 대상들을 단지 이름할 수 있을 뿐이다. 기호들은 그것들을 대신한다. 나는 대상들에 관하여 이야기할 수 있을 뿐, 대상들을 언

---

27 (옮긴이주) 명제 기호 'aRb'는 aRb라고 말한다. 그러나 이는 그 명제 기호가 'a', 'R', 'b'라는 기호들의 단순한 혼합물이나 '합성된 이름'으로서의 복합적 기호라서가 아니다. 기호 'a'가 기호 'b'에 대해 어떤 관계 (R)에 있다는 **것**(사실)으로서의 명제 기호 'aRb'가 (역시 사실로서의) aRb**임**을 말한다.

28 (옮긴이주) 화살이 과녁을 향하는 것처럼, 명제는 가능한 상황을 투영한다. 그리고 그림이 묘사하는 것이 그림의 뜻(2.221)이듯이, 명제가 투영하는 것이 명제의 뜻이다. 그러나 명제는 그 뜻을 화살이 과녁을 지니듯이 지닌다. 다시 말해서, 명제의 뜻—3.13에 따르면 '뜻의 내용'—은 명제 속에 포함되지 않는다. 명제 속에 포함되는 것은 '뜻의 형식'일 뿐이다. 화살이 과녁을 지녀도, 과녁을 향하는 화살에는 그 과녁 자체가 아니라 그것을 맞출 가능성만이 포함되는 것처럼, 명제는 그것이 투영하는 상황을 자신의 뜻으로 지니지만, 명제에는 그 상황 자체가 아니라 그 상황이 명제가 투영하는 바에 맞게 있을 가능성만이 포함된다.

29 (옮긴이주) '의미'='Bedeutung', '의미하다'='bedeuten'. 비트겐슈타인은 프레게와는 달리 명제 단위보다 작은 표현들에만 '의미'라는 말을 사용하고, 명제(또는 그림)에 대해선 '뜻(Sinn)'이란 용어를 구별하여 사용하고 있다(3.3, 2.221 등 참조).

표할 수는 없다. 명제는 사물이 어떻게 있는가를 말할 수 있을 뿐, 사물이 무엇인가를 말할 수는 없다.[30]

3.23   단순 기호들의 가능성에 대한 요구는 뜻의 확정성에 대한 요구이다.[31]

3.24   복합체를 다루는 명제는 그 구성 요소를 다루는 명제와 내적인 관계에 있다.

복합체는 그것의 기술을 통해서만 주어질 수 있으며, 이 기술은 맞거나 맞지 않을 것이다. 복합체에 관하여 이야기하는 명제는 그 복합체가 존재하지 않는다면 무의미해지는 것이 아니라, 단순히 거짓이 될 것이다.

하나의 명제 요소가 복합체를 지칭한다는 것은 그 요소가 나타나는 명제들에서의 불확정성으로부터 볼 수 있다. 우리는 이러한 명제에 의해서는 아직 모든 것이 확정되어 있지 않다는 것을 안다. (일반성 표시는 실로 하나의 원형(原型)을 포함한다.[32])

---

30 (옮긴이주) '사물이 어떻게(wie) 있는가'와 '사물이 무엇(was)인가': 비트겐슈타인에 의하면, 논리는 '어떻게'에는 앞서나 '무엇이'에는 앞서지 않는다(5.552). 따라서 논리 규칙을 준수해야 하는 것으로서의 명제는 사물이 이러저러하게 있다고 말할 수 있을 뿐, 그 사물이 무엇이냐는 전제한다. 어떤 것이 무엇이냐는 이름에 의해 오직 명명될 수 있을 뿐이다.

31 (옮긴이주) '뜻의 확정성에 대한 요구', 즉 명제의 뜻은 명확히 확정되어야 한다는 생각은 프레게로부터 온 것이다. 그의 《산수의 근본 법칙》 1권 §56에서 프레게는, 경계가 불분명한 구역이 도대체가 구역이라고 불릴 수 없는 것과 마찬가지로, 불확정적인 뜻은 실제로는 전혀 뜻이라고 할 수 없다고 보았다. 이런 정신에 따라 비트겐슈타인은 "우리가 **뜻하는** 것이 언제나 **명확**해야 한다는 것은 분명해 보인다"(《노트북 1914-1916》 68쪽)라고 말한다. 그리고 그렇다면, 우리가 단순한 기호들(로 이루어진 요소 명제들)에 도달해야 한다는 것도 분명하다고 생각한다. (뒤의 4.221 참조.)

32 (옮긴이주) 복합체를 언급하는 진술의 분석(2.0201 참조)에는 '모든 것'이나 '어떤 것'이란 일반성 표시가 포함된다. 이것들은 논리학에서 '(x)'(모든 x)나 '(∃x)'(어떤 x)로 표기되는데, 여기서 변항 'x'는 그 자리에 들어갈 것이 개별자들임을 표시하는 원형이다. 그러나 변항으로서 그것은 아직 모든 것을 확정하고 있지는 않다. 즉, 그것이 구체적으로 어느 개별자들을 가리키는지는 아직 확정되어 있지 않다. 그리고 그런 만큼, 복합체를 언급하는 명제는 불확정성을 지닌다는 것이다. 일반성 표시에 관해서는 뒤의 5.522-5.523에서도 다시 이야기된다.

복합체의 상징을 단순한 상징으로 요약하는 일은 정의(定義)에 의해 표현될 수 있다.

3.25 명제의 완전한 분석은 하나, 그리고 오직 하나만 존재한다.

3.251 명제는 그 표현하는 바를 특정한, 명료하게 제시할 수 있는 방식으로 표현한다: 명제는 분절되어 있다.

3.26 이름은 어떠한 정의에 의해서도 더 해부될 수 없다: 이름은 하나의 원초 기호이다.

3.261 모든 정의된 기호는 그것을 정의한 기호들을 거쳐서 지칭한다; 그리고 정의들은 그 길을 가르쳐 준다.

원초 기호와 원초 기호에 의해 정의된 기호, 이 두 기호는 동일한 방식으로 지칭할 수 없다. 이름들은 정의들에 의해서 분해될 수 없다. (단독으로, 자립적으로 의미를 지니는 어떤 기호도 그리 될 수 없다.)

3.262 기호들에서 표현되지 않는 것을 기호의 적용은 보여 준다. 기호들이 삼키고 있는 것을 기호의 적용은 언표한다.

3.263 원초 기호들의 의미는 뜻풀이[33]들을 통해 설명될 수 있다. 뜻풀이

---

33 (옮긴이주) '뜻풀이'의 원말은 'Erläuterung'으로, '주해', '설명', '해명'으로도 번역되는 말이다. 원초 기호가 아닌 기호(복합체의 상징)의 의미는 정의를 통해 설명될 수 있다. 그러나 원초 기호(이름)의 경우는 정의를 통해 분해될 수 없으므로, 같은 방식으로 설명될 수 없다. 원초 기호의 의미는 그 기호가 적용될 대상을 가리켜 보이면서 설명해야 한다. 그리고 그러려면 그 기호와 연결되어야 할 대상 즉 원초 기호의 의미는 어떤 방식으론가 이미 알려져 있어야 한다. 비트겐슈타인이 여기서 '뜻풀이'라고 부르는 이러한 설명 방식은 그가 후에 '지시적 설명'이라고 부르는 것과 비슷한 것(《루트비히 비트겐슈타인과 비엔나 학파》 209~210쪽 참조)으로, 일종의 해례(解例) 작업이라고 할 수 있을 것이다. 비트겐슈타인은 여기서 '뜻풀이'를 원초 기호들의 사용을 통해 그 의미를 보이는 것으로, 또 이로써 언어와 현실의 결합이 이루어질 수 있는 것으로 생각하고 있으나, 후일 그는 《논고》의 이러한 생각에 혼동이 있었다고 비판한다. 기호의 의미는 물론 그것의 적용 또는 쓰임을 통해 주어진다. 그러나 뜻풀이와 같은 의미 설명은 그 자체로는 아직 기호의 실제 사용이 아니라 언어에서의 기호의 사용을 위한 예비 단계일 뿐이다. 그리고 이 단계를 포함해 "언어를 이해시키는 모든 종류의 일은 이미 언어를 전제한다. […] 즉 우리는 언어로써 언어 밖으로 나갈 수 없다." 언어는 자신의 문법 외에 다른 어떤 외적 실재와의 연결에 의존하지 않

들은 원초 기호들을 포함하는 명제들이다. 그것들은 그러므로 이 기호들의 의미가 이미 알려져 있을 때만 이해될 수 있다.

3.3 오직 명제만이 뜻을 지닌다; 오직 명제 연관 속에서만 이름은 의미를 지닌다.

3.31 명제의 뜻을 특징짓는 명제의 각 부분을 나는 표현(상징)이라고 부른다.

(명제 자체가 하나의 표현이다.)

표현은 명제의 뜻을 위해 본질적인, 명제들이 서로 공유할 수 있는 모든 것이다.

표현은 하나의 형식과 하나의 내용을 특징짓는다.

3.311 표현은 그것이 나타날 수 있는 모든 명제의 형식들을 전제한다. 그것은 명제들의 어떤 한 집합에 공통적인 특징적 표지이다.

3.312 그러므로 표현은 그것이 특징짓는 명제들의 일반 형식에 의해 묘사된다.

그뿐 아니라 이 일반 형식에서 표현은 **불변적**이 되고, 그 밖의 모든 것은 **가변적**이 된다.[34]

는 자율적 체계이다. (그의 《철학적 소견들》 §6과 《철학적 탐구》 §§28~31 및 §35에 딸린 쪽지 등 참조.)

34 (옮긴이주) 표현은 오직 명제의 맥락 속에서만 의미를 지니며, 그것이 나타날 수 있는 모든 명제의 형식, 그러니까 그 명제들의 일반 형식을 전제한다. 예를 들어, 'a'란 표현이 'a는 붉다', 'a는 무겁다', 'a는 크다' 와 같은 명제들 속에서 나타난다면, 'a'는 그러한 명제들의 집합에 공통적인 특징적 표지이다. 그리고 만일 '붉다'란 표현이 'a는 붉다', 'b는 붉다', 'c는 붉다'와 같은 명제들 속에서 나타난다면, '붉다'는 그러한 명제들의 집합에 공통적인 특징적 표지이다. 앞의 집합에 속하는 명제들은 모두 'a는 어떠하다'의 형식을 지니며, 뒤의 집합에 속하는 명제들은 모두 '어떤 것은 붉다'의 형식을 지닌다. 여기서 'a'와 '붉다'는 불변적이고 '어떠하다'와 '어떤 것'은 가변적이다. 그러므로 'a'를 묘사하는 앞의 형식은 그 속의 가변적인 부분 '어떠하다' 대신 술어 변항 'φ'를 사용하여 'φa'와 같이 표시할 수 있고, 뒤의 형식은 그 속의 가변적인 부분 '어떤 것' 대신 개별자 'x'를 사용하여 'Rx'('R'='붉다')와 같이 표시할 수 있다. 전자는 표현 'a'를 포함하는 명제들을 값으로 지니는 변항이고, 후자는 표현 'R(붉다)'를 포함하는 명제들을 값으로 지니는 변항이다. 이러한 것들이 다음 절에서 '명제 변항'으로 불리는 것들이다.

3.313   그러므로 표현은 그 표현을 포함하는 명제들을 값으로 갖는 변항
          에 의해 묘사된다.

              (한계적 경우에 변항은 상항(常項)으로, 표현은 명제로 된다.)

              나는 그런 변항을 "명제 변항"이라고 부른다.

3.314   표현은 오직 명제에서만 의미를 지닌다. 모든 변항은 명제 변항
          으로서 파악될 수 있다.

              (가변적 이름도 마찬가지이다.)

3.315   우리가 어떤 명제의 한 구성 요소를 변항으로 바꾸면, 그렇게 해
          서 생긴 가변적 명제의 값들 전부인 명제들의 한 집합이 존재한
          다. 일반적으로 이 집합은 우리가, 자의적인 약정에 따라, 저 원
          래의 명제의 부분들로 무엇을 뜻하느냐에 달려 있다. 그러나 우
          리가 그 의미가 자의적으로 확정된 기호들을 모두 변항들로 바꾼
          다면, 그때도 여전히 그런 집합은 존재한다. 그러나 이제 이 집합
          은 아무런 약정에도 의존하지 않고, 단지 그 명제의 본성에 의존
          한다. 그것은 논리적 형식—논리적 원형—에 대응한다.[35]

3.316   명제 변항이 어떤 값들을 취할 수 있는지는 규정된다.

              값들의 규정이 변항이다.

3.317   명제 변항 값들의 규정은 그 변항을 공통의 표지로 갖는 **명제들**을
          제시하는 것이다.

              그 규정은 이러한 명제들의 기술이다.

---

35 (옮긴이주) 'a는 붉다(R)'의 두 구성 요소 'a'와 'R' 중 한 구성 요소를 변항으로 바꾼 명제 변항(가변적 명
   제) 'φa'와 'Rx'는 각각 자신의 값으로 'a는 붉다', 'a는 무겁다', 'a는 크다'와 같은 명제들의 한 집합과 'a는
   붉다', 'b는 붉다', 'c는 붉다'와 같은 명제들의 한 집합을 지닌다. 그리고 'a'와 'R'도 모두 변항으로 바꾼 명
   제 변항 'φx'도 그러한 집합을 지닌다. 그러나 이제 ('a'와 'R'처럼) 그 의미를 자의적으로 확정해야 하는
   기호가 더는 남아 있지 않은 'φx'가 여전히 그러한 집합을 지니는 것은 'φx'가 원래 명제의 논리적 형식
   (논리적 원형)을 보여 준다는 점에 의존한다. 즉 'φx'는 원래의 명제가 그것의 (논리적-구문론적) 본성상
   바로 이러한 형식을 지니는 모든 명제의 집합에 속한다는 점을 드러내는 것이다.

그 규정은 그러므로 오직 상징들만을 다루지, 그 의미는 다루지 않을 것이다.

그리고 오직 이것, 즉 그 규정은 상징들의 기술일 뿐 지칭된 것에 관해서는 아무것도 진술하지 않는다는 것만이 그 규정에 본질적이다.

명제들의 기술이 어떻게 행해지는가는 비본질적이다.[36]

3.318　명제를 나는—프레게와 러셀처럼—그 속에 포함된 표현들의 함수로 파악한다.

3.32　기호는 상징에서 감각적으로 지각될 수 있는 것이다.

3.321　그러므로 상이한 두 상징이 기호(문자 기호 또는 음성 기호 등)를 서로 공유할 수 있다—그 경우 그것들은 상이한 방식으로 지칭한다.[37]

3.322　우리가 두 대상을 동일한 기호를 가지고, 그러나 상이한 두 지칭 방식으로 지칭한다는 것은 그 두 대상의 공통적 표지를 결코 지적해 줄 수 없다. 왜냐하면 기호는 실로 자의적이기 때문이다. 그러므로 또한 두 개의 상이한 기호가 선택될 수 있을 터인데, 그러면 지칭에서 공통적인 것은 어디에 남아 있을까.[38]

3.323　동일한 낱말이 상이한 방식으로 지칭하는 일—따라서 상이한 상징에 속하는 일—또는 상이한 방식으로 지칭하는 두 낱말이 외면상으로는 같은 방식으로 명제에서 사용되는 일이 일상 언어에서는 대단히 자주 나타난다.

---

36 (옮긴이주) 이와 관련해서는 뒤의 5.501 참조.

37 (옮긴이주) 동일한 낱말이 가령 계사(繫辭)와 등호(等號)와 존재사로, 혹은 고유명사와 형용사의 방식으로 사용될 수 있다(3.323 참조).

38 (옮긴이주) 1913년의 "논리학 노트"(《노트북 1914-1916》의 부록 I, p.97)에 여기 3.322와 거의 같은 내용이 적혀 있는데, 거기서는 이 마지막 문장에 물음표가 있었다.

그래서 "ist"[39]라는 낱말은 계사로, 등호(等號)로, 존재의 표현으로 보인다. "존재하다"는 "가다"처럼 자동사로, "동일한"은 형용사로 보인다. 그리고 우리는 어떤 것에 관해서 이야기하지만, 어떤 것이 일어난다는 것에 관해서도 이야기한다.

("이상은 이상하다"[40]라는 명제에서―여기서 앞의 낱말은 사람 이름이고, 뒤의 낱말은 형용사인데―그 두 낱말은 단순히 상이한 의미를 지니는 게 아니라, 상이한 상징이다.)

3.324   그래서 가장 근본적인 혼동들이 걸핏하면 생긴다. (철학 전체는 그러한 혼동들로 가득 차 있다.)

3.325   이러한 오류들을 피하려면 우리는 같은 기호를 다른 상징으로 사용하지 않음으로써, 그리고 다른 방식으로 지칭하는 기호들을 외면상 같은 방식으로 사용하지 않음으로써 그러한 오류들을 배제하는 기호 언어를 사용해야 한다. 그러니까, 논리적 문법―논리적 구문론―에 따르는 기호 언어를 사용해야 한다.

(프레게와 러셀의 개념 표기법[41]은, 물론 모든 결함을 다 배제하지는 못하고 있지만, 그러한 언어이다.)

3.326   기호에서 상징을 인식하려면, 우리들은 뜻이 있는 쓰임에 유의해야 한다.

3.327   기호는 기호의 논리적-구문론적 사용과 더불어 비로소 논리적 형식을 확정한다.

3.328   어떤 기호가 쓰이지 않는다면, 그 기호는 의미가 없다. 이것이 오컴

---

39 (옮긴이주) '이다', '있다'의 뜻을 지닌 독일어 낱말.
40 (옮긴이주) 원문은 "그륀 씨는 미숙하다, 풋내기이다"라는 뜻의 "Grün ist grün".
41 (옮긴이주) '프레게와 러셀의 개념 표기법': 프레게의 《개념 표기법》과 러셀과 화이트헤드의 《수학 원리》의 논리적 표기법을 말함.

의 격률[42]이 지니는 뜻이다.

(모든 사정이 어떤 기호가 의미를 지니는 듯이 그렇게 되어 있다면, 그 기호는 실제로도 의미를 지닌다.)

3.33   논리적 구문론에서 기호의 의미는 어떤 역할도 해서는 안 된다; 논리적 구문론은 기호의 의미에 관해 이야기하지 않고 수립될 수 있어야 한다. 그것은 오직 표현들의 기술만을 전제하면 된다.

3.331   이러한 소견(所見)으로부터 러셀의 "유형 이론"[43]을 살펴보자: 러셀의 오류는 그가 기호 규칙들을 세울 적에 기호들의 의미에 관해 이야기하지 않으면 안 되었다는 점에서 드러난다.

3.332   어떤 명제도 자기 자신에 관해 무엇인가를 진술할 수 없다. 왜냐

---

42 (옮긴이주) 오컴(William of Occam, 1288~1349)의 격률: "존재자들은 필요 없이 증가해서는 안 된다 (Entia non sunt multiplicanda practer necessitatem)"고 하는 것. 일명 '오컴의 면도날'로도 불리는 이 원칙은 서양 중세의 보편 논쟁에서 특수자들 외에 보편자들까지 존재하는 것으로 본 보편론자들을 겨냥한 것이었지만, 여기서 비트겐슈타인은 이 원칙을 "의미(대상)들은 쓸데없이, 즉 쓰임 없이 증가해서는 안 된다"(그러니까, "어떤 기호가 쓰이지 않는다면, 그 기호는 의미가 없다")라고 하는 뜻으로 새기고 있다. 오컴의 격률은 이런 뜻으로 5.47321에서 다시 언급된다.

43 (옮긴이주) '유형 이론': 명제 함수를 유의미한 명제로 만들 수 있는 논항들의 값에는 일정하게 제한된 범위가 있으며, 그 범위들은 개별자들의 집합(제1유형), 제1유형의 집합들의 집합(제2유형), 제2유형의 집합들의 집합(제3유형) 등등과 같은 위계 구조를 이룬다는 러셀의 이론. 러셀에 의하면, 명제 함수의 의미는 그것을 만족시킬 대상들의 범위가 정해지기까지는 확정되지 않는다. 그리고 함수 자체에 의해서 정해지는 어떤 것을 그 범위 속에 포함하는 것은 아무 의미도 없다. 즉 "한 집합 **전체**를 포함하는 것은 무엇이든지 그 집합 중 하나여서는 안 된다"(《수학 원리》1권 37쪽). 이를 그는 '악순환의 원리'(즉 "불법적 전체들의 가정에 포함된 악순환들을 피할 수 있게끔 하는" 원리)라고 부르는데, 이를 위반하면 이른바 '러셀의 역설'이 발생한다(이제 대해서는 3.333의 옮긴이주 참조). 유형 이론은 그러한 역설을 방지하기 위해 제안된 것이다. 유형 이론은 단지 유형들만을 구별하는 단순 유형 이론과, 그 유형들 내에서 다시 급수(order)를 구분하는 분기(ramified) 유형 이론이 있다. 러셀의 유형 이론에 대한 비트겐슈타인의 비판은, 러셀은 논리적 구문론에 속하는 규칙을 세우면서 기호의 의미, 즉 명제 함수를 만족시킬 대상들의 범위에 관해 이야기해야 했다는 것이다. 그러나 유형 이론은 어떤 명제도 자기 자신에 관해 무엇인가를 진술할 수 없다는 것인데, 이는 명제 함수의 기호가 포함하는 논항의 원형에 그 기호 자체는 포함될 수 없기 때문에 명제 함수는 그 자신의 논항이 될 수 없다는 점에서 이미 드러나는 것이다. 즉 비트겐슈타인의 생각은, 유형 이론이 말하고자 하는 바는 논리적 구문론의 규칙을 따르는 기호 자체에서 이미 드러나게 되어 있으며, 따라서 올바른 표기법에서는 유형 이론이 없어도 러셀의 역설은 생길 수 없다는 것이다(3.332-3.333 참조).

하면 명제 기호는 자기 자신 속에 포함될 수 없기 때문이다. (이 것이 "유형 이론"의 전부이다.)

3.333 함수는 그 자신의 논항이 될 수 없다. 왜냐하면 함수 기호는 이미 자신의 논항의 원형을 포함하고 있으며, 그것은 자기 자신을 포함할 수 없기 때문이다.

요컨대 함수 $F(fx)$가 자기 자신의 논항이 될 수 있을 거라고 가정해 보자. 그렇다면 "$F(F(fx))$"라는 명제가 주어질 것이다. 그리고 이 명제에서 외부 함수 F와 내부 함수 F는 상이한 의미를 지녀야 한다. 왜냐하면 그 내부 함수는 $\phi(fx)$의 형식을 지니고, 외부 함수는 $\psi(\phi(fx))$의 형식을 지니기 때문이다. 그 두 함수에는 단지 "F"라는 문자만이 공통적인데, 그러나 그 문자는 그 자체로는 아무것도 지칭하지 않는다.

이것은 우리가 "$F(F(u))$" 대신에 "$(\exists\phi):F(\phi u).\phi u=Fu$"라고 쓴다면 곧 분명해진다.[44]

이로써 러셀의 역설[45]은 풀린다.

---

44 (옮긴이주) 첫 번째 표기에서는 같은 기호 'F'가 실은 서로 다른 상징이라는 점이 드러나지 않지만, 두 번째 표기에서는 처음 'F'는 'F(φu)'의 형식을 지니고 두 번째 'F'는 'φu'의 형식을 지니는 상징이라는 점이 분명해진다는 말이다. 두 번째 표기는 오늘날 일반적으로 "(∃φ)[F(φu) · φu=Fu]"와 같이 표기되며, "어떤 φ가 F(φu)이고 φu=Fu이다", 또는 "F(φu)이며 φu=Fu인 어떤 φ가 있다"라는 뜻이다.

45 (옮긴이주) '러셀의 역설': 러셀이 수(數)를 논리적 개념들만을 써서 정의하려 하던 중, 집합(class) 개념과 관련하여 발견한 문제. 즉 집합들은 자기 자신의 원소(member)이거나(예: 비-인간들의 집합) 아니거나(예: 인간들의 집합)이다. 그러나 이제, 자기 자신의 원소가 아닌 그런 모든 집합들로만 이루어진 집합 C를 놓고 생각해보자. C는 자기 자신의 원소이거나 아니거나, 둘 중의 하나라야 할 것이다. 그러나 (1) 만일 C가 자기 자신의 원소라면; C의 원소들은 오직 자기 자신의 원소가 아닌 집합들뿐이기 때문에, C는 자기 자신의 원소가 아니다. (2) 만일 C가 자기 자신의 원소가 아니라면; C는 자기 자신의 원소가 아닌 모든 집합들의 집합이기 때문에, C는 자기 자신의 원소이다. (1), (2) 어느 쪽이건 모순이 성립한다. 즉 C가 자기 자신의 원소라면 그것은 자기 자신의 원소가 아니며, 자기 자신의 원소가 아니라면 자기 자신의 원소이다. (본문에서 비트겐슈타인은 러셀의 역설을 '집합' 대신 '함수'에 관한 이야기로 변화시켜 생각하고 있다. 러셀에 의하면 집합에 관한 명제는 언제나 그 집합을 정의하는 함수에 관한 진술로 환원될 수 있다.)

3.334 논리적 구문론의 규칙들은 각각의 기호가 어떻게 지칭하는지를 우리들이 알기만 하면 저절로 이해되어야 한다.

3.34 명제는 본질적인 모습들과 우연적인 모습들을 소유한다.

우연적인 모습들은 명제 기호의 특별한 산출 방식에서 유래하는 것들이다. 본질적인 모습들은 오직 그것들만이 명제로 하여금 그 뜻을 표현할 수 있게 하는 것들이다.

3.341 명제에서 본질적인 것은 그러므로 같은 뜻을 표현할 수 있는 모든 명제들에 공통적인 것이다.

그리고 그와 똑같이, 일반적으로 상징에서 본질적인 것은 동일한 목적을 충족할 수 있는 모든 상징들에 공통적인 것이다.

3.3411 그러므로 본래적 이름[46]이란 대상을 지칭하는 모든 상징들이 공통으로 지니는 것이라고 할 수 있을 것이다. 어떤 종류의 합성도 이름에 대해서 본질적이지 않다는 것은 그렇게 해서 잇따라 밝혀질 것이다.

3.342 우리의 표기법에서 어떤 것이 자의적이기는 하다. 그러나 만일 우리가 어떤 것을 자의적으로 확정했다면 다른 어떤 것은 사실이어야 한다는 것, 이것은 자의적이지 않다. (이것은 표기법의 **본질**에 달려 있다.)

3.3421 하나의 특별한 지칭 방식은 중요하지 않을 수도 있지만, 그것이 하나의 **가능한** 지칭 방식이라는 것은 언제나 중요하다. 그리고 철학에서 사정은 일반적으로 그러하다. 즉, 개별적인 것은 중요하지 않은 것으로 늘 되풀이해서 입증되지만, 모든 개별적인 것의

---

46 (옮긴이주) '본래적 이름': 원말은 '고유한/진정한 이름'이라고도 번역할 수 있는 'der eigentliche Name'. 대상을 오직 지칭하는 기능만 있는 상징으로, 러셀이 기술어와 구별해 '논리적 고유명사'라고 한 것에 해당한다. (러셀은 '이것', '저것'과 같은 지시사를 논리적 고유명사로 보았다.)

가능성은 우리에게 세계의 본질에 관해 하나의 해명을 제공한다.

3.343 정의들은 한 언어에서 다른 한 언어로의 번역 규칙들이다. 모든 올바른 기호 언어는 그러한 규칙들에 따라서 다른 모든 올바른 기호 언어로 번역될 수 있어야 한다: 이것이 그것들 모두가 공통으로 지니는 것이다.

3.344 상징에서 지칭하는 것은, 논리적 구문론의 규칙들에 따라서 그 상징을 대체할 수 있는 모든 상징들에 공통적인 것이다.

3.3441 예를 들어, 진리 함수를 위한 모든 표기법들에 공통적인 것은 이렇게 표현될 수 있다: 그것들 모두가 예컨대 "~p"(p가 아니다)와 "p∨q"(p 또는 q)라는 표기법으로 대체될 수 있다는 것이 그것들에 공통적이다.[47]

(이로써, 가능한 하나의 특수한 표기법이 우리에게 일반적인 해명들을 제공할 수 있는 방식이 특징지어진다.)

3.3442 복합체의 기호는 분석될 적에도 가령 그것이 모든 명제 조직에서 다르게 해체될 정도로 자의적으로 해체되지 않는다.

3.4 명제는 논리적 공간 속의 어떤 한 장소를 확정한다. 이 논리적 장소의 존재는 단지 구성 요소들의 존재에 의해서, 즉 뜻이 있는 명제의 존재에 의해서 보증된다.

3.41 명제 기호와 논리적 좌표, 이것이 논리적 장소이다.

3.411 기하학적 장소와 논리적 장소는 둘 다 어떤 한 존재의 가능성이라

---

47 (옮긴이주) '진리 함수'란 한 명제의 진리치를 그 명제를 구성하는 명제(들)의 진리치에 의해서만 결정하는 함수를 말한다. 예를 들면, p, q가 명제일 때, '~p'(p가 아니다), 'p∨q'(p이거나 q이다), 'p·q'(p이고 q이다), 'p⊃q'(p이면 q이다) 등의 형식을 지닌 명제들은 그 구성 명제들의 진리 함수이다. 그리고 모든 진리 함수는 '~'과 '∨'의 두 연결사를 이용해서 표기할 수 있다. (그 외에도 '~'과 '⊃', 또는 '~'과 '·'의 두 연결사를 이용하거나, 아니면 두 명제의 동시적 부정을 나타내는 셰퍼 막대기 '|' 하나만을 이용해서도 표기할 수 있다.)

는 점에서 일치한다.

3.42   비록 명제는 논리적 공간 속의 한 장소만 확정하면 되지만, 그래도 그 한 장소에 의해서 이미 논리적 공간 전체가 주어져 있어야 한다.

(그렇지 않으면 부정, 논리적 합(合), 논리적 곱(積)[48] 등에 의해 늘 새로운 요소들이—조정되어—도입될 것이다.)

(그림 주위의 논리적 골격이 논리적 공간을 확정한다. 명제는 논리적 공간 전체에 두루 손을 뻗는다.)

3.5   적용된, 생각된 명제 기호가 사고이다.

4   사고는 뜻이 있는 명제이다.

4.001   명제들의 총체가 언어이다.

4.002   인간은 모든 낱말이 각각 어떻게 의미하고 무엇을 의미하는지에 대해 아는 것이 전혀 없이, 각각의 뜻이 모두 표현될 수 있게 하는 언어들을 구성하는 능력을 소유하고 있다.[49]—우리들이 개별적인 소리들이 어떻게 산출되는지 알지 못하면서도 말을 하듯이 말이다.

일상 언어는 인간 유기체의 일부이며, 그에 못지않게 복잡하다.

일상 언어로부터 그 언어의 논리를 직접 끄집어낸다는 것은 인간으로서는 불가능하다.

언어는 사고를 옷 입혀 가린다. 더욱이, 옷의 외부적 형태로는

---

48 (옮긴이주) '논리적 합'은 'p'와 'q'라는 어떤 두 명제를 'p 또는 q'와 같이 선택적으로 긍정하여 결합한 것이고, '논리적 곱'은 어떤 두 명제 'p'와 'q'를 'p 그리고 q'와 같이 모두의 긍정하여 결합한 것이다.

49 (옮긴이주) 그 능력은 언어적 상징들을 구성할 수 있는 암묵적 지식 같은 것으로서, 우리가 타고나는 것이다. 비트겐슈타인《노트북 1914~1916》p.100의 다음 말 참조: "사람은 각 낱말이 무엇을 의미하는지 조금도 알지 못하면서도 **어떤** 뜻을 표현할 수 있는 상징들을 구성할 수 있는 타고난 능력을 보유하고 있다. 이에 대한 가장 좋은 예는 수학이다. 왜냐하면 사람은 수를 위한 상징들이 뭔가를 의미하는지 혹은 그것들이 아무것도 의미하지 않는지를 모르면서도 그것들을 최근까지 사용해 왔기 때문이다."

그 옷 입혀진 사고의 형태를 추론할 수 없도록 그렇게 한다. 왜냐하면 옷의 외부적 형태는 신체의 형태를 인식시키는 것과는 전혀 다른 목적에 따라 형성되었기 때문이다.

　　일상 언어의 이해를 위한 암묵적 협약들은 엄청나게 복잡하다.

4.003　　철학적인 것들에 관해 씌어 있는 대부분의 명제들과 물음들은 거짓이 아니라 무의미하다. 그런 까닭에 우리는 이런 종류의 물음들에 대해 결코 대답할 수 없고, 다만 그것들의 무의미성을 확인할 수 있을 뿐이다. 철학자들의 물음이나 명제들은 대부분, 우리가 우리의 언어 논리를 이해하지 못하는 것에 기인한다.

　　(그것들은 선(善)이 미(美)보다 다소 동일한가 하는 물음과 같은 종류이다.[50])

　　그리고 가장 깊은 문제들이 실제로는 아무 문제도 아니라는 것은 놀라운 일이 아니다.

4.0031　　모든 철학은 "언어 비판"이다.[51] (그렇지만 마우트너[52]의 뜻에서

---

50 (옮긴이주) '선(善)이 미(美)보다 다소 동일한가'하는 물음의 무의미성은 "소크라테스는 동일하다"(5.4733)와 같이 '동일하다'가 형용사처럼 쓰인 결과이다. 무의미한 명제들은 뜻이 있는 명제들과 (표면)문법상으로 유사성을 지니지만, 실제로는 의미를 지니지 않는 (의미 있게 쓰이지 않은) 표현을 포함하고 있다.

51 (옮긴이주) 비트겐슈타인의 이 철학관은 칸트의 철학관과 유사하면서도 다르다. 칸트에게 철학은 가능한 경험의 한계를 해명하고 그 한계를 넘어가는 전통 형이상학의 공허함을 드러내는 것으로서 인식 비판이었던 반면, 비트겐슈타인에게 철학은 유의미한 언어의 한계를 해명하고 그 한계를 넘어가는 철학적 물음이나 명제의 무의미성을 드러내는 것으로서 언어 비판이다. 비트겐슈타인은 자신의 철학 방식이 본질적으로 **진리**의 물음에서 **뜻**의 물음으로의 이행"(《문화와 가치》, 28쪽)이라고 보았거니와, 철학의 본성과 방향에 관한 그의 이러한 생각은 그가 일찍부터 애독한 것으로 알려진 리히텐베르크(G. C. Lichtenberg: 1742~1799)에게 일정 정도 영향을 받은 것으로 간주된다. (리히텐베르크에 따르면, 사람들의 언어에는 사람들의 중간치 철학이 포함되어 있으며, "우리의 전(全) 철학은 언어 사용의 교정(矯正)이다; 그러니까, 철학의, 그것도 가장 일반적 철학의 교정이다"《소품집》, 85쪽).) 《논고》시절의 비트겐슈타인은 의미와 무의미, 말할 수 있는 것과 말할 수 없는 것을 구분하는 언어의 한계가 언어의 논리에 의해 결정된다고 보았고, 따라서 이 책에서 그의 언어 비판 작업은 우리 언어의 (숨은) 논리를 그 본질에서 해명하는 일을 중심으로 하여 전개된다.

52 (옮긴이주) 마우트너(Fritz Mauthner, 1849~1923): 오스트리아의 저술가이며 철학자. 저서로 《언어비

"언어 비판"이라는 것은 아니다.) 러셀의 공적은 명제의 외견상의 논리적 형식이 반드시 그것의 실제 형식은 아니라는 것을 보여 준 것이다.

4.01   명제는 현실의 그림이다.

명제는 우리가 생각하는 바와 같은 현실의 모형이다.

4.011   얼핏 보면 명제는—가령 종이에 인쇄되어 있는 명제는—그것이 다루는 현실의 그림으로 보이지 않는다. 그러나 악보도 처음 보기엔 음악의 그림으로 보이지 않으며, 우리의 표음 문자(자모 문자)도 음성 언어의 그림으로는 보이지 않는다.

그럼에도 불구하고 이들 기호 언어들은 통상적인 뜻에서조차도 그것들이 묘사하는 것들에 대한 그림들임이 입증된다.

4.012   우리가 "aRb" 형식의 명제를 그림으로 느낀다는 것은 명백하다. 여기서 그 기호는 명백히, 그 지칭된 것에 대한 초상(肖像)[53]이다.

판 논설집》(*Beiträge zu einer Kritik der Sprache*)(전3권, 1901~1902)《철학사전: 언어비판 신(新)논설집》(*Wörterbuch der Philosophie: Neue Beiträge zu einer Kritik der Sprache*)(전3권, 1923~1924) 등이 있다. 마우트너의 언어 비판은 우리가 언어로부터, 언어적 미신으로부터, 그리고 언어적 폭압으로부터 우리 자신을 해방해야 할 필요가 있다는 것이었다. 그는 우리의 사유가 본질적으로 언어와 떨어질 수 없는 (순수하지 않은) 것이기 때문에 인식 비판은 칸트처럼 (순수) 이성 비판이 아니라 언어 비판이 되어야 한다고 본 하만(J. G. Hamann)과 헤르더(J. G. Herder) 등의 생각을 따르면서도, (에른스트 마흐와 니체 등의 영향으로) 정작 언어에 의한 실재의 인식 가능성에 대해서는 근본적으로 회의적이었다. 그에 의하면, 언어는 우리를 세계의 진리와 지식으로 인도한다는 환상을 준다. 그러나 "사람들은 언어의 낱말들과 철학의 말로는 세계의 비유적 묘사를 넘어서 도달할 수 없다"(《철학사전》서론 I). "우리의 언어는 결코 자연과 일치할 수 없다"(《철학사전》백과사전' 항목). 이러한 '언어의 위기(Sprachkrise)'에서 (잠시나마) 벗어나는 방법은, 그에 의하면, 시나 경구같이 언어를 인식의 수단으로서가 아니라 예술의 수단으로 사용하는 것이다. 그리고 다른 혹은 더 나은 방법은 '순수한 비판'이자 '최고의 비판'인 웃음이다(논설집》3권 2부 VIII "웃음과 언어" 참조). 그러나 그의 언어 비판이 궁극적으로 이르고자 하는 바는 신비스럽고 성스러운 침묵이다. 그는 자신의 언어 비판을 이러한 침묵으로 인도하는 사다리, 그러나 그것의 디딤대들은 (언어로 되어 있는 만큼) 밟고 나면 파괴해야 할 사다리로 본다. ("[…] 언어 비판에서 내가 기어오르고 싶다면, 나는 내 뒤와 앞의, 그리고 내 안의 언어를 한 걸음 한 걸음 파기해야 한다. 나는 사다리의 모든 디딤대를 밟으면서 그것들을 파괴해야 한다."(《논설집》1권 1부 서론))

53   (옮긴이주) '초상'—혹은 '화상(畫像)'—은 독일어 'Gleichnis'의 번역인데, 이는 오늘날 보통 '비유', '우화'라

4.013　그리고 우리가 이러한 회화성(繪畫性)의 본질을 간파한다면, 우리
　　　　는 이 회화성이 (악보에서 #와 ♭의 사용과 같은) 외견상의 **불규칙**
　　　　성들에 의해서는 교란되지 않음을 안다.

　　　　　왜냐하면 이 불규칙성들조차도 그것들이 표현해야 할 바를 모
　　　　사하기 때문이다; 다만 그 방식이 다를 뿐이다.

4.014　음반, 악상, 악보, 음파는 모두 서로에 대해 언어와 세계 사이에
　　　　있는 저 내적인 모사 관계에 있다.

　　　　　그것들은 모두 공통적인 논리적 구조를 지니고 있다.

　　　　　(동화[54] 속에 나오는 두 젊은이와 그들의 두 마리 말과 그들의
　　　　백합들처럼 말이다. 그것들은 어떤 뜻에서는 모두 하나이다.)

4.0141　음악가가 악보로부터 교향곡을 끄집어낼 수 있는 일반적 규칙이
　　　　존재하며, 그 규칙에 의하여 우리들은 음반 위의 홈으로부터 교
　　　　향곡을 도출해 낼 수 있고, 또 처음의 규칙에 따라 다시 악보를
　　　　도출해 낼 수 있다는 것, 바로 여기에 외견상으로는 그처럼 전혀
　　　　상이해 보이는 구성물들의 내적 유사성이 있다. 그리고 그 규칙
　　　　은 교향곡을 악보로 투영하는 투영 법칙이다. 그것은 악보 언어
　　　　에서 음반 언어로의 번역 규칙이다.

4.015　모든 초상의 가능성, 즉 우리의 표현 방식의 전적인 회화성의 가
　　　　능성은 모사의 논리에 의거한다.

4.016　명제의 본질을 이해하기 위해, 상형 문자를 생각해 보자. 상형 문
　　　　자는 그것이 기술하는 사실들을 모사한다.

　　　　　그리고 상형 문자로부터 자모 문자가 모사의 본질이 상실됨이
　　　　없이 생겨났다.

는 뜻으로 쓰인다.
54 (옮긴이주) 그림 형제의 동화《황금 아이들》을 말한다.

4.02   이것을 우리는, 명제 기호의 뜻이 우리에게 설명되지 않아도[55] 우리는 그 뜻을 이해한다는 점으로부터 안다.

4.021   명제는 현실의 그림이다: 왜냐하면 내가 명제를 이해한다면, 나는 그 명제에 의해 묘사된 상황을 알기 때문이다. 그리고 명제의 뜻이 나에게 설명되지 않았어도, 나는 명제를 이해한다.

4.022   명제는 그 뜻을 보여 준다.

　　　　명제는 만일 그것이 참이라면 사정이 어떠한지를 보여 준다. 그리고 명제는 사정이 그러하다고 말한다.

4.023   현실은 명제에 의해서 '예' 또는 '아니오'로 고정되어야 한다.

　　　　그러기 위해서 현실은 명제에 의해 완전히 기술될 수 있어야 한다.

　　　　명제는 사태의 기술이다.

　　　　기술이 대상을 그 외적 속성들에 따라서 기술하듯이, 명제는 현실을 그 내적 속성들에 따라서 기술한다.

　　　　명제는 논리적 골격의 도움을 받아서 하나의 세계를 구성한다. 그리고 그렇기 때문에 우리들은 명제에서, 만일 그것이 참이라면 모든 논리적인 것이 어떻게 관계되어 있는지를 또한 볼 수 있다. 우리들은 거짓인 명제로부터 추론들을 할 수 있다.

4.024   한 명제를 이해한다는 것은, 그 명제가 참이라면 무엇이 일어나는가를 안다는 것을 뜻한다.

　　　　(그러므로 우리들은 명제가 참인지 알지 못해도 명제를 이해할 수 있다.)

　　　　명제는 그 구성 요소들[56]이 이해된다면 이해된다.

---

55 (옮긴이주) 즉, 그것의 구성 요소들(과 형식)만 이해해도(4.024 참조).
56 (옮긴이주) 비트겐슈타인의 "논리학 노트"《노트북 1914-1916》부록, p.104)에서는 명제의 구성 요소들

4.025 한 언어에서 다른 한 언어로의 번역은 한 언어의 모든 **명제** 각각을 다른 한 언어의 **명제**로 번역하는 방식으로 행해지지 않고, 단지 명제의 구성 요소들만이 번역된다.

(그리고 사전은 명사들만이 아니라, 동사, 형용사, 접속사 등도 번역한다; 그리고 그것들 모두를 똑같이 취급한다.)

4.026 단순 기호들(낱말들)의 의미들은 우리가 그것들을 이해하도록 우리에게 설명되어야 한다.

그러나 명제들을 가지고 우리는 의사소통한다.

4.027 명제가 우리에게 새로운 뜻을 전달할 수 있다는 것은 명제의 본질 속에 놓여 있다.

4.03 명제는 오래된 표현들을 가지고 새로운 뜻을 전달해야 한다.

명제는 우리에게 상황을 전달한다. 그러므로 그것은 **본질적으**로 상황과 연관되지 않으면 안 된다.

그리고 그 연관은 바로, 명제가 상황의 **논리적 그림**이라는 것이다.

명제는 그림인 한에서만 무엇인가를 진술한다.

4.031 명제에서는, 말하자면, 상황이 시험적으로 조립된다.[57]

"이 명제는 이러이러한 뜻을 지닌다"라고 하는 대신, 우리들은 바로 "이 명제는 이러이러한 상황을 묘사한다"라고 말할 수 있다.

뿐 아니라 명제의 형식들도 함께 언급되어 있다: "우리는 명제의 구성 요소들과 형식들을 이해할 때 명제를 이해한다. 만일 우리가 'a'와 'b'의 의미를 안다면, 그리고 모든 x와 y에 대해 "xRy"가 무엇을 의미하는지 안다면, 우리는 또한 "aRb"를 이해한다."

57 (옮긴이주) 비트겐슈타인의 그림 이론이 처음 기록된 《노트북 1914-1916》 29.9.14의 다음 언급 참조: "명제에서는 하나의 세계가 시험적으로 조립된다. (파리의 법정에서 자동차 사고가 인형들 따위를 가지고 묘사될 때처럼 말이다.)"

4.0311   하나의 이름은 하나의 사물을 나타내고, 다른 하나의 이름은 다른 하나의 사물을 나타낸다. 그리고 그 이름들은 서로 결합되어 있으며, 그래서 그 전체는—하나의 활인화(活人畵)처럼—사태를 표상한다.

4.0312   명제의 가능성은 기호들이 대상들을 대신한다[58]는 원리에 의거한다.

　　　　　나의 근본 사상은, "논리적 상항들"은 대신하지 않는다는 것이다.[59] 사실들의 **논리**가 대신될 수는 없다는 것이다.[60]

4.032   명제는 논리적으로 분절되어 있는 한에서만 상황의 그림이다.

　　　　　("Ambulo"[61]라는 명제조차도 합성되어 있다. 왜냐하면 그 어

---

58 (옮긴이주) '대신하다'의 원말은 '대리하다'나 '대임(代任)하다'로 옮길 수도 있는 'vertreten'. 《논고》에서 이 말은 'stehen für(나타내다)'와 같은 뜻으로 쓰이나, 후일 비트겐슈타인은 전자의 표현이 다음과 같은 이유에서 오해의 소지가 있으므로, 기호에 대해서는 그 표현을 쓰지 않을 것이라고 말한다: "일반적으로 우리가 A의 대리자라고 부르는 것은 그것의 자리에 A도 들어갈 수 있는 그런 것뿐이다. 그러니까 모든 기호가 대리자는 아니다. 그러므로 오해를 예방하기 위해 우리는 기호 ♀가 금성을 나타낸다고는 말할 것이지만, 기호 ♀가 금성의 자리에 있다거나 금성을 대리한다고는 말하지 않을 것이다."(L. Wittgenstein & F. Weismann, *The Voices of Wittgenstein*, p.502)

59 (옮긴이주) '논리적 상항'이란 논리 체계에서 그 의미가 변하지 않는 표현들로서, 부정(否定), 연언(連言), 선언(選言), 함축(含蓄), 동치(同値)와 같은 진리 함수적 연결사, 양화사, 등호 등을 가리킨다. 기호적으로는 '~', '∧', '∨', '⊃', '≡', '(x)', '(∃x)', '=' 등과 같이 표시된다. 비트겐슈타인에 의하면, 이 기호들은 (프레게와 러셀의 생각과는 달리,) 그것들이 가리키는(대신하는) 어떤 "논리적" 대상들이나 관계들이 있는 것이 아니다(5.4 및 5.42 참조). 명제에서 그 기호들의 사용은 명제들을 논리적으로 복합적으로 만들지만, 이 복합 명제들은 결국 그 구성 요소 명제들이 묘사하는 사태 외에 따로 또 어떤 대상들이나 관계들을 가리키지 않는다. 즉, 논리적 상항들을 이용해 행해지는 모든 논리적 연산은 실은 이미 요소 명제들에 포함되어 있으며(5.47), 따라서 논리적 상항들은 적절한 표기법에서는 사라질 수 있다. 다시 말해서, 그것들이 '논리적 상항'인 것은 단지 외견상으로만 그러하다는 것이다(5.441). 그것들은 명제들을 어떤 식으로 관계시키는 원초 기호처럼 보이지만, 실은 "논리적 사이비 관계"의 기호에 불과하다(5.42 및 5.461 참조).

60 (옮긴이주) 논리는 언어와 세계의 '공통적 결합제'(《노트북 1914-1916》20.12.14)로서, 언어와 실재가 공유하는 논리적 형식에서 보일 뿐, 언어 내의 어떤 것이 대신할 수 없는 것이다. 만일 어떤 것이 논리를 대신하려면, 그것은 논리 밖에 있는 어떤 것이어야 할 것이나, 우리는 언어에서 논리 밖으로 나갈 수 없다.

간은 다른 어미와 함께, 그리고 그 어미는 다른 어간과 함께, 다른 뜻을 낳기 때문이다.)

4.04   명제에서는 그것이 묘사하는 상황에서 구별될 수 있는 바로 그만큼이 구별될 수 있어야 한다.

그 양자(兩者)는 동일한 논리적(수학적) 다수성을 소유해야 한다. (동역학적 모형들에 관해 다루고 있는 헤르츠[62]의 《역학》을 참조하라.)

4.041   이 수학적 다수성 자체는 물론 다시 모사될 수 없다. 모사할 때 우리들은 그 다수성으로부터 벗어날 수 없다.

4.0411   예컨대, 만일 우리가 "$(x).fx$"에 의해 표현되는 것을 "fx" 앞에 어떤 지표를—가령 "$Gen.fx$"처럼—붙임으로써 표현하려고 한다면, 그것은 충분하지 못할 것이다; 우리는 무엇이 일반화되었는지 알지 못할 것이다. 만일 우리가 그것을 "g"라는 지표에 의해서—가령 "$f(x_g)$"처럼—지적하려 한다면, 그것도 역시 충분하지 못할 것이다; 우리는 일반성 표시의 범위를 알지 못할 것이다.[63]

---

61 (옮긴이주) 라틴어 'ambulare'(걸어가다)의 1인칭 단수 직설법 현재 능동태로 '나는 걸어간다'라는 뜻. 어간 'ambul'은 인칭, 수, 법, 태, 시제에 따라 변하는 상이한 어미들과 결합하여—예컨대 직설법 현재 능동태에서는 'o', 's', 't', 'mus', 'tis', 'nt'와 결합하여(이때 일인칭 단수 이외의 경우에는 중간에 모음 어간 '-a-'를 넣는다)—상이한 뜻을 낳는다.

62 (옮긴이주) 헤르츠(Heinrich R. Hertz, 1857~1894): 독일의 물리학자. 그는 《역학 원리》(*Die Prinzipien der Mechanik*) 2권 §418에서 동역학적 모형을 다음과 같이 정의한다: "한 물질적 체계의 연관들이 다음 조건들을 충족하는 좌표들에 의해 묘사될 수 있으면, 그 체계는 두 번째 체계의 동역학적 모형이라고 한다: (1) 첫 번째 체계의 좌표 수가 두 번째 체계의 좌표 수와 같다. (2) 그 두 체계의 좌표들을 적당히 배열하면, 동일한 조건 등식들이 존재한다. (3) 그 좌표 배열에서 두 체계 내의 변위(變位)의 크기에 대한 표현은 일치한다."

63 (옮긴이주) "Gen."과 "g"는 'general(ized)'의 축약. 원문은 '일반적', '보편적'을 의미하는 독일어 'allgemein'의 축약 표현인 "Alg."와 "a"로 되어 있는데, 여기서는 영어식으로 표기하였다. "$Gen.fx$"의 경우 우리는 일반화된 것이 'x'인지 'f'인지, 혹은 그 둘 다인지 알 수 없다. "$f(x_g)$"의 경우 우리는 가령 "$f(x_g) \supset h(x_g)$"에서 일반화된 x의 범위가 전건과 후건 모두를 포함하는지—즉 $(x)(fx \supset hx)$인지—아니면 전건과 후건 각각에 한정되는지—즉 $(x)fx \supset (x)hx$인지—알 수 없다. 또 가령 다음 단락의 "$(G,G).F(G,G)$"처럼, 일반화된

만일 우리가 논항 자리에 어떤 표시를—가령 "(G,G).F (G,G)" 처럼—도입함으로써 그 일을 시도하려 한다면, 그것은 충분하지 못할 것이다; 우리는 변항들의 동일성을 확인할 수 없을 것이다. 등등.

이 모든 지칭 방식들은 필연적인 수학적 다수성을 지니고 있지 않기 때문에 충분하지 못하다.

4.0412   동일한 이유로, 우리들은 공간적 관계들을 "공간 안경"을 통해서 본다고 하는 관념주의적 설명은 충분하지 못하다.[64] 왜냐하면 그 설명은 이 관계들의 다수성을 설명할 수 없기 때문이다.

4.05   현실은 명제와 비교된다.

4.06   명제가 현실의 그림이라는 오직 그 점으로 인해, 명제는 참이거나 거짓일 수 있다.

4.061   명제가 사실들로부터 독립적인 뜻을 지닌다는 것을 주의하지 않으면, 우리들은 참과 거짓이 기호와 지칭된 것 사이에 이루어지는 같은 자격의 관계들이라고 쉽게 믿을 수 있다.[65]

그 경우 우리들은 예컨대, "p"는 "~p"가 거짓인 방식으로 지칭하는 것을 참인 방식으로 지칭한다는 따위의 말을 할 수 있을 것이다.

4.062   지금까지 우리들이 참인 명제들을 가지고 의사소통해 온 것처

논항 자리를 모두 'G'와 같이 표시하면, 우리는 그것이 (x)F(x,x)인지 (x,y)F(x,y)인지, 또는 (x,y)F(y,x)인지 구별할 수 없다.

64 (옮긴이주) 여기서 비트겐슈타인이 염두에 두고 있는 관점은 칸트의 공간관과 같은 것으로 추정된다. 주지하다시피, 칸트는 공간을 우리의 감성 형식 중 하나, 즉 모든 경험적 직관에 선행하면서 경험적 직관들이 따라야 하는 하나의 선천적 순수 직관으로 보았다.

65 (옮긴이주) 이러한 믿음은 '진(眞)(das Wahre)'과 '위(僞)(das Falsche)'라는 진리치가 명제의 지시체이며, 참(wahr)과 거짓(falsch)은 그 지시체의 속성이라고 본 프레게의 견해와 관계된다. 프레게의 견해는 4.063, 4.431, 4.442, 5.02 등에서 비판된다.

럼, 우리들은 거짓인 명제들을 가지고 의사소통할 수 없을까? 그 것들이 거짓으로 뜻해졌다는 것을 우리들이 알기만 한다면 말이다. 아니, 못한다! 왜냐하면 만일 사정이 우리가 어떤 한 명제에 의해 말하는 바와 같다면, 그 명제는 참이기 때문이다; 만일 우리가 "p"를 가지고 ~p를 뜻한다면, 그리고 사정이 우리가 뜻하는 바와 같다면, 이 새로운 파악 방식에서 "p"는 참이지 거짓이 아니다.

4.0621   그러나 "p"라는 기호와 "~p"라는 기호가 같은 것을 말할 수 있다는 것은 중요하다. 왜냐하면 그것은 "~"이라는 기호에는 현실 속에서 아무것도 대응하지 않음을 보여 주기 때문이다.

어떤 한 명제 속에 부정이 나타난다는 것은 아직 그 명제의 뜻을 특징짓는 아무런 표지도 아니다(~~p=p).

명제 "p"와 명제 "~p"는 대립된 뜻을 지니지만, 그것들에는 하나의 동일한 현실이 대응한다.

4.063   진리 개념의 설명을 위한 하나의 비유: 흰 종이 위의 검은 얼룩점; 그 얼룩점의 형태는 그 평면 위의 모든 점이 각각 흰가 검은가를 진술함으로써 기술될 수 있다. 한 점이 검다는 사실은 긍정적 사실에, 한 점이 희다(검지 않다)는 사실은 부정적 사실에 대응한다. 내가 그 평면 위의 한 점(프레게의 진리치)을 지칭한다면, 이는 판정 받기 위해 세워진 가정에 상응한다. 등등.[66]

그러나 한 점이 검다거나 희다고 말할 수 있으려면, 나는 우선

---

66 (옮긴이주) 3.143에서 지적되었듯이 프레게는 명제를 합성된 이름으로 보았고, 그래서 그는 명제도 그것이 지시하는 (논리적) 대상이 있어야 하며 그것은 바로 명제의 진리치라고 보았다. 그러나 이 절에서 비트겐슈타인은 프레게의 그러한 생각을 비판한다. 프레게의 생각은 말하자면 명제의 진리치를 검은지 흰지 판정하기 위해 가리킬 수 있는 종이 위의 점들과 같은 것으로 비유할 수 있다고 보는 셈인데, 그러나 이 비유는 이하에서 지적되듯이 적절하지 않다는 것이다.

언제 우리들이 한 점을 검다고 부르며, 언제 우리들이 한 점을 희다고 부르는지 알아야 한다. 즉, "p"가 참(또는 거짓)이라고 말할 수 있으려면, 나는 내가 어떤 상황 속에서 "p"를 참이라고 부르는지 확정했어야 하며, 이로써 나는 그 명제의 뜻을 확정한다.

그런데 우리의 비유는 다음과 같은 점에서 적절하지 않다. 즉, 우리는 희다는 게 무엇이며 검다는 게 무엇인지를 알지 못하고서도 종이 위의 한 점을 가리킬 수 있다. 그러나 뜻 없는[67] 명제에는 아무것도 대응하지 않는다. 왜냐하면 그것은 가령 "거짓"이나 "참"이라고 불릴 속성을 지닌 어떤 사물(진리치)을 지칭하지 않기 때문이다. 명제의 동사는—프레게가 믿은 것처럼—"참이다"나 "거짓이다"가 아니다. 오히려, "참인" 것은 이미 동사를 포함하고 있어야 한다.[68]

4.064   모든 명제는 이미 뜻을 지니고 있어야 한다; 긍정이 명제에 뜻을 줄 수는 없는데, 왜냐하면 긍정은 실은 바로 그 뜻을 긍정하기 때문이다. 그리고 이 점은 부정 등에도 동일하게 해당된다.

---

67 (옮긴이주) "뜻 없는"의 원말은 "ohne Sinn"이다. 그리고 이것은 (비트겐슈타인의 어법상) "sinnlos"가 아니라 "unsinnig"에 해당한다.

68 (옮긴이주) 프레게는 《개념 표기법》(§3)에서 '…은 사실이다'(그의 개념 표기법상으로는 'ㅏ')를 모든 판단을 위한 단 하나의 '술어'—이는 '술어'의 통상적 의미는 아니지만—로 이야기할 수 있는 것처럼 말한다. 그리고 "뜻과 의미(지시체)에 관하여"라는 논문에서는 다음과 같이 말한다: "우리는 사고와 참의 관계를 뜻과 지시체의 관계가 아니라 주어와 술어의 관계로 간주하기 쉽다. […] 사고와 참의 관계는 주어와 술어의 관계와 비교되어서는 안 된다." 그의 생각에 변화가 있는 듯 보이지만, 그러나 '…은 사실이다' 혹은 '참이다(ist wahr)'를 명제가 지시하는 대상—즉 진(眞)(das Wahre)이라는 진리치—의 속성을 진술하는 술어로 보는 관점에는 특별한 변화가 없다고 할 수 있다. 그리고 여기서 비트겐슈타인의 비판하는 것은 바로 그 관점이다. 그에 의하면, "참인" 것, 즉 '참이다'라고 서술할 수 있는 것은 명제로서 이미 술어를 포함하고 있어야 한다. 또는: "참이거나 거짓인 것은 무엇이건 이미 동사를 포함하고 있어야 한다"(《노트북 1914-1916》 93쪽). 그리고 따라서 "프레게의 '판단 선(線)' 'ㅏ'은 논리적으로 전혀 의미가 없다; […] 'ㅏ'는 가령 명제의 번호와 마찬가지로, 명제의 조직에 속하지 않는다. 명제가 자기 자신에 대해서, 자신이 참이라고 진술하는 것은 불가능하다."(4.442)

4.0641   우리들은 이렇게 말할 수 있을 것이다: 부정은 이미 그 부정된 명제가 확정하는 논리적 장소에 관계된다.

부정하는 명제는 부정된 명제가 확정하는 논리적 장소와는 다른 하나의 논리적 장소를 확정한다.

부정하는 명제가 논리적 장소를 확정하는 일은 부정된 명제의 논리적 장소를 이용하여, 전자의 장소를 후자의 장소 밖에 놓여 있는 것으로 기술함으로써 이루어진다.

부정된 명제가 다시 부정될 수 있다는 것은, 부정되는 것이 이미 하나의 명제이며, 명제를 위한 한갓 준비가 아니라는 것을 보여준다.

4.1   명제는 사태의 존립과 비존립을 묘사한다.

4.11   참인 명제들의 총체는 전체 자연 과학(또는 자연 과학들의 총체)이다.

4.111   철학은 자연 과학들 중의 하나가 아니다.[69]

("철학"이란 낱말은 자연 과학들의 위 아니면 아래에 있는 어떤 것을 의미해야지, 자연 과학과 나란히 있는 어떤 것을 의미해서는 안 된다.)

---

[69] (옮긴이주) 여기서 '자연 과학'은 4.1121에서 보듯 심리학 같은 분야도 포함하며, 따라서 과학 일반을 가리키는 말로 이해해야 할 것으로 보인다. 즉 철학은 모든 가능한 과학과 구별된다는 말이다(6.52 참조). (또한 《노트북 1914-1916》(106쪽)의 다음 말들 참조: "철학은 실재의 그림들을 제공하지 않는다. 철학은 과학의 명제들을 확인도 논박도 하지 않는다." "철학은 과학적 명제들의 논리적 형식에 관한 학설이다.") 과학은 세계 속에서 일어나는 일들(사실들)에 대한 참된 기술로서의 지식을 추구한다. '지혜의 사랑'으로서의 철학도 전통적으로 실재에 대한 이론적 인식을 추구하는 학문으로 여겨져 왔다. (다만 철학은 본질적이고 보편타당한 인식을 추구한다는 점에서 철학은 더 고귀하거나 근본적인 학문으로 여겨졌고, 그래서 '만학의 왕', 혹은 '학문 중의 학문'으로 불리기도 했다.) 그러나 언어 비판으로서의 철학은 지식의 획득이 아니라 의미의 해명을 목표로 한다. 지식을 얻는 일에는 참 거짓의 확인이 필요하다. 그러나 의미를 이해하는 일은 그러한 확인이 필요하지 않다(4.024). 이런 점에서 비트겐슈타인은 철학이 본성상 과학과 구별된다는 것이다.

4.112   철학의 목적은 사고의 논리적 명료화이다.

철학은 학설이 아니라 활동이다.

철학적 작업은 본질적으로 뜻풀이들로 이루어진다.[70]

철학의 결과는 "철학적 명제들"이 아니라, 명제들이 명료해짐이다.

철학은 말하자면 흐리고 몽롱한 사고들을 명료하게 하고 명확하게 경계 지어야 한다.

4.1121   심리학이 철학에 대해 다른 그 어떤 자연 과학보다 더 근친적이지는 않다.

인식론은 심리학의 철학이다.

기호 언어에 관한 나의 연구는, 철학자들이 논리 철학에 대해 매우 본질적이라고 여긴 연구인 사고 과정들에 관한 연구에 대응하지 않는가? 다만 그들은 대부분 비본질적인 심리학적 탐구들에 얽매여 있었는데, 유사한 위험이 나의 방법에도 역시 존재한다.[71]

4.1122   다윈의 이론이 자연 과학의 다른 그 어떤 가설들보다도 더 많이

---

70 (옮긴이주) 3.263에서 언급된 뜻풀이가 완전히 이루어지면, 모든 원초 기호의 의미가 해명되고, 따라서 의미를 지닌 기호들과 그렇지 않은 기호들이 구별된다. 그리고 이와 함께 의미가 없는 용어를 포함한 철학적 주장들의 무의미성도 드러난다. 그러므로 언어 비판으로서의 철학은 본질적으로 뜻풀이 작업으로 이루어진다는 것이다. 뜻풀이는 본래의 뜻에 도달하면 더는 필요 없게 되는 것으로서, 6.54에서 딛고 올라간 후에는 던져 버려야 할 사다리에 비유된다.

71 (옮긴이주) 심리학은 심리적 사실들을 다룬다는 점에서 다른 자연 과학과 구별되지만, 세계 속에서 일어나는 일들에 관한 사실적, 경험적 학문이라는 점에서는 자연 과학의 하나이고, 그런 한 다른 자연 과학과 마찬가지로 언어 비판으로서의 철학과 거리가 있다. 이 철학은 제반 과학에 대해 그것들이 사용하는 언어의 논리적 명료화 작업으로서 관계한다. 그리고 그러한 것으로서 이제 철학은 심리학에 대해서는 심리학의 철학, 즉 심리학의 언어를 명료화하는 작업이 된다. 그런데 여기에는 믿음, 지각, 사고, 판단 등의 심리학적 용어들과 명제들이 포함되므로, 믿음의 정당화, 지식의 가능성, 회의주의의 문제 등을 다루는 (종래의) 인식론은 이제 심리학의 철학에 속하게 된다(5.541-5.5422 참조). 다만 한가지 유의해야 할 점은, 철학이 사고의 논리적 명료화를 목표로 한다(4.112)고 할 때, 여기서 논리를 심리학적 차원의 사고 법칙을 탐구하는 것으로 오해해서는 안 된다는 점이다. 그것은 프레게가 논리 철학적 관점에서 이미 비판한 심리학주의의 오류를 되풀이하는 것이다.

철학과 관계가 있지는 않다.[72]

4.113 철학은 자연 과학의 논쟁 가능한 영역을 한계 짓는다.

4.114 철학은 생각될 수 있는 것을 경계 짓고, 그로써 생각될 수 없는 것을 경계 지어야 한다.

철학은 안으로부터, 생각될 수 있는 것을 통하여, 생각될 수 없는 것을 한계 지어야 한다.

4.115 철학은 말할 수 있는 것을 명료하게 묘사함으로써, 말할 수 없는 것을 암시할[73] 것이다.

4.116 무릇 생각될 수 있는 모든 것은 명료하게 생각될 수 있다. 언표될 수 있는 모든 것은 명료하게 언표될 수 있다.

4.12 명제는 전체 현실을 묘사할 수 있지만, 현실을 묘사할 수 있기 위해서 명제가 현실과 공유해야 하는 것—논리적 형식—을 묘사할 수는 없다.

논리적 형식을 묘사할 수 있으려면 우리는 명제를 가지고 논리 밖에, 즉 세계 밖에 설 수 있어야 할 것이다.

4.121 명제는 논리적 형식을 묘사할 수 없다. 논리적 형식은 명제에서 반영된다.

언어에서 반영되는 것을 언어는 묘사할 수 없다.

언어에서 스스로 표현되는 것을 우리는 언어로 표현할 수 없다.

명제는 현실의 논리적 형식을 보여 준다.

명제는 현실의 논리적 형식을 내보인다.

4.1211 예컨대 "fa"라는 명제는 그 뜻 속에 a라는 대상이 나타남을 보여

---

72 (옮긴이주) 철학은 사고의 논리적 명료화라는 점에서 심리학적 고찰과 구별되지만, 현재 있는 그대로의 우리의 사고 구조(개념 구조)를 다룬다는 점에서 다윈의 진화론과 같은 발생학적 고찰과도 구별된다.
73 (옮긴이주) 원말은 이 책의 나머지에서는 '의미하다'로 번역된 'bedeuten'.

주며, "fa"와 "ga"라는 두 명제는 그 두 명제에서 동일한 대상이 이야기되고 있음을 보여 준다.

두 명제가 서로 모순된다면, 이것은 그 명제들의 구조가 보여 준다; 한 명제가 다른 한 명제로부터 따라 나올 경우나 그 밖의 경우들도 마찬가지이다.

4.1212 보여질 수 있는 것[74]은 말해질 수 없다.

4.1213 이제 우리는 우리의 기호 언어 내에서 일단 모든 것이 맞아떨어지기만 하면 우리는 올바른 논리적 파악 방식을 소유하고 있는 것이라는 우리의 느낌[75]을 또한 이해한다.

4.122 어떤 뜻에서 우리는 대상들과 사태들의 형식적 속성들 내지 사실들의 구조적 속성들에 관해서 이야기할 수 있다. 그리고 동일한 뜻에서, 형식적 관계들 및 구조적 관계들에 관해서 이야기할 수 있다.

(구조적 속성 대신에 나는 "내적 속성"이라고도 말한다; 구조적 관계 대신에 "내적 관계"라고도 말한다.

내가 이러한 표현들을 도입하는 것은 내적 관계와 본래적 관계(외적 관계)에 관해 철학자들 사이에 매우 광범하게 퍼져 있는 혼동의 이유를 보여 주기 위해서이다.[76])

---

74 (옮긴이주) 원말은 "Was gezeigt werden *kann*". 4.121에서 '보여 주다(zeigen)'가 '내보이다(aufweisen)'로 대체된 만큼, "내보여질 **수 있는** 것"과 같은 말이라고 할 수 있다.

75 (옮긴이주) 이 느낌은 기호 언어 내에서 모든 것이 맞아떨어지면 그 언어는 단순성을 지니며, 논리의 영역에서 '단순성은 진리의 징표'(5.4541)라는 생각과 관계된다.

76 (옮긴이주) '내적 관계와 외적 관계에 관한 철학자들의 혼동': 이른바 '내적 관계론'과 '외적 관계론'을 주장하는 철학자들의 혼동. 전자는 헤겔의 절대적 관념주의에 영향을 받은 브래들리(F. H. Bradley)에 의해 주장되었는데, 이에 따르면, 어떠한 관계적 사실도 실제로는 해당 항들의 본성에 관한 사실이다. 즉, x와 y가 관계된다면, 그 관계는 x, y의 내적 속성에 속하는 것이며, 나아가 x, y가 관계하는 모든 것—그리고 결국에는 모든 것을 포괄하는 유일한 절대적 실재—의 내적 속성에 속하는 것이 된다. 이러한 전체론적 일원주의에 맞서, 러셀과 무어는 관계 항들의 속성으로 환원되지 않는 외적 관계의 존재를 주장

그러나 그러한 내적 속성들과 관계들의 존립은 명제들에 의해 주장될 수 없다; 오히려 그것은 저 사태들을 묘사하고 저 대상들을 다루는 명제들 속에서 드러난다.

4.1221   어떤 사실의 내적 속성을 우리는 그 사실의 모습이라고도 부를 수 있다. (우리가 가령 얼굴 모습들에 관하여 말하는 것과 같은 뜻에서 말이다.)

4.123   어떤 속성을 지닌 대상이 그것을 소유하지 않는다고는 생각될 수 없다면, 그 속성은 내적이다.

(이 파란색과 저 파란색은 마땅히 더 밝고 더 어둡다는 내적 관계에 있다. 이 두 대상이 이 관계에 있지 않으리라고는 생각될 수 없다.)[77]

하면서 원자론적 다원주의의 입장에 섰다. 이들에 따르면, 관계는 비록 독립적으로 존재하지는 않지만, 관계 항들의 속성으로 환원되지 않으며, 이런 뜻에서 관계 항들에 외적인 것으로서 실재한다. 그러나 이 두 관계론에 대한 비트겐슈타인의 비판은, 그들이 모두 내적 관계와 외적 관계를 마치 동일한 범주에 속하는 서로 배타적인 것으로 본 점에서 혼동을 범했다는 것이다. 그에 따르면, 내적 속성이나 관계들은 개념적인 데 반해 외적 속성과 관계들은 사실적이다. 후자는 명제에 의해 기술될 수 있지만, 전자는 그럴 수 없다. 그러나 전자는 후자의 기술에서 드러나며, 후자와 함께 존재한다.

77 (옮긴이주) '이 두 대상'이 이 파란색과 저 파란색인지, 아니면 이 파란색을 지닌 대상과 저 파란색을 지닌 대상인지 불분명하고 해석의 여지가 있다. 전자라면 파란색은 대상의 예가 되고, 후자라면 그렇지 않게 될 것이다. 우선 2.0231-2.0232와 2.0251에 따르면, 색깔은 대상들의 형식일 뿐, 대상들 자체는 실질적 속성으로서의 색깔이 없다. 실질적 속성과 관계는 대상들의 우연적 배열에 의해서 비로소 형성되는 것으로, 그 배열 속의 대상에게는 외적인 속성과 관계이다. 이 관점에서는 여기서 언급된 두 파란색도 두 대상이 각각 반드시 소유해야 한다고는 생각될 수 없는 외적 속성이다. 다만, 그런 것으로서 그 두 색은 마땅히 하나가 다른 것보다 더 밝고 하나는 다른 것보다 더 어두운 관계에 있다. 즉 그 두 색이 이러한 관계에 있지 않다고는 생각될 수 없고, 따라서 이 관계는 그 둘에 내적인 관계이다. 결국, 그 두 대상은 서로 내적 관계에 있는 서로 밝기가 다른 파란색을 각각 자신의 외적 속성으로 지니는 대상이다. 여기서 '속성'과 '관계'는 외적/내적으로 변동하며 쓰이고, '대상'은 그러한 쓰임에 대응하여 쓰이고 있다고 할 수 있다. 그러나 다른 한편으로, 비트겐슈타인은 **이것** 하고 가리킬 수 있는 것이 대상이며, 속성들과 관계들도 대상들이라고 한 바 있다(2.01의 옮긴이주 참조). 이 관점에서는 대상이 지닌 속성이나 관계도 '**이** 속성', '**이** 관계'처럼 **이것**으로 가리킬 수 있으며, 따라서 여기 두 파란색과 내적 관계도 그러한 것으로서 대상이 된다. 즉, 여기서 "대상의 변동하는 쓰임"은 개체 사물뿐 아니라 속성이나 관계도 '대상'이 될 수 있는 것을 가리켜 말하는 게 된다.

　　　　　　(여기서 "속성"과 "관계"라는 말들의 변동하는 쓰임에 "대상"이
　　　　　　란 낱말의 변동하는 쓰임이 대응한다.)

4.124　　　가능한 상황의 내적 속성의 존립은 명제에 의해 표현되지 않고,
　　　　　　그 상황을 묘사하는 명제 속에서 이 명제의 내적 속성을 통해 스
　　　　　　스로 표현된다.

　　　　　　　명제에 형식적 속성을 부여하는 것은 명제에서 그것을 박탈하
　　　　　　는 것과 마찬가지로 무의미할 것이다.

4.1241　　형식들은, 한 형식은 이런 속성을 지니지만 다른 형식은 저런 속
　　　　　　성을 지닌다고 말함에 의해서는 서로 구별될 수 없다; 왜냐하면
　　　　　　이는 그 두 형식에 대해 그 두 속성을 진술하는 것이 뜻을 지닌다
　　　　　　고 전제하기 때문이다.

4.125　　　가능한 상황들 사이의 내적 관계의 존립은 그 상황들을 묘사하는
　　　　　　명제들 사이의 내적 관계를 통해 스스로 언어적으로 표현된다.

4.1251　　이제 여기서 "모든 관계들은 내적인가 또는 외적인가" 하는 논쟁
　　　　　　은 끝장난다.

4.1252　　내적 관계에 의해 정렬된 계열을 나는 형식 계열이라고 부른다.

　　　　　　　수열은 외적 관계에 의해서가 아니라 내적 관계에 의해서 정렬
　　　　　　된다.

　　　　　　　다음과 같은 명제들의 계열도 마찬가지이다 :

$$\text{``}aRb\text{''},$$
$$\text{``}(\exists x)\text{:}aRx.xRb\text{''},$$
$$\text{``}(\exists x,y)\text{:}aRx.xRy.yRb\text{''},$$
$$\text{등등.}$$

(b가 a에 대해 이러한 관계들 중 하나에 있다면, 나는 b를 a의 후속자(後續者)라고 부른다.)

4.126   우리가 형식적 속성들에 관해 말하는 것과 같은 뜻에서, 이제 우리는 형식적 개념들에 관해서도 이야기할 수 있다.

    (나는 형식적 개념들과 본래적 개념들의 혼동—이러한 혼동은 낡은 논리학[78] 전체에 스며들어 있다—의 이유를 분명히 하기 위해서 이러한 표현을 도입한다.)

    어떤 것이 어떤 형식적 개념에 그 개념의 대상으로서 속한다는 것은 명제에 의해서 표현될 수 없다. 그것은 오히려 이 대상의 기호 자체에서 드러난다. (이름은 자신이 대상을 지칭한다는 것을 보여 준다, 숫자 기호는 자신이 수를 지칭한다는 것을 보여 준다, 등등.)

    실로, 형식적 개념들은 본래적 개념들처럼 함수에 의해서 묘사될 수 없다.

    왜냐하면 형식적 개념들의 표지들, 즉 형식적 속성들은 함수에 의해서 표현되지 않기 때문이다.

    형식적 속성의 표현은 모종의 상징들의 한 모습이다.

    형식적 개념의 표지들을 나타내는 기호는 그러므로 그 개념에 속하는 의미들을 지닌 모든 상징들의 특징적인 모습이다.

    형식적 개념의 표현은 그러므로 오직 이 특징적 모습만이 그 속에서 불변적인 하나의 명제 변항이다.

4.127   명제 변항은 형식적 개념을 지칭하며, 그 값들은 이러한 개념에 속하는 대상들을 지칭한다.

---

78 (옮긴이주) '낡은 논리학(alte Logik)': 전통 논리학뿐 아니라—4.1272-4.12721에서 분명해지듯이—프레게와 러셀의 논리학도 포함해서 하는 말이다.

4.1271   모든 변항은 형식적 개념의 기호이다.

왜냐하면 모든 변항은 각각 그것의 모든 값들이 소유하는 하나
의 불변적 형식을 묘사하며, 이 불변적 형식은 이러한 값들의 형
식적 속성으로서 파악될 수 있기 때문이다.

4.1272   그래서 "x"라는 가변적 이름은 대상이라는 사이비 개념[79]의 본래
적기호이다.

"대상"("사물", "실물" 등)이라는 낱말이 올바로 쓰이는 곳에서
는 어디서나, 그것은 개념 표기법상으로는 가변적 이름에 의해서
표현된다.

예를 들어, "······한 2개의 대상이 존재한다"라는 명제에서 그
것은 "$(\exists x, y)$······"로 표현된다.

이와 달리 쓰이는 곳, 그러니까 본래적 개념어로서 쓰이는 곳
에서는 어디서나, 무의미한 사이비 명제들이 생겨난다.

그래서 우리들은 예컨대 "대상들이 존재한다"란 말을 가령 "책
들이 존재한다"란 말을 하듯이 할 수 없다. 그리고 마찬가지로,
"100개의 대상이 존재한다"라거나 "$\aleph_0$개의 대상이 존재한다"라
고 할 수도 없다.

그리고 모든 대상들의 수에 관해 말하는 것은 무의미하다.

이는 "복합체", "사실", "함수", "수" 등의 낱말들에도 똑같이
해당된다.

---

79 (옮긴이주) '사이비 개념(Scheinbegriff)': 본래적 개념처럼 보이지만 실제로는 형식적인 개념. '대상', '속
성', '관계', '복합체', '사실', '함수', '수' 등이 여기에 해당된다. 이것들은 형식적인 개념으로 올바로 쓰일 수
있지만, 본래적 개념으로 쓰이면 의미를 잃는다. 전자의 경우, 그것들은 개념 표기법상으로 변항을 사
용해 올바로 표현할 수 있다. 그리고 그래서 그것들의 본래적 기호는 변항들이다. (예를 들어, '하나는
붉고 하나는 파란 두 대상이 존재한다'와 같은 명제는 '$(\exists x, y)(Rx \& By)$'와 같이 표현된다. 즉 '대상'의 본래
적 기호는 변항 'x'이다.) 그러나 그것들이 본래적 개념으로 쓰일 경우, 그것들을 포함한 명제는 그렇게
표현될 수 없고, 따라서 명제처럼 보이지만 실제로는 무의미한, 사이비 명제들(Scheinsätze)이 된다.

그것들은 모두 형식적 개념들을 지칭하며, 개념 표기법에서 (프레게와 러셀이 믿었듯이) 함수나 집합에 의해서 묘사되는 것이 아니라, 변항에 의해서 묘사된다.

"1은 수(數)이다", "오직 하나의 영(零)만이 존재한다"와 같은 표현들 및 그와 비슷한 표현들은 무의미하다.

("오직 하나의 1이 존재한다"라고 말하는 것은 "2+2는 3시(時)에 4와 같다"라고 말하는 것과 마찬가지로 무의미하다.)

4.12721 　형식적 개념은 그것에 속하는 대상과 함께 이미 주어져 있다. 그러므로 형식적 개념의 대상들 및 그 형식적 개념 자체가 근본 개념들로서 도입될 수는 없다. 그러므로 예컨대 (러셀처럼[80]) 함수의 개념 및 특수한 함수들이—또는 수의 개념 및 특정한 수들이—근본 개념들로서 도입될 수는 없다.

4.1273 　만일 우리가 "b는 a의 후속자이다"라는 일반적 명제를 개념 표기법상으로 표현하려 한다면, 이를 위해 우리는

$$aRb, (\exists x){:}aRx.xRb, (\exists x,y){:}aRx.xRy.yRb, \cdots\cdots$$

라는 형식 계열의 일반항을 위한 어떤 표현을 필요로 한다. 형식 계열의 일반항은 오직 변항에 의해서만 표현될 수 있다. 왜냐하면 이러한 형식 계열의 항이라는 개념은 형식적 개념이기 때문이다. (이것을 프레게와 러셀은 간과하였다; 따라서 그들이 위와 같

---

80 (옮긴이주) 러셀과 화이트헤드의 《수학 원리》 I부 *1 "원초적 관념들과 명제들(Primitive Ideas and Propositions)"을 가리킨다. (여기서 '원초적'은 '정의 없이, 오직 기술적(記述的) 설명을 통해서 도입되는' 이라는 뜻이다.) 러셀은 '요소 명제들', '요소 명제 함수들', '주장'. '요소 명제 함수의 주장', '부정', '선언(選言)'을 원초적 관념으로 들었으나, 비트겐슈타인은 이러한 도입에 비판적이다. 그것들은 진정 원초적일 수 없다. 뒤의 5.42 참조.

은 일반적 명제들을 표현하려는 방식은 잘못이다; 그 방식은 악순환을 포함한다.[81])

형식 계열의 일반항은 우리가 그 계열의 첫 번째 항을 제시하고, 선행하는 명제로부터 그다음 항을 산출하는 연산(演算)의 일반 형식을 제시함으로써 확정될 수 있다.

4.1274　형식적 개념의 존재에 관한 물음은 무의미하다. 왜냐하면 어떤 명제도 그런 물음에는 대답할 수 없기 때문이다.

(그러므로 우리들은 예컨대 이렇게 물을 수 없다: "분석 불가능한 주어-술어 명제들이 존재하는가?")

4.128　논리적 형식들은 수(數)가 없다.

그렇기 때문에 논리학에는 특출한 수들이 존재하지 않으며, 또 그렇기 때문에 철학적 일원주의나 이원주의 따위는 존재하지 않는다.[82]

4.2　명제의 뜻은 사태들의 존립과 비존립의 가능성들과 명제와의 일치, 그리고 불일치[83]이다.

---

81 (옮긴이주) 프레게와 러셀은 "b는 a의 후속자이다"와 같은 명제의 정의에서 등장하는 '등등'('……')이 주관적일 수 있다고 보고, 그것을 논리적 관점에서 문제없는 방식으로 정의하여 제거하려고 하였다. 그러나 비트겐슈타인에 의하면, 그들의 목표 설정 자체가 잘못된 것이다. (그들의 정의는 결국 정의하려는 것에 대한 선행 이해를 필요로 하는 것과 다름없는 것이 된다.) 본문에서 언급된 것과 같은 형식 계열에서 '……'이 나타내려는 것을 올바로 표기하기 위해서는, 그 계열의 일반항이라는 형식 개념을 오직 변항에 의해—"[a, x, O'x]"와 같이—표현하는 게 필요하다. (5.2522-5.2523 참조.)

82 (옮긴이주) 비트겐슈타인이 이 절과 관련해서 한 다음의 말 참조: "내가 뜻한 것은, 논리학에서는 나머지 수들과 비교해서 어떤 뜻에서든 더 중요하거나 더 큰 의의를 지니는, 어떤 뜻에서든 특출한 수는 없다는 겁니다. 예를 들면, 많은 사람이 **하나**나 셋이라는 수가 그러한 수라고 믿는 것 같은 수 말입니다. 그리고 만일 논리학에서 (예컨대) 한정된 수의 원초적 관념이나 명제들이—그러니까 1이나 다른 수가—존재한다면, 이 수는 어떤 뜻에서 논리 전체에 두루 퍼져야 하고 결과적으로 철학에도 두루 퍼져야 할 것입니다." 《루트비히 비트겐슈타인: C. K. 오그던에게 보낸 편지들》, p.29)

83 (옮긴이주) 그리고 이는 요소 명제들의 진리 가능성들과의 일치 및 불일치이며, 또 이는 명제의 진리 조건들이다. 뒤의 4.3-4.431 참조.

4.21   가장 단순한 명제, 즉 요소 명제는 어떤 한 사태의 존립을 주장한다.

4.211   요소 명제의 한 표징은, 어떤 요소 명제도 그 명제와 모순될 수 없다는 것이다.

4.22   요소 명제는 이름들로 이루어진다. 요소 명제는 이름들의 어떤 한 연관, 연쇄[84]이다.

4.221   명제들을 분석할 적에 우리가 이름들의 직접적 결합으로 이루어진 요소 명제들에 도달해야 한다는 것은 명백하다.

        여기서, 그러한 명제 연합은 어떻게 이루어지는가 하는 물음이 제기된다.

4.2211 설령 세계가 무한히 복합적이어서, 모든 사실 각각이 무한히 많은 사태들로 이루어지고 모든 사태 각각이 무한히 많은 대상들로 합성되어 있다고 해도, 대상들과 사태들은 그래도 역시 존재하지 않으면 안 될 것이다.[85]

4.23   이름은 오직 요소 명제의 연관 속에서만 명제에 나타난다.

4.24   이름들은 단순한 상징들이다. 나는 그것들을 개별 문자들("x", "y", "z")로 나타낸다.

        나는 요소 명제를 이름들의 함수로서, "fx", "φ(x,y)" 등의 형식으로 쓴다.[86]

---

84 (옮긴이주) '연쇄'의 원말은 'Verkettung'으로, 요소 명제에서 이름들은 사태를 이루는 대상들이 사슬 (Kette)의 고리들처럼 서로 걸려 있다고 한 것(2.03 참조)처럼 그렇게 서로 단단히 연결됨을 암시하는 표현이다.

85 (옮긴이주) '복합체'나 '합성' 혹은 '분석'(이것들이 무한하든 않든)이란 관념들 자체에 이미 단순체의 관념이 포함되어 있어서 우리는 단순체의 예를 보지 않고도 그 존재를 논리적 필연성으로서—선천적으로— 통찰할 수 있다는 것이다. 《노트북 1914-1916》14.6.15 및 앞의 2.0201-2.0212 참조.

86 (옮긴이주) 이름들의 어떤 연관 또는 연쇄로서 요소 명제는 그 이름들이 서로 어떤 관계에 있다는 하나 의 사실인데(3.1432 참조), 이 사실은 단순히 그 이름들만을 어떤 식으로 배열함으로써 표기될 수 있는 것이 아니라 그 관계를 나타내는 함수 표현을 함께 써서 표기된다는 것이다. 즉 함수 표현은 어떤 대상 을 지칭하는 이름이 아니지만, 어떤 관계에 있는 이름들로 이루어진 요소 명제의 올바른 표기를 위해서

또는 나는 요소 명제를 p, q, r이라는 문자들로 나타낸다.

4.241 　내가 두 기호를 하나의 동일한 의미로 쓴다면, 나는 이것을 그 두 기호 사이에 "=" 기호를 놓음으로써 표현한다.

"a=b"는 그러니까, 기호 "a"가 기호 "b"로 대체될 수 있다는 뜻이다.

(내가 등식을 통해 새로운 기호 "b"를—그 기호가 이미 알려져 있는 기호 "a"를 대체할 것이라고 확정함으로써—도입한다면, 나는 그 등식—정의—을 (러셀처럼) "a=b Def."의 형식으로 쓴다. 정의는 하나의 기호 규칙이다.)

4.242 　그러므로 "a=b" 형식의 표현들은 단지 묘사의 방편일 뿐이다; 그것들은 기호 "a", "b"의 의미에 관해서 아무것도 진술하지 않는다.[87]

4.243 　두 이름이 동일한 사물을 지칭하는지, 아니면 두 개의 상이한 사물을 지칭하는지 알지 못하고서도 우리가 그 두 이름을 이해할 수 있는가?—두 이름이 동일한 것을 의미하는지, 아니면 상이한 것을 의미하는지 알지 못하고서도 우리가 그 두 이름이 나타나는 명제를 이해할 수 있는가?

내가 가령 어떤 영어 낱말의 의미와 그것과 같은 의미의 어떤

는 불가결하다는 말이다.

87 (옮긴이주) 프레게와 러셀은 "a=a"나 "a=b" 같은 형태의 진술들을 기호 'a'와 'b'가 가리키는 대상들(그 기호들의 의미)에 관한 진술로 생각했다. 그러나 비트겐슈타인은 그 진술들이 대상들에 관한 것이라면 그 진술들은 무의미하거나 아무것도 말하는 바가 없다고 본다(5.5303 참조). 그에 의하면, "a=a"나 "a=b" 같은 표현들은 요소 명제들도 아니고 그 밖에 달리 뜻이 있는 기호도 아니다(4.243). 그것들은 등호 왼편의 기호를 등호 오른편의 기호로 대체하는 정의, 즉 구문론적 기호 규칙으로나 쓰일 수 있을 뿐이다. (그러므로 그것들은 기호들 자체를 다룰 뿐, 그것들의 의미는 다루지 않는다.) 그러나 이러한 쓰임도 말하자면 임시방편일 뿐인데, 왜냐하면 "등호는 개념 표기법의 본질적 구성 요소가 아니"며, 따라서 동일성 명제들은 올바른 개념 표기법에서는 사라질 '사이비 명제들'이기 때문이다"(5.533-5.534).

독일어 낱말의 의미를 안다면, 그 두 낱말이 같은 의미라는 것을 내가 알지 못한다는 것은 불가능하다; 내가 그것들을 서로 번역할 수 없다는 것은 불가능하다.

"a=a" 같은 표현들이나 이런 표현들로부터 도출된 표현들은 요소 명제들도 아니고 그 밖에 달리 뜻이 있는 기호도 아니다. (이 점은 나중에[88] 드러날 것이다.)

4.25 요소 명제가 참이면, 사태는 존립한다; 요소 명제가 거짓이면, 사태는 존립하지 않는다.

4.26 모든 참인 요소 명제들의 제시는 세계를 완전히 기술한다. 모든 요소 명제들의 제시에 더하여 그중 어느 것이 참이고 어느 것이 거짓인지가 제시되면, 그로써 세계는 완전히 기술된다.

4.27 n개 사태의 존립과 비존립에 관해서는 $K_n = \sum_{\nu=0}^{n} \binom{n}{\nu}$개의 가능성이 존재한다.[89]

그 사태들의 모든 조합들이 존립할 수 있으며, 다른 조합들은 존립할 수 없다.

4.28 이 조합들에 n개 요소 명제의 진리—그리고 거짓—가능성들이 꼭 같은 수로 대응한다.

4.3 요소 명제들의 진리 가능성들은 사태들의 존립과 비존립의 가능성들을 의미한다.

4.31 우리는 진리 가능성들을 다음과 같은 종류의 도식들에 의해 묘사할 수 있다. ("T"는 "참"을 의미하고 "F"는 "거짓"을 의미한다. 요소 명제들의 열(列) 밑에 있는 "T"와 "F"의 열들은 요소 명제들의

---

88 (옮긴이주) 5.53-5.534 참조.

89 (옮긴이주) K_n은 n개의 사태의 존립과 비존립에서 조합 가능한 경우의 수로, 2^n개가 된다. 부록의 '기호 설명'을 참조할 것.

진리 가능성들을 쉽게 이해될 수 있는 상징법으로 나타낸다.)

p	q	r
T	T	T
F	T	T
T	F	T
T	T	F
F	F	T
F	T	F
T	F	F
F	F	F

p	q
T	T
F	T
T	F
F	F

p
T
F

4.4 명제는 요소 명제들의 진리 가능성들과의 일치 및 불일치의 표현
이다.

4.41 요소 명제들의 진리 가능성들은 명제들의 참과 거짓의 조건들이
다.

4.411 요소 명제들의 도입이 다른 모든 종류의 명제들을 이해하기 위해
기초적이라는 것은 처음부터 그럴듯해 보인다. 실로, 일반적 명
제들의 이해가 요소 명제들의 이해에 달려 있음은 느낄 수 있다.

4.42 n개의 요소 명제의 진리 가능성들과 한 명제의 일치 및 불일치에
관해서는 $\sum_{\kappa=0}^{K_n} \binom{K_n}{\kappa} = L_n$개의 가능성이 존재한다.[90]

4.43 진리 가능성들과의 일치는 도식 속의 진리 가능성들에다 가령
"T"(참)라는 부호를 짝지음으로써 표현될 수 있다.
이 부호의 결여는 불일치를 의미한다.

4.431 요소 명제들의 진리 가능성들과의 일치 및 불일치의 표현은 명제
의 진리 조건들을 표현한다.

---

90 (옮긴이주) L_n은 2^{K_n}이고 이는 2^{2^n}개가 된다. 부록의 '기호 설명'을 참조할 것.

명제는 자신의 진리 조건들의 표현이다.

　(그러므로 프레게가 그의 개념 표기법의 기호들에 대한 설명으로서 진리 조건들을 맨 먼저 내놓은 것은 전적으로 옳다. 다만 프레게에서 진리 개념의 설명은 잘못되어 있다: 만일 "진(眞)"과 "위(僞)"가 실제로 대상들이고 ~p 등에서 논항들이라면, "~p"의 뜻은 프레게의 확정 방식으로는 결코 확정되지 않을 것이다.[91])

4.44　　"T"라는 부호들과 진리 가능성들의 짝짓기를 통해 생기는 기호가 명제 기호이다.

4.441　기호 "F"와 "T"의 복합체에 아무런 대상(또는 대상들의 복합체)도 대응하지 않는다는 것은 분명하다; 이는 가로선과 세로선에, 또는 괄호들에 아무런 대상도 대응하지 않는 것과 마찬가지이다.— "논리적 대상"들이란 존재하지 않는다.

　이와 유사한 점이 "T"와 "F"의 도식들과 동일한 것을 표현하는 모든 기호들에도 당연히 해당된다.

4.442　예컨대

$$\text{"}\begin{array}{cc|c} p & q & \\ \hline T & T & T \\ F & T & T \\ T & F & F \\ F & F & T \end{array}\text{"}$$

---

91 (옮긴이주) '진(眞)'(das Wahre)과 '위(僞)'(das Falsche)는 프레게에서 각각 "진의 진리치"와 "위의 진리치"의 줄임말, 혹은 "한 명제가 참이라는 상황"과 "한 명제가 거짓이라는 상황"의 줄임말로 사용된다(그의 논문 "함수와 개념" 및 "뜻과 의미(지시체)에 관하여" 참조). 그런데 진리치가 프레게의 주장처럼 명제가 가리키는 대상들이라면, 비트겐슈타인의 비판은, 그것들이 ~p 등과 같은 진리 함수적 명제의 진리 논항(p)(5.01 참조) 값으로 주어질 때, ~p는 단순히 그것의 진리 논항 p의 진리치와 반대의 진리치를 가리키는 (복합적) 이름이 될 뿐이고, 이것으로는 진리 함수적 명제로서의 ~p의 뜻(진리 조건)은 확정되지 않을 것이라는 것이다. 비트겐슈타인이 여기서 지적하는 문제는 5.02에서 논항과 지표에 대한 프레게의 혼동과 관계있는 것으로 이야기된다.

는 하나의 명제 기호이다.[92]

(프레게의 "판단 선(線)" "⊢"[93]은 논리적으로 전혀 의미가 없다; 프레게(그리고 러셀)에서 그것은 단지, 이들 저자들이 그렇게 지칭된 명제들을 참이라고 여긴다는 것을 지적할 뿐이다. 그러므로 "⊢"는 가령 명제의 번호와 마찬가지로, 명제의 조직에 속하지 않는다. 명제가 자기 자신에 대해서, 자신이 참이라고 진술하는 것은 불가능하다.)

도식에서 진리 가능성들의 순서가 조합 규칙에 의해 일단 규정되면, 마지막 세로 칸은 이미 그것만으로 진리 조건들의 한 표현이다. 우리가 이 세로 칸을 일렬로 적으면, 그 명제 기호는 "(TT_T)(p,q)"로, 또는 더 뚜렷하게는 "(TTFT)(p,q)"로 된다.

(왼쪽 괄호 속에 있는 자리의 수는 오른쪽 괄호 속에 들어 있는 항의 수에 의해 확정된다.)

4.45   n개의 요소 명제에 대해서는 진리 조건들의 가능한 집단이 L_n개 존재한다.

일정 수의 요소 명제의 진리 가능성들에 속하는 진리 조건들의 집단은 하나의 계열을 이루도록 정렬될 수 있다.

4.46   진리 조건들의 가능한 집단 중에는 극단적인 두 경우가 존재

---

92 (옮긴이주) 이 명제 기호는 p가 참이고 q가 거짓인 경우(제3행)에는 거짓이 되고, p, q의 진리치의 그 나머지 조합의 경우(1, 2, 4행)에는 참이 되는 명제 기호, 즉 'p이면 q이다(p⊃q)'에 해당한다.

93 (옮긴이주) 프레게(《개념 표기법》§2 참조)에 의하면, 기호 "⊢" 다음에 어떤 판단 내용을 나타내는 표현이 덧붙여지면, 그것은 그 판단 내용이 '관념들의 단순한 복합체'로서 머물러 있는 것이 아니라 주장되었다는 표시이다. (이 기호를 러셀은 "주장 기호"라고 불렀다.) 즉, 그는 참이거나 거짓으로 판단될 수 있는 잠재적 대상으로서의 어떤 사고 내용(명제)과 그 내용이 실제로 참이라고 주장하는 것으로서의 판단을 구별한다. 엄밀히 말해서 프레게의 "판단 선"은 기호 "⊢"에서 수직 직선 부분이다. 그는 수평 직선 부분은 "내용 선"이라고 구별하여 부르고 있다. 그러나 가능한 판단의 내용을 표시할 때는 수평 직선만이 사용되지만, 판단은 그 내용 선으로 표시된 내용을 실제로 주장하는 것이므로 언제나 "⊢"로 표시된다.

한다.

그 한 경우에 명제는 요소 명제들의 진리 가능성들 전부에 대해서 참이다. 우리는 그 진리 조건들이 **동어반복적**이라고 말한다.

두 번째 경우에 명제는 진리 가능성들 전부에 대해서 거짓이다: 그 진리 조건들은 **모순적**이다.

첫 번째 경우에 우리는 그 명제를 동어반복이라고 부르고, 두 번째 경우에 우리는 그 명제를 모순이라고 부른다.[94]

4.461   명제는 자신이 무엇을 말하는지를 보여 주는데, 동어반복과 모순은 자신들이 아무것도 말하지 않음을 보여 준다.

동어반복은 아무런 진리 조건을 갖지 않는다. 왜냐하면 그것은 무조건 참이기 때문이다; 그리고 모순은 어떠한 조건에서도 참이 아니다.

동어반복과 모순은 뜻이 없다.[95]

(대립된 방향에 있는 두 화살이 헤어져 떠나는 출발점처럼 말이다.)

(예를 들어, 비가 오거나 오지 않는다는 것을 내가 알 때, 나는 날씨에 관해서는 아무것도 아는 것이 없다.)

4.4611   그러나 동어반복과 모순은 무의미하지는[96] 않다; 그것들은 "0"이

---

94   (옮긴이주) '동어반복(Tautologie)'과 '모순(Kontradiktion)': 전자는 일상적 의미로는 같은 말의 쓸데없는 반복이지만, 논리적 의미로는 예컨대 'p∨~p'처럼 말의 (논리적) 형식만으로—그러니까 내용은 없이—항상 참이 되는 항진(恒眞) 명제들이고, 후자는 예컨대 'p·~p'와 같이 서로를 부정하는 말이 결합된 형식의 말로 언제나 거짓이 되는 항위(恒僞) 명제들이다.

95   (옮긴이주) '뜻이 없는'='sinnlos'. 동어반복은 무조건 참이고 모순은 무조건 거짓이어서, 세계 속에서 일어나는 특정한 것에 관해 아무것도 알려주지 않는다. 그것들을 구성하는 명제들은 각각 뜻을 지니지만, 그 명제들은 서로의 뜻을 상쇄하는 방식으로 결합하고 있기 때문에, 비트겐슈타인은 동어반복과 모순이 뜻이 (상실되어) 없다고 하는 것이다. 그러나 어쨌든 동어반복은 참, 모순은 거짓이기 때문에, 이것들은 아예 참 또는 거짓이 될 수 없는 무의미한 것들과는 구별된다.

96   (옮긴이주) '무의미한(unsinnig)': 4.003의 주를 참조할 것.

산수의 상징체계에 속하는 것과 비슷하게, 상징체계에 속한다.

4.462   동어반복과 모순은 현실의 그림이 아니다. 그것들은 어떤 가능한 상황도 묘사하지 않는다. 왜냐하면 전자는 **모든** 가능한 상황을 허용하며, 후자는 어떤 가능한 상황도 허용하지 않기 때문이다.

  동어반복에서는 세계와의 일치 조건들—묘사하는 관계들—이 서로 상쇄하기 때문에, 동어반복은 현실에 대해 아무런 묘사하는 관계에 있지 않다.

4.463   진리 조건들은 명제에 의해 사실들에 허용되는 놀이 공간을 확정한다.

  (부정적인 뜻에서는, 명제, 그림, 모형은 다른 물체들의 운동의 자유를 제한하는 단단한 물체와 같다; 긍정적인 뜻에서는, 단단한 실체에 의해 한계 지어진, 그 속에 한 물체가 놓일 자리가 있는 공간과 같다.[97])

  동어반복은 전체—무한한—논리적 공간을 현실에 허용한다; 모순은 전체 논리적 공간을 가득 채우며, 현실에 어떤 점(點)도 허용하지 않는다. 그렇기 때문에 그 둘 중 어느 것도 현실을 어떤 식으로든 확정할 수가 없다.

4.464   동어반복의 참은 확실하고, 명제의 참은 가능하며, 모순의 참은

---

97 (옮긴이주) 괄호 속의 말은 부정적 사실(즉 사태들의 비존립)을 명제, 그림, 모형을 통해 묘사하는 문제와 관련되어 있다. 《노트북 1914-1916》 14.11.14 참조. 이에 따르면, 부정적인 뜻에서의 명제와 긍정적인 뜻에서의 명제는 각각 다음과 같이 묘사된다: ▨ ▭ 여기서 사각으로 한정된 부분은 임의의 명제 p가 말하는 것에 해당한다. 그리고 빗금의 유무는 현실에서 그 해당 부분의 배제와 허용에 해당된다. 그러므로 'p∨~p'라는 긍정 명제(동어반복)는 두 그림에서 빗금이 그어지지 않은 부분(오른편 그림의 사각형 안과 왼편 그림의 사각형 밖)의 합이며, 논리적 공간 전체를 현실에 허용한다. 그리고 '~(p∨~p)'라는 부정 명제, 즉 'p^~p'라는 모순은 두 그림에서 빗금으로 배제된 두 부분의 합으로서, 전체 논리적 공간의 어떤 것도 현실에 허용하지 않는다.

불가능하다.

(확실하다, 가능하다, 불가능하다: 여기서 우리는 확률론에서 우리가 필요로 하는 등급 표시를 얻는다.)

4.465 동어반복과 어떤 한 명제의 논리적 곱[積]은 그 명제와 똑같은 것을 말한다. 그러므로 그 곱은 그 명제와 동일하다. 왜냐하면 상징에 본질적인 것은 상징의 뜻이 바뀌지 않고는 바뀔 수 없기 때문이다.

4.466 기호들의 특정한 논리적 결합에는 그 기호들이 지니는 의미들의 특정한 논리적 결합이 대응한다; 임의의 모든 결합은 오직 결합되지 않은 기호들에만 대응한다.

즉, 모든 상황에 대해 참인 명제들은 전혀 어떤 기호 결합들일 수가 없다. 왜냐하면 그렇지 않다면 그것들에는 단지 대상들의 특정한 결합들만이 대응할 수 있을 터이기 때문이다.

(그리고 아무런 논리적 결합도 아닌 것에는 대상들의 어떠한 결합도 대응하지 않는다.)

동어반복과 모순은 기호 결합의 한계 경우, 즉 기호 결합의 해체이다.

4.4661 물론 동어반복과 모순에서도 기호들은 여전히 서로 결합되어 있다. 즉, 그것들은 서로 관계가 있다. 그러나 이 관계들은 의미가 없으며, 상징에 비본질적이다.

4.5 이제 가장 일반적인 명제 형식을 제시하는 것이 가능하다고 보인다. 다시 말해서 그 어떤 기호 언어이건 그것의 명제들에 대해 하나의 기술(記述)을 제공하여, 모든 가능한 뜻이 그 기술에 걸맞은 상징으로 표현될 수 있게 하는 것, 그리고—이름들의 의미들이 알맞게 선정된다면—그 기술에 걸맞은 모든 상징이 각각 뜻을 표

현할 수 있게 하는 것이 가능하다고 보인다.

가장 일반적인 명제 형식을 기술할 적에는 오직 그 본질적인 것만이 기술될 필요가 있다는 것은 분명하다—그렇지 않으면 그것은 가장 일반적인 형식이 아닐 터이기 때문이다.

일반적 명제 형식이 존재한다는 것은, 그 형식이 예견(즉 구성)될 수 없었을 명제는 있을 수 없다는 점에 의해서 증명된다. 명제의 일반적 형식은 다음과 같다: 사정이 이러이러하다.[98]

4.51　나에게 모든 요소 명제들이 주어졌다고 가정해 보자. 그러면 그것들로부터 나는 어떤 명제들을 형성할 수 있는가 하는 물음이 단적으로 제기될 수 있다. 그리고 그것은 모든 명제들이며, 그렇게 명제들은 한계 지어진다.

4.52　명제들은 모든 요소 명제들의 총체로부터 (또한 당연히, 그것이 모든 요소 명제들의 총체라는 점으로부터) 따라 나오는 모든 것이다. (그래서 어떤 뜻에서, 모든 명제들은 요소 명제들의 일반화라고 할 수 있을 것이다.)

4.53　일반적인 명제 형식은 하나의 변항이다.

5　명제는 요소 명제들의 진리 함수이다.

(요소 명제는 자기 자신의 진리 함수이다.)

5.01　요소 명제들은 명제의 진리 논항들이다.[99]

5.02　함수의 논항들은 이름의 지표들과 혼동되기 쉽다. 왜냐하면 나는

---

98 (옮긴이주) '사정이 이러이러하다': 원문은 일의 형편이 이러저러하다는 뜻의 'Es verhält sich so und so.' 이러한 형식이 명제의 일반적 형식이라는 것은 이러한 형식이 모든 명제들에 공통적인 형식이라는 것, 즉 모든 명제들은 본질적으로 이러한 형식의 (사정을 기술하는) 말을 한다는 것이다. 명제의 일반 형식은 4.53과 5.3 등을 거쳐 6에서 기호화된다.

99 (옮긴이주) '진리 논항들(Wahrheitsargumente)': 진리 함수의 참이거나 거짓일 수 있는 논항들이라는 말이다.

지표에서처럼 논항에서도 그것들을 포함하는 기호의 의미를 인식하기 때문이다.

예컨대 러셀의 "$+_c$"에서 "c"는 그 전체 기호가 기수(基數)에 대한 더하기 기호임을 지시하는 지표이다. 그러나 이러한 지칭은 자의적인 약정에 의거하고 있고, 우리들은 "$+_c$" 대신에 하나의 단순한 기호를 선택할 수도 있을 것이다. 그러나 "~p"에서 "p"는 지표가 아니라 논항이다: "~p"의 뜻은 "p"의 뜻이 미리 이해되어 있지 않고서는 이해될 수 없다. (율리우스 카이사르라는 이름에서 "율리우스"는 하나의 지표이다. 우리가 대상의 이름에 붙이는 지표는 언제나 그 대상 기술의 일부이다. 예컨대, 율리우스 가(家)의 그 카이사르.)

내가 오류를 범하고 있는 게 아니라면, 명제와 함수의 의미에 관한 프레게의 이론 밑바닥에는 논항과 지표에 대한 혼동이 놓여 있다. 프레게에게 논리학의 명제들은 이름들이었고, 그것들의 논항들은 이러한 이름들의 지표들이었다.

5.1 진리 함수들은 계열을 이루도록 정렬될 수 있다.

그것이 확률론의 기초이다.

5.101 요소 명제들의 수가 몇 개이든, 그 진리 함수들은 다음과 같은 종류의 도식 속에 써넣을 수 있다 :

$\text{(TTTT)}(p,q)$ 동어반복   (p이면 p이다; 그리고 q이면 q이다.) $(p \supset p . q \supset q)$

$\text{(FTTT)}(p,q)$ 말로 하면 :   p와 q 둘 다는 아니다. $(\sim(p.q))$

$\text{(TFTT)}(p,q)$ 〃   〃 :   q이면 p이다. $(q \supset p)$

$\text{(TTFT)}(p,q)$ 〃   〃 :   p이면 q이다. $(p \supset q)$

(TTTF)(p,q)	〃 〃 :	p이거나 q이다. (p∨q)
(FFTT)(p,q)	〃 〃 :	q가 아니다. (~q)
(FTFT)(p,q)	〃 〃 :	p가 아니다. (~p)
(FTTF)(p,q)	〃 〃 :	p이거나 q이지만, 둘 다는 아니다. (p.~q:∨:q.~p)
(TFFT)(p,q)	〃 〃 :	p이면 q이고, q이면 p이다. (p≡q)
(TFTF)(p,q)	〃 〃 :	p이다.
(TTFF)(p,q)	〃 〃 :	q이다.
(FFFT)(p,q)	〃 〃 :	p도 아니고 q도 아니다. (~p.~q) 또는 (p|q)
(FFTF)(p,q)	〃 〃 :	p이지만, q는 아니다. (p.~q)
(FTFF)(p,q)	〃 〃 :	q이지만, p는 아니다. (q.~p)
(TFFF)(p,q)	〃 〃 :	q이고 p이다. (q.p)
(FFFF)(p,q)	모순	(p이면서 p가 아니며, q이면서 q가 아니다.) (p.~p.q.~q)

　　　나는 어떤 명제의 진리 논항들의 진리 가능성들 중 그 명제를 참이 되게 하는 것들을 그 명제의 진리 근거들[100]이라고 부르고자 한다.

5.11　　일정 수의 명제에 공통적인 진리 근거들 전부가 또한 특정한 한 명제의 진리 근거들이기도 하다면, 우리는 이 명제의 참은 앞 명

100　(옮긴이주) 예컨대 'p이면 q이다'(p⊃q)라는 명제의 진리 논항은 p와 q이고 그것들의 진리 가능성들은 (조합하면) (T,T), (T,F), (F,T), (F,F)인데, 이것들 중에서 (T,T), (F,T), (F,F)가 p⊃q를 참이 되게 하는 것들로서 그 명제의 '진리 근거들'이 된다.

제들의 참으로부터 따라 나온다고 말한다.

5.12 특히, 한 명제 "q"의 모든 진리 근거들이 다른 한 명제 "p"의 진리 근거들이라면, "p"의 참은 "q"의 참으로부터 따라 나온다.

5.121 그 한 명제의 진리 근거들은 다른 한 명제의 진리 근거들 속에 포함되어 있다; p는 q로부터 따라 나온다.[101]

5.122 p가 q로부터 따라 나온다면, "p"의 뜻은 "q"의 뜻 속에 포함되어 있다.

5.123 만일 어떤 한 신(神)이 모종의 명제들이 참인 세계를 창조한다면, 그로써 그는 이미 그 명제들로부터 따라 나오는 명제들도 또한 모두 맞는 세계를 창조하는 것이다. 그리고 비슷하게, 그는 명제 "p"가 참인 어떠한 세계도 그 명제의 대상들 전부를 창조하지 않고서는[102] 창조할 수 없을 것이다.

5.124 명제는 자신으로부터 따라 나오는 모든 명제를 긍정한다.

5.1241 "p.q"는 "p"를 긍정하는 명제들 중 하나인 동시에, "q"를 긍정하는 명제들 중 하나이다.

어떤 두 명제를 모두 긍정하면서 뜻이 있는 명제가 존재하지 않는다면, 그 두 명제는 서로 대립적이다.

다른 한 명제와 모순되는 모든 명제는 그 다른 명제를 부정한다.

5.13 한 명제의 참이 다른 명제들의 참으로부터 따라 나온다는 것을 우리는 그 명제들의 구조로부터 알아본다.

---

101 (옮긴이주) 예컨대, 'p도 아니고 q도 아니다'(~p.~q)의 진리 근거는 (F,F)인데, 이는 'p와 q 둘 다는 아니다'(~(p.q))의 진리 근거들 즉 (T,F), (F,T), (F,F) 속에 포함된다. 그러면 뒤의 명제는 앞의 명제로부터 따라 나온다.

102 (옮긴이주) '그 명제의 대상들 전부를 창조하지 않고서는'이 『논리학 노트』(《노트북 1914-1916》부록, p.104)에서는 '그 명제의 구성 요소들을 창조하지 않고서는'이라고 되어 있다.

5.131 한 명제의 참이 다른 명제들의 참으로부터 따라 나온다면, 이는 그 명제들의 형식이 서로 간에 지니는 관계들에 의해 표현된다. 즉, 우리는 그 명제들을 어떤 한 명제 속에서 서로 결합함으로써 그 명제들이 비로소 그런 관계들에 놓이게 할 필요가 없다. 이 관계들은 오히려 내적인 것이며, 그 명제들이 존립하자마자 그로 인해 존립한다.

5.1311 우리가 p∨q와 ~p에서 q를 추론한다면, 여기서 그 지칭 방식으로 인해 "p∨q"와 "~p"의 명제 형식들의 관계는 은폐되어 있다. 그러나 우리가 예컨대 "p∨q" 대신 "p│q.│.p│q"라고 쓰고, "~p" 대신에는 "p│p"라고 쓴다면(p│q=p도 아니고 q도 아니다[103]), 그 내적 연관은 명백해진다.

　　((x).fx에서 fa가 추론될 수 있다는 것은, 일반성이 "(x).fx"라는 상징에도 역시 현존하고 있음을 보여 준다.)

5.132 p가 q로부터 따라 나온다면, 나는 q에서 p를 추론할 수 있다; p를 q에서 연역할 수 있다.

　　그 추론의 방식은 오로지 그 두 명제로부터 끄집어낼 수 있다.

　　그것들 자체만이 그 추론을 정당화할 수 있다.

　　추론들을 정당화한다고 하는—프레게와 러셀에서와 같은— "추론 법칙들"은 뜻이 없으며, 불필요할 것이다.

5.133 모든 연역은 선천적으로 행해진다.

---

103 (옮긴이주) 기호 '│'는 셰퍼(H. M. Scheffer)의 이름을 따 '셰퍼 막대기'라 불리는 2항 연결사이다. 셰퍼는 모든 진리 함수적 연결사들이 이 하나의 연결사만을 써서 정의될 수 있다는 것을 1913년에 증명했다. (러셀의 서론 참조.) 원래 셰퍼는 "p│q"를 "~(p∨q)", 즉 "~p.~q(p가 아니고 q도 아니다)"로 정의하고, 이것을 "p∧q"로 표기했다. 비트겐슈타인은 셰퍼를 따르지만 이 표기 대신 원래의 기호(셰퍼 막대기)를 사용하고 있다. 그러나 오늘날 "p│q"는 "~(p.q)" 즉 "p와 q 둘 다는 아니다"(NAND)의 의미로 사용되고, 셰퍼가 "p와 q의 거부"라고 불렀던 p와 q의 동시 부정(NOR)은 퍼스의 화살표 '↓'를 사용해 표기한다.

5.134 하나의 요소 명제로부터는 다른 어떤 요소 명제도 연역될 수 없다.

5.135 한 상황의 존립으로부터 그것과 전적으로 다른 한 상황의 존립이 추론될 수 있는 방식은 없다.

5.136 그러한 추론을 정당화하는 인과 관계는 존재하지 않는다.[104]

5.1361 우리는 미래의 사건들을 현재의 사건들로부터 추론할 수 없다.

인과 관계에 대한 믿음이 미신이다.[105]

5.1362 의지의 자유는 미래의 행위들이 지금 알려질 수 없다는 점에 있다. 인과성이 논리적 추론의 필연성과 같이 내적 필연성일 경우에만 우리는 미래의 행위들을 알 수 있을 것이다.—앎과 알려진 것의 연관은 논리적 필연성의 연관이다.[106]

---

104 (옮긴이주) 앞 절에서와 마찬가지로 여기서 '추론'은 연역을 말한다. 그리고 '인과 관계'의 원말은 'Kausalnexus'이다. 쇼펜하우어는 같은 단어를 써서 인과 관계를 다음과 같이 설명한 바 있는데, 이는 비트겐슈타인이 여기서 비판하는 인과 관계의 개념에 해당될 것이다: "모든 변화는 어떤 규칙에 따라 결정된 다른 한 변화가 그 변화에 선행함으로써, 그러나 그때 그 규칙에 의해 그 변화가 필연적으로 야기되어 일어남으로써만 일어난다: 이 필연성이 인과 관계이다."(쇼펜하우어, 《충족이유율의 네 겹의 뿌리에 관하여》 4장, §20.) 비트겐슈타인에게 "필연성은 오직 논리적 필연성만이 존재"(6.375)한다.

105 (옮긴이주) 인과 관계가 필연성을 지닌 관계라는 믿음이 곧 미신이라는 것으로, 인과성에 대한 데이비드 흄의 비판과 통하는 생각이다. 그러나 C. K. 오그던에 의한 《논고》의 첫 영어 번역(초안) 중 이 문장에 대한 비트겐슈타인의 교정 지시에 따르면, 그가 여기서 뜻하는 것은 좀 더 강하다; 그의 뜻은 단순히 '인과 관계에 대한 믿음이 미신들 중의 하나라는 것'이 아니라, '미신이란 인과 관계에 대한 믿음 이외의 다른 어떤 것이 아니라는 것'이다.

106 (옮긴이주) 인과적 규칙성이 논리적 필연성이 아닌 한, 그리고 '앎'의 개념은 앎과 알려진 것 사이의 내적 필연성을 요구하는 한,—즉 내가 어떤 것을 안다면, 그 알려진 것은 반드시 참이어야 함을 요구하는 한,—인과 법칙을 통한 미래 행위들의 예측은 (비록 그것이 정확하다고 해도) 지금 우리에게 그 미래의 행위들에 대한 '앎'을 줄 수는 없으며, 바로 여기에 이른바 '의지의 자유'를 말할 수 있는 점이 존재한다는 것이다. 비트겐슈타인의 이 생각은 아마도, 그리 분명하지 않지만, 인과적 설명이나 예측에서와는 달리 행위를 합리적으로 정당화할 수 있는 (이유로서의) 의지는 인과성이 지배하는 세계로부터 논리적으로 독립적(6.373-6.374 참조)이며, 또 그런 것으로서 윤리적인 것의 소지자(6.423)라는 뒤의 생각과 관계될 것이다. (이 주제에 관한 비트겐슈타인의 생각은 그가 20여 년 후 행한 "의지의 자유에 관한 강의"에서 더 볼 수 있다.)

(p가 동어반복이라면, "A는 p가 사실임을 안다"는 뜻이 없다.)

5.1363   어떤 한 명제가 우리에게 자명하다는 점으로부터 그 명제가 참이
         라는 것이 따라 나오지 않는다면, 그 자명함은 그 명제의 참에 대
         한 우리의 믿음을 정당화하지도 않는다.

5.14   한 명제가 다른 한 명제로부터 따라 나온다면, 후자는 전자보다
         더 많이 말하고, 전자는 후자보다 더 적게 말한다.

5.141   p가 q로부터, 그리고 q는 p로부터 따라 나온다면, 그것들은 하나
         의 동일한 명제이다.

5.142   동어반복은 모든 명제들로부터 따라 나온다: 그것은 아무것도 말
         하지 않는다.

5.143   모순은 명제들에 공통적인 것, 즉 어떠한 명제도 다른 한 명제와
         공유하지 않는 것이다. 동어반복은 서로 아무것도 공유하지 않는
         모든 명제들에 공통적인 것이다.[107]

         모순은 말하자면 모든 명제들의 밖에서 사라지고, 동어반복은
         안에서 사라진다.

         모순은 명제들의 외적 한계이고, 동어반복은 실체 없는 중심점
         이다.

5.15 T_r이 명제 "r"의 진리 근거들의 수이고, T_{rs}는 "r"의 진리 근거들이
         면서 동시에 "s"의 진리 근거들이기도 한 것들의 수라면, 우리는
         비율 T_{rs} : T_r을 명제 "r"이 명제 "s"에게 주는 **확률**의 정도라고 부

---

107 (옮긴이주) 어떤 것이 어떤 명제들에 공통적이라는 것은 그것이 그 명제들 각각으로부터 도출될 수 있
다는 것이다. 그리고 서로 아무것도 공유하지 않는 모든 명제들이란 서로 대립되는 모든 명제들이며,
이는 한 명제와 그 명제의 부정으로 된 모든 명제 쌍, 즉 긍정과 부정의 모든 명제들이다(5.513 참조).
동어반복은 그러한 모든 명제 각각에서 도출될 수 있는 것으로서 명제들에 공통적이다. 그러나 모순은
동어반복과는 반대로, 그로부터 모든 명제가 도출될 수 있기 때문에 명제들에 공통적이다. 그러므로
동어반복은 모든 명제에 내적인 것으로서, 그리고 모순은 모든 명제에 외적인 것으로서 명제들에 공통
적이라고 할 수 있다.

른다.

5.151   앞의 5.101에서와 같은 도식에서 T_r은 명제 r에서의 "T"의 수이고, T_{rs}는 명제 r의 "T"와 같은 세로 칸 속에 들어 있는, 명제 s에서의 "T"의 수라고 해 보자. 그러면 명제 r은 명제 s에 $T_{rs} : T_r$의 확률을 준다.

5.1511 확률 명제들에 고유한 특별한 대상은 존재하지 않는다. [108]

5.152   서로 아무런 진리 논항도 공유하지 않는 명제들을 우리는 서로 독립적이라고 부른다.

2개의 요소 명제는 서로에게 ½의 확률을 준다.

p가 q로부터 따라 나온다면, 명제 "q"는 명제 "p"에게 1의 확률을 준다. 논리적 추론의 확실성은 확률의 한계 경우이다.

(동어반복과 모순에의 적용.)

5.153   하나의 명제는 그 자체로는 확률적이지도 비확률적이지도 않다.
하나의 사건은 발생하거나 발생하지 않는다; 중간물은 없다.

5.154   어떤 항아리 속에 흰 공과 검은 공이 같은 수만큼 있다(그리고 다른 것은 없다)고 해 보자. 나는 공을 하나씩 꺼내었다가 다시 항아리 속에 집어넣는다. 그러면 꺼내어진 검은 공과 흰 공의 수는 꺼내기가 계속되면 서로 접근한다는 것을 나는 그 실험을 통해 확인할 수 있다.

그러므로 이것은 수학적 사실[109]이 아니다.

그런데 내가, 내가 흰 공을 꺼낼 확률은 검은 공을 꺼낼 확률

---

108 (옮긴이주) 또는 "확률 명제들에 고유한 특별한 논리적 상항들은 존재하지 않는다"(《원논고》 5.0932).
비트겐슈타인의 확률론은 논리적 확률론으로, 그 확률 개념은 연역이나 타당성의 개념과 마찬가지로 논리적 개념이다. 따라서 다른 논리적 개념과 마찬가지로, 확률 개념에 대응하는 '논리적 대상'은 없다 (4.441 참조).
109 (옮긴이주) 여기서 '사실'의 원말은 'Tatsache'(경험적 사실)가 아니라 'Faktum'(이성적 사실)이다.

과 같다고 말한다면, 이는 다음과 같은 뜻이다: 나에게 알려진 모든 상황들(가설적으로 받아들여진 자연법칙들을 포함하여)은 한 사건의 발생에 대해 다른 사건의 발생에 대해서보다 더 큰 확률을 주지 않는다. 즉, 그 상황들은—위의 설명으로부터 쉽게 끌어낼 수 있다시피—각 사건에 대해 ½의 확률을 준다.

내가 그 실험을 통해 확증하는 것은, 그 두 사건의 발생은 내가 더 자세하게 알지 못하는 상황들로부터 독립적이라는 것이다.

5.155 확률 명제의 단위는 다음과 같다: 상황들—그 밖에 내가 더 아는 것이 없는 상황들—이 어떤 특정한 사건의 발생에 이러이러한 정도의 확률을 준다.

5.156 그래서 확률은 하나의 일반화이다.

확률은 어떤 한 명제 형식의 일반적 기술을 포함한다.

우리는 확실성이 결핍되어 있을 때만 확률을 사용한다.—우리가 어떤 사실을 완전히 알지는 못하지만, 그 사실의 형식에 관해서는 어떤 것을 알고 있을 때 말이다.

(하나의 명제가 어떤 상황에 대한 불완전한 그림일 수는 있다. 그러나 그것은 언제나 하나의 완전한 그림이다.)

확률 명제는 말하자면 다른 명제들로부터의 발췌(拔萃)이다.[110]

5.2 명제들의 구조는 서로 내적인 관계에 있다.

5.21 이 내적 관계들은 우리가 하나의 명제를 어떤 한 연산의 결과로서, 즉 한 명제를 다른 명제들(연산의 토대)로부터 산출하는 연산의 결과로서 묘사함으로써 우리의 표현 방식에서 부각될 수 있다.

---

110 (옮긴이주) '발췌'의 원말은 ('발췌', '초록', '요약', '추출물' 등의 의미를 지니는) 'Auszug'이다. 그리고 이 문장은 《노트북 1914-1916》8.11.14에서는 "확률 명제들은 자연법칙들의 발췌이다"로, 《원논고》 5.0933에서는 "확률 명제는 말하자면 요소 명제들로부터의 발췌이다"로 되어 있다.

5.22 연산은 연산 결과의 구조와 연산 토대의 구조 사이에 있는 관계의 표현이다.

5.23 연산은 한 명제로부터 다른 명제를 만들어 내려면 그 명제에 행해져야 하는 것이다.

5.231 그리고 그것은 물론 그 명제들의 형식적 속성들에, 즉 그 명제 형식들의 내적 유사성에 의존할 것이다.

5.232 어떤 한 계열을 정렬하는 내적 관계는 한 항을 다른 항에서 생겨나게 하는 연산과 동등하다.

5.233 연산은 한 명제가 다른 명제로부터 논리적으로 의미 있는 방식으로 생겨나는 곳에서 비로소 등장할 수 있다. 그러니까, 명제의 논리적 구성이 시작되는 곳에서 말이다.

5.234 요소 명제들의 진리 함수는 요소 명제들을 토대로 갖는 연산들의 결과이다. (나는 이러한 연산들을 진리 연산이라고 부른다.)

5.2341 p의 진리 함수의 뜻은 p의 뜻의 함수이다.[111]

부정, 논리적 덧셈, 논리적 곱셈 등등은 연산들이다.

(부정은 명제의 뜻을 거꾸로 바꾼다.)

5.24 연산은 변항에서 드러난다; 그것은 어떻게 우리들이 명제들의 한 형식으로부터 다른 한 형식에 도달할 수 있는지를 보여 준다.

연산은 형식들의 차이를 표현한다.

(그리고 연산의 토대들과 결과 사이에 공통적인 것은 바로 그 토대들이다.)

---

111 (옮긴이주) 명제 p의 진리 함수의 뜻 즉 진리 조건은 그 명제의 뜻 즉 진리 조건의 함수이다. 명제 p와 q의 진리 함수의 뜻 즉 진리 조건은 그 두 명제의 뜻 즉 진리 조건의 함수이다. 예컨대 ~p(부정), p∨q(논리적 덧셈), p.q(논리적 곱셈)의 뜻 즉 진리 조건은 각각 그 구성 명제의 뜻 즉 진리 조건의 함수이다. 그리고 여기서 ~, ∨, · 으로 표시되는 부정, 논리적 덧셈, 논리적 곱셈은 진리 연산들이다.

5.241 연산은 형식을 특징짓지 않고 단지 형식들의 차이를 특징짓는다.

5.242 "p"에서 "q"를 만들어 내는 동일한 연산이 "q"에서 "r"을 만들어 내며, 등등 그렇게 계속된다. 이는 오직, "p", "q", "r" 등이 모종의 형식적 관계들을 일반적으로 표현하는 변항들이라는 점에서 표현될 수 있을 뿐이다.

5.25 연산의 출현은 명제의 뜻을 특징짓지 않는다.

연산은 실로 아무것도 진술하지 않는다; 오직 연산의 결과만이 뭔가를 진술하며, 이것은 연산의 토대에 의존한다.

(연산과 함수가 서로 혼동되어서는 안 된다.)

5.251 함수는 그 자신의 논항이 될 수 없다. 그렇지만 연산의 결과는 그 연산 자신의 토대가 될 수 있다.[112]

5.252 오직 그래서 형식 계열에서 항에서 항으로의 전진—러셀과 화이트헤드[113]의 위계(位階) 구조에서 유형에서 유형으로의 전진—이 가능한 것이다. (러셀과 화이트헤드는 이러한 전진 가능성을 인정하지는 않았지만, 그 가능성을 되풀이해서 이용하곤 하였다.)

5.2521 어떤 연산을 그 자신의 결과에 연속적으로 적용하는 것을 나는 그 연산의 계속적 적용이라고 부른다("O'O'O'a"는 "O'ξ"를 "a"에 세 번 계속 적용한 결과이다).

---

112 (옮긴이주) 함수가 그 자신의 논항이 될 수 없다는 것은 3.333에서 이미 이야기되었다. 연산의 경우, 가령 어떤 명제 p를 부정한 결과 즉 ~p는 다시 부정되어 ~~p가 될 수 있다. 또 어떤 명제 p와 q의 논리적 합의 결과 p∨q는 다시 임의의 명제 r과의 논리적 합 (p∨q)∨r을 산출할 수 있다.

113 (옮긴이주) 화이트헤드(Alfred N. Whitehead, 1861~1947): 영국 출신의 수학자이며 논리학자이자 철학자. 케임브리지 대학에서 수학을 연구하고 런던 대학의 응용수학 및 이론물리학 교수를 거쳐 미국의 하버드 대학에서 철학 교수를 역임하였다. 제자인 러셀과 함께 쓴 수리논리학의 기념비적인 저서 《수학 원리》(*Principia Mathematica*)(전3권, 1910~1913)가 있고, 철학적 주저로 《과정과 실재》(*Process and Reality*)(1929)가 있다.

비슷한 뜻에서 나는 일정 수의 명제에 대한 여러 연산의 계속적 적용에 관해 이야기한다.

5.2522   따라서 나는 형식 계열 a, O'a, O'O'a,……의 일반항을 "〔a, x, O'x〕"라고 쓴다. 이 괄호 표현은 하나의 변항이다. 괄호 속의 첫 번째 항은 형식 계열의 시작이고, 두 번째 항은 계열의 임의의 항 x의 형식이며, 세 번째 항은 x를 바로 뒤따르는 계열 항의 형식이다.

5.2523   연산의 계속적 적용이라는 개념은 "등등(等等)"의 개념과 동등하다.

5.253   하나의 연산은 다른 한 연산의 효과를 되돌려 놓을 수 있다. 연산들은 서로를 상쇄할 수 있다.

5.254   연산은 사라질 수 있다(예를 들면 "~~p"에서의 부정: ~~p=p).

5.3   모든 명제들은 요소 명제들에 대한 진리 연산의 결과들이다.

진리 연산은 요소 명제들로부터 진리 함수가 생겨나는 방식이다.

진리 연산의 본질에 따르면, 요소 명제들로부터 그 진리 함수가 생겨나는 것과 같은 방식으로 진리 함수들로부터는 새로운 진리 함수가 생겨난다. 모든 진리 연산은 각각 요소 명제들의 진리 함수들로부터 다시 요소 명제들의 진리 함수를, 즉 명제를, 산출한다. 요소 명제들에 대한 진리 연산의 결과들을 갖고 행한 모든 진리 연산의 결과는 또다시, 요소 명제들에 대한 하나의 진리 연산 [114]의 결과이다.

모든 명제는 요소 명제들에 대한 진리 연산들의 결과이다.

5.31   4.31의 도식은 "p", "q", "r" 등이 요소 명제가 아닐 경우에도 역

---

114 (옮긴이주) **하나의** 진리 연산: 셰퍼의 2항 연결사 " | "(막대기 좌우에 적히는 두 명제의 동시적 부정)의 확장인 N(ξ̄), 즉 주어진 요소 명제들 전체의 동시적 부정을 말한다. 5.5 및 5.502 참조.

시 의미를 지닌다.

그리고 "p"와 "q"가 요소 명제들의 진리 함수들일 경우에도, 4.442에서의 명제 기호가 요소 명제들의 한 진리 함수를 표현한다는 것은 쉽게 알 수 있다.

5.32   모든 진리 함수들은 유한한 수의 진리 연산을 요소 명제들에 계속 적용한 결과들이다.

5.4   여기서 (프레게와 러셀의 뜻에서의) "논리적 대상들"이나 "논리적 상항들"은 존재하지 않는다는 것이 드러난다.[115]

5.41   왜냐하면 진리 함수들에 대한 진리 연산의 결과들은 모두 동일하기 때문이다; 그것들은 요소 명제들의 동일한 하나의 진리 함수이다.

5.42   ∨, ⊃ 등등이 왼편, 오른편 따위와 같은 뜻에서의 관계들이 아니라는 것은 자명하다.

프레게와 러셀의 논리적 "원초 기호들"에 대한 교차적 정의의 가능성은 그것들이 원초 기호들이 아니라는 것, 더구나 그것들이 관계들을 지칭하지 않는다는 것을 이미 보여 주고 있다.[116]

그리고 우리가 "∼"과 "∨"에 의해 정의하는 "⊃"는 우리가 "∼"과 함께 "∨"를 정의하는 "⊃"과 동일하다는 것, 그리고 이 "∨"는 처음의 "∨"와 동일하다는 것 등등은 명백하다.

5.43   하나의 사실 p로부터 무한히 많은 다른 사실들, 즉 ∼∼p, ∼∼∼∼p 등이 따라 나와야 한다는 것은 그럼에도 불구하고 처음부터

---

115 (옮긴이주) 앞 4.0312 참조. 초기 러셀은 '논리적 상항들'로 모종의 대상들을 가리켰다.

116 (옮긴이주) 프레게의 경우는 '∼'과 '⊃'이, 러셀의 경우는 '∼'과 '∨'이 '원초 기호'로 도입되고, 나머지 논리 연결사는 그것들에 의해 정의되었다. 그러나 '∼'과 '∨'에 의해 정의된 '⊃'가 '∼'과 함께 '∨'를 정의할 수 있다. (즉 p⊃q는 ∼p∨q이고, 또 ∼p⊃q는 p∨q이다.) 그러므로 그것들은 (정의 불가능한 것으로서의) 원초 기호라고 할 수 없다.

믿기가 어렵다. 그리고 논리학(수학)의 무수한 명제들이 6개밖에 안 되는 "근본 법칙들"[117]로부터 따라 나온다는 것도 못지않게 이상하다.

그러나 논리학의 모든 명제들은 똑같은 것을 말한다. 즉, 아무것도 말하지 않는다.

5.44   진리 함수들은 실질적 함수들이 아니다.[118]

예컨대 이중부정을 통해 긍정이 산출될 수 있다면, 긍정 속에 부정—어떤 뜻에서건—이 포함되어 있는가? "~~p"는 ~p를 부정하는가, 아니면 p를 긍정하는가; 또는 양쪽 다인가?

명제 "~~p"는 부정을 대상을 취급하듯 취급하지 않는다; 그렇지만 부정의 가능성은 긍정 속에 이미 선결되어 있다.

그리고 만일 "~"이라고 불리는 대상이 존재한다면, "~~p"는 "p"와는 다른 어떤 것을 말하지 않으면 안 될 것이다. 왜냐하면 그 경우 전자는 ~을 다룰 터인데, 후자는 그것을 다루지 않을 것이기 때문이다.

5.441   외견상의 논리적 상항들이 이렇게 사라지는 일은 "~(∃x).~fx"가 "(x).fx"와 동일한 것을 말할 때, 또는 "(∃x).fx.x=a"가 "fa"와 동일한 것을 말할 때도 역시 발생한다.

5.442   우리에게 어떤 명제 하나가 주어져 있다면, 그것과 함께 그것을 토대로 삼고 있는 모든 진리 연산의 결과들도 이미 주어져 있다.

---

117 (옮긴이주) 프레게의 《산수의 근본 법칙》 1권 §47에 열거된 "근본 법칙들", 그리고 러셀과 화이트헤드의 《수학 원리》 1권 서론에서 ("증명 없이 가정되어야 하는" 명제들로서) 제시된 "원초적 명제들(primitive propositions)"을 말한다. 이 근본 법칙들에 대해서는 6.127-6.1271에서 더 언급된다.

118 (옮긴이주) 진리 함수는 한 명제의 진리치(참과 거짓)를 그 명제를 구성하는 명제(들)의 진리치에 의해서만 결정하는 함수이지만, 명제의 진리치는 실질적 함수가 논항으로 삼는 것과 같은 종류의 대상들이 아니다. 그리고 진리 함수는 다시 그 자신에게 적용될 수 있지만, 실질적 함수는 그 자신의 논항이 될 수 없다.

5.45   논리적 원초 기호들이 존재한다면, 올바른 논리학은 그것들 상호
        간의 지위를 분명히 하고, 그것들의 현존을 정당화해야 한다. 논
        리학이 그것의 원초 기호들로부터 어떻게 구성되어 있는지가 분명
        해져야 한다.

5.451   논리학이 근본 개념들을 갖는다면, 그것들은 서로 독립적이어
        야 한다. 어떤 근본 개념 하나가 도입되었다면 그것은 무릇 그것
        이 나타나는 모든 결합들에서 도입되어 있지 않으면 안 된다. 그
        러니까 그것은 먼저 어떤 한 결합에 대해 도입되고 나서, 다른 한
        결합에 대해 또 한 번 도입될 수 없다. 예컨대 부정이 도입되었다
        면 이제 우리는 그것을 "~p" 형식의 명제들과 "~(p∨q)", "(∃
        x).~fx" 등의 명제들에서 꼭 같이 이해해야 한다. 우리는 그것을
        먼저 한 부류의 경우들에 도입하고, 그다음 다른 부류의 경우들
        에 도입해서는 안 된다. 왜냐하면 그렇게 되면 그 두 경우에 부정
        의 의미가 같을지는 의심스러운 채로 남을 것이며, 그 두 경우에
        동일한 기호 결합 방식을 이용할 아무런 이유가 없을 것이기 때문
        이다.

        (간단히 말해서, 프레게가 《산수의 근본 법칙》에서) 정의에 의
        한 기호의 도입에 관해 말한 것[119]과 동일한 것이, 필요한 수정을
        가하면, 원초 기호들의 도입에도 해당된다.)

5.452   논리학의 상징체계 속에 새로운 방편을 도입하는 것은 언제나 중
        대한 결과를 갖는 사건임이 틀림없다. 논리학에는 어떤 새로운

---

119 (옮긴이주) 프레게의 《산수의 근본 법칙》 I권 §33의 두 근본 원칙(1. "정의된 이름들로부터 정당하게 형
    성된 이름은 하나의 의미를 지녀야 한다." 2. "동일한 것은 결코 이중으로 정의되지 말아야 한다. 왜냐하
    면, 그러면 이 정의들이 서로 조화로울지는 의심스럽게 남을 것이기 때문이다.") 및 II권 §§56~67의 '정
    의의 근본 원칙들'(여기서는 '완전성의 원칙'에 속하는 것들과 정의된 표현의 단순성 원칙'에 속하는 것
    들이 이야기된다) 참조.

방편도 괄호 또는 각주에서—말하자면 전혀 무해하다는 투로—도입되어서는 안 된다.

(러셀과 화이트헤드의 《수학 원리》에서는 정의와 근본 법칙들이 그렇게 말로 나타난다.[120] 왜 여기서 갑자기 말인가? 이는 정당화가 필요할 것이다. 정당화는 없고, 없을 수밖에 없다. 왜냐하면 그런 조치는 사실상 허용되어 있지 않기 때문이다.)

그러나 어떤 곳에서 새로운 방편의 도입이 필요하다고 입증되었다면, 우리들은 즉시 이렇게 묻지 않으면 안 된다: 그런데 이 방편이 언제나 적용되어야 하는 곳은 어딘가? 이제 논리학에서의 그것의 지위가 설명되지 않으면 안 된다.

5.453   논리학의 모든 수(數)들은 정당화되지 않으면 안 된다.

또는 오히려, 논리학에서 수들은 존재하지 않는다는 것이 밝혀지지 않으면 안 된다.

특출한 수들은 없다.[121]

5.454   논리학에서 병립은 없으며, 분류는 있을 수 없다.[122]

논리학에서 더 일반적인 것과 더 특수한 것은 있을 수 없다.

5.4541 논리적 문제들의 해결들은 단순해야 한다. 왜냐하면 그 해결들이 단순성의 표준을 정립하기 때문이다.

사람들은 언제나, 그 대답들이—선천적으로—대칭적이면서 하나의 완결된 규칙적 구성물로 통합되어 있는 물음들의 영역이 존재해야 한다고 예감해 왔다.

---

120 (옮긴이주) 예를 들어 《수학 원리》 1권 94쪽에는 "요소 명제가 함축하는 것은 무엇이건 참이다"와 같은 '원초적 명제가 등장한다.

121 (옮긴이주) 앞의 4.128 참조.

122 (옮긴이주) 논리학에서 특출함이나 일반성의 정도 차이에 따라 분류하여 일렬로 나란히 세울 수 있는 것은 없다는 말.

"단순성은 진리의 징표이다"[123]라는 명제가 유효한 영역 말이다.

5.46   만일 논리적 기호들이 올바로 도입되었다면, 그와 더불어 그것들의 모든 조합들이 지니는 뜻도 이미 도입되었을 것이다; 그러므로 "p∨q"뿐만 아니라 "~(p∨~q)" 등등도 역시 이미 도입되었을 것이다. 또한 그와 더불어 괄호들의 가능한 모든 조합들의 효과도 도입되었을 것이다. 그리고 그와 더불어, 본래의 일반적 원초 기호들은 "p∨q", "(∃x).fx" 따위가 아니라, 그것들을 조합하는 가장 일반적인 형식[124]이라는 것이 분명해졌을 것이다.

5.461   ∨와 ⊃같은 논리적 사이비 관계들이—실제의 관계들과 대조적으로—괄호들을 필요로 한다는 사실은 외견상 중요하지 않아 보여도, 의미가 있다.

그러한 외견상의 원초 기호들에 괄호들을 이용한다는 것은 실로 이미 그 기호들이 실제의 원초 기호들이 아니라는 것을 암시한다. 그리고 어쨌든 아마 누구도, 괄호들이 자립적인 의미를 지닌다고는 믿지 않을 것이다.

5.4611 논리적 연산 기호들은 구두점들이다. [125]

---

123 (옮긴이주) 원문은 라틴어로, 'Simplex sigillum veri'. 근대 임상의학의 창시자로 유명한 네델란드의 의사 부르하페(Herman Boerhaave; 1668~1738)가 자신의 책에서 모토로 삼은 말이다.

124 (옮긴이주) 이 형식은 곧 명제들에서 명제들을 구성하는 일반적 형식으로서, 진리 함수의 일반적 형식이자 명제의 일반적 형식(6)이 된다. 그것은 '모든 명제들이 그 본성상 서로 공유하는 단 하나의 논리적 상항'(5.47)이자 '명제의 본질'(5.471), 그리고 그런 것으로서 '논리학의 하나이자 유일한 일반적 원초 기호'(5.472)로 이야기된다.

125 (옮긴이주) 앞 절에서, '∨'와 '⊃' 같은 논리 기호들이 그것들의 적용 범위를 표시하는 괄호들을 이용해서만 유의미하게 쓰일 수 있는 한, 그 기호들은 괄호들과 마찬가지로 자립적 의미를 지니지 않으며, 따라서 그것들은 외견상의 원초 기호들일 뿐 실제의 원초 기호들이 아닐 것이라고 했는데, 이 점에서 그 기호들은 역시 자립적 의미를 지니지 않는 것이 분명한 구두점들에 비교될 수 있다는 것이다. (비트겐슈타인은 그것들이 구두점'이다'라고 하였지만, 이것을 글자 그대로 받아들일 수 있는지는 의문이다. 그는

5.47 무릇 모든 명제들의 형식에 관해 **처음부터** 말해질 수 있는 것은 단 번에 말해질 수 있어야 한다는 것은 분명하다.

요소 명제에는 실로 이미 모든 논리적 연산들이 포함되어 있다. 왜냐하면 "fa"는 "(∃x).fx.x=a"와 동일한 것을 말하기 때문이다.

합성이 있는 곳에는 논항과 함수가 있으며, 또 이것들이 있는 곳에는 이미 모든 논리적 상항들이 있다.

우리들은 이렇게 말할 수 있을 것이다. 즉, 특정한 하나의 논리적 상항이 **모든** 명제들이 본성상 서로 공유하는 것이라고 말이다.

그러나 그것은 일반적 명제 형식이다.

5.471 일반적 명제 형식은 명제의 본질이다.

5.4711 명제의 본질을 제시한다는 것은 모든 기술(記述)의 본질을 제시한다는 것을 뜻하며, 따라서 세계의 본질을 제시한다는 것을 뜻한다.

5.472 가장 일반적인 명제 형식을 기술하는 것은 논리학의 하나이자 유일한 일반적 원초 기호를 기술하는 것이다.

5.473 논리학은 자기 자신을 돌봐야 한다.[126]

가능한 기호는 또한 지칭할 수도 있어야 한다. 논리학에서 가능한 모든 것은 또한 허용되어 있다. ("소크라테스는 동일하다"는, "동일하다"라고 불리는 속성이 존재하지 않기 때문에, 아무것도

그것들과 괄호들의 쓰임을 비교했지만, 그것들을 괄호들'이다'라고 하지는 않았다.)

126 (옮긴이주) 《노트북 1914-1916》 첫머리에 나오는 말로, 논리학은 자율적이어야 한다는 말이다. (같은 책 13.10.14에는 "논리학은 자기 자신을 돌본다; 우리는 그것이 어떻게 그리하는지 바라보기만 하면 된다"라고 되어 있다.) 다시 말해서, 일단 기호들이 구문론적 규칙들과 함께 주어지면 논리학은 주어진 그 상징체계 자체로, 그러니까 실재에 대한 어떤 이론에도 의존하지 않고 성립할 수 있어야 한다는 것이다. 40312에서 말해진 비트겐슈타인의 근본 사상, 즉 '사실들의 논리가 대신될 수는 없다'는 것과 통하는 말이며, 문법은 자율적이라는 그의 후기 사상의 뿌리가 되는 말이다.

뜻하는 것이 없다. 그 명제가 무의미한 것은 우리가 자의적인 확정을 하지 않았기 때문이지, 그 상징 자체가 허용되어 있지 않기 때문은 아니다.[127]

어떤 뜻에서 우리는 논리학에서 오류를 범할 수 없다.[128]

5.4731   자명성—이에 관해 러셀은 매우 많은 이야기를 했는데—은 언어 자체가 모든 논리적 결함을 방지한다는 단지 그 점으로 인해, 논리학에서는 없어도 되는 것이 될 수 있다.—논리가 선천적이라는 것은, 비논리적으로는 생각이 될 수 없다는 점에 있다.

5.4732   우리는 기호에 부당한 뜻을 줄 수 없다.

5.47321   오컴의 격률은 물론 자의적이거나 그 실천적 성과에 의해서 정당화된 규칙이 아니다: 오컴의 격률이 말하고 있는 것은, 쓸데없는 기호 단위는 아무것도 의미하지 않는다는 것이다.

하나의 목적을 충족하는 기호들은 논리적으로 동등하며, 아무런 목적도 충족하지 않는 기호들은 논리적으로 의미가 없다.

5.4733   프레게는 말한다. 정당하게 형성된 모든 명제는 뜻을 지녀야 한다고. 그리고 나는 이렇게 말한다. 모든 가능한 명제는 정당하게 형성되어 있으며, 만일 그것이 뜻을 지니지 않는다면, 이는 단지 우리가 그 명제의 몇몇 구성 요소들에 아무 의미를 주지 못했다는 데 그 까닭이 있을 수 있다고.

(설사 우리가 그것들에 의미를 주었다고 믿을지라도 말이다.)

그래서 "소크라테스는 동일하다"는, 우리가 "동일하다"라는 낱

---

127 (옮긴이주) 5.4733 참조.

128 (옮긴이주) 《노트북 1914-1916》 2.9.14 참조: "어떤 뜻에서 우리는 논리학에서 오류를 범할 수 없어야 한다. 이는 이미 부분적으로는, 논리학은 자기 자신을 돌봐야 한다는 점에 표현되어 있다. 이것은 대단히 깊고 중요한 인식이다."

말에 형용사로서 아무런 의미도 주지 않았기 때문에, 아무것도 말하지 않는다. 왜냐하면 만일 그것이 등호로서 등장한다면, 그것은 전혀 다른 방식으로 상징하며―그 지칭 관계가 다르며―따라서 그 두 경우에 그 상징은 전혀 다르기 때문이다; 그 두 상징은 단지 그 기호만을 우연히 서로 공유하고 있을 뿐이다.

5.474　필요한 근본 연산들의 수는 오직 우리의 표기법에 달려 있다.

5.475　중요한 것은 단지, 일정 수의 차원들―일정한 수학적 다수성―을 지닌 기호 체계를 형성하는 것이다.

5.476　여기서 중요한 것은 지칭되어야 할 **근본 개념들의 수**가 아니라 규칙의 표현이라는 것이 분명하다.

5.5　모든 진리 함수는 $(- - - - - T)(\xi, \ldots)$라는 연산[129]을 요소 명제들에다 계속 적용한 결과이다.

이 연산은 오른편 괄호 속에 있는 명제들 전부를 부정하며, 나는 이 연산을 이 명제들의 부정이라고 부른다.

5.501　나는 명제들을 항으로 갖는 괄호 표현을―그 괄호 속에 든 항들의 순서가 아무래도 상관없을 때―"$(\bar{\xi})$"라는 형식의 기호로 나타낸다. "ξ"는 괄호 표현의 항들을 자신의 값으로 갖는 하나의 변항이다; 그리고 그 변항 위의 선은 그 변항이 괄호 속에 들어 있는 자신의 값 전부를 대신한다는 것을 나타낸다.

(그러므로 ξ가 가령 P, Q, R이라는 3개의 값을 갖는다면, $(\bar{\xi})$

---

129 (옮긴이주) 이 연산은 셰퍼의 2항 연결사 '|'(…도 아니고, …도 아니다)를 일반화한 것이다. 셰퍼의 연결사가 두 명제의 동시적 부정인 데 반해, 여기 비트겐슈타인의 연산은 임의의 수의 명제에 대한 동시적 부정이다. 이 연산 기호의 오른편 괄호 속에는 부정될 명제들이 규정되어 제시된다. (그 규정 방법은 5.501에 따른다.) 그리고 그 부정될 명제의 수가 n개라면, 왼편 괄호에는 그 명제들이 지닐 수 있는 2^n개의 진리값이 4.442와 5.101에서 설명된 방식으로 배열된다. 이에 따르면, n개 명제의 동시적 부정은 그 명제들이 모두 거짓일 경우에만 참이므로, 왼편 괄호 속에 배열되는 진리값들은 맨 끝만 참(T)이고 그 앞은 모두 거짓(F)이 된다. (즉 왼편 괄호 속의 하이픈들은 $2^n - 1$개의 F에 해당한다.)

=(P, Q, R)이다.)

그 변항의 값들은 규정된다.

그 규정은 그 변항이 대신하는 명제들을 기술하는 것이다.

괄호 표현의 항들에 대한 기술이 어떻게 행해지느냐는 비본질적이다.

우리는 세 종류의 기술을 구별할 수 있다: 1. 직접적인 열거. 이 경우 우리는 그 변항 대신 그것의 상항 값들을 놓을 수 있다. 2. x 의 모든 값에 대해, 기술되어야 할 명제들을 자신의 값으로 갖는 함수 fx의 제시. 3. 저 명제들이 형성될 때 따르는 어떤 한 형식적 법칙의 제시. 이 경우 괄호 표현의 항들은 어떤 한 형식 계열의 항들 전부이다.

5.502 그러므로 나는 "(-----T)(ξ,....)" 대신에 "N(ξ̄)"라고 쓴다.

N(ξ̄)는 명제 변항 ξ의 값들 전부의 부정이다.

5.503 이러한 연산에 의해 어떻게 명제들이 형성될 수 있으며 또 이러한 연산에 의해 어떻게 명제들이 형성될 수 없는지는 명백히 쉽게 표현될 수 있으므로, 이는 또한 정확히 표현될 수도 있어야 한다.

5.51 ξ가 오직 하나의 값만을 갖는다면, N(ξ̄)=~p(p가 아니다)이고, ξ가 두 개의 값을 갖는다면, N(ξ̄)=~p.~q(p도 아니고 q도 아니다)이다.

5.511 모든 것을 포괄하고 세계를 반영하는 논리학이 어떻게 그처럼 특수한 갈고리 모양의 표시들과 조작법들을 쓸 수 있는가? 오직 이 모든 것들이 연결되어 하나의 무한히 미세한 그물망을, 커다란 거울을 이루고 있기 때문이다.

5.512 "p"가 거짓이면 "~p"는 참이다. 그러므로 참인 명제 "~p"에서

"p"는 거짓인 명제이다. 그런데 어떻게 "~"이란 선이 그것을 현실과 맞게 만들 수 있는가?

그러나 "~p"에서 부정하는 것은 "~"이 아니라, 이러한 표기법에서 p를 부정하는 모든 기호들에 공통적인 것이다.

그러므로 "~p", "~~~p", "~p∨~p", "~p.~p" 등등이 (무한히) 형성될 때 따르는 공통적 규칙이다. 그리고 이 공통적인 것이 부정을 반영한다.

5.513   우리들은 이렇게 말할 수 있을 것이다: p도 q도 긍정하는 모든 상징들에 공통적인 것이 "p.q"라는 명제이다. p 또는 q를 긍정하는 모든 상징들에 공통적인 것이 "p∨q"라는 명제이다.

그래서 우리들은 이렇게 말할 수 있다: 두 명제가 아무것도 서로 공유하지 않을 때, 그 두 명제는 서로 대립적이다. 그리고 완전히 한 명제 밖에 놓여 있는 명제는 오직 하나밖에 없으므로, 모든 명제는 각각 오직 하나의 부정 명제만을 갖는다.

"q: p∨~p"가 "q"와 동일한 것을 말한다는 것, 그리고 "p∨~p"가 아무것도 말하지 않는다는 것은 그래서 러셀의 표기법에서도 역시 드러난다.

5.514   하나의 표기법이 확립되었다면 그 표기법 속에는 p를 부정하는 모든 명제들이 형성될 때 따르는 규칙, p를 긍정하는 모든 명제들이 형성될 때 따르는 규칙, p 또는 q를 긍정하는 모든 명제들이 형성될 때 따르는 규칙 등등이 존재한다. 이 규칙들은 그 상징들과 동등하며, 이 상징들에서 그 규칙들의 뜻이 반영된다.

5.515   "∨", "·" 등에 의해 서로 결합되어 있는 것이 명제들이어야 한다는 것은 우리의 상징들에서 드러나지 않으면 안 된다.

그리고 이는 또한 사실이기도 한데, 왜냐하면 실은 "p"와 "q"

라는 상징 자체가 "∨", "~" 등을 전제하고 있기 때문이다. "p∨q"에서 기호 "p"가 복합적 기호를 나타내지 않는다면, 그것 단독으로는 뜻을 지닐 수 없다; 그러나 그렇다면 "p"와 뜻이 같은 기호들 "p∨p", "p.p" 등도 역시 뜻을 지닐 수 없다. 그러나 "p∨p"가 뜻을 지니지 않는다면, "p∨q"도 역시 뜻을 지닐 수 없다.

5.5151   부정적 명제의 기호는 긍정적 명제의 기호를 가지고 형성되어야 하는가? 어째서 부정적 명제가 부정적 사실에 의해 표현될 수 없단 말인가. (가령: "a"가 "b"에 대해 특정한 관계에 있지 않다면, 그것은 aRb가 사실이 아님을 표현할 수 있을 것이다.)[130]

그러나 실은 여기서도 역시 부정적 명제는 긍정적 명제를 통해 간접적으로 형성되어 있다.

긍정적 명제는 부정적 명제의 존재를 전제하지 않으면 안 되며, 그 역도 마찬가지이다.

5.52   ξ의 값들이 x의 모든 값들에 대한 함수 fx의 값 전부라면, N($\bar{\xi}$)=~(∃x).fx가 된다.[131]

5.521   나는 모든이란 개념을 진리 함수로부터 분리한다.[132]

---

130 (옮긴이주) 《노트북 1914-1916》 24.11.14 참조: "부정적 명제의 기호는 긍정적 명제의 기호를 가지고 형성되**어야 하는**가? ('그렇다!'라고 나는 믿는다.) 어째서 부정적 명제가 부정적 사실에 의해 표현될 수 없단 말인가?! 그것은 마치 미터자 대신 미터자 외부에 있는 공간을 비교 대상으로서 취하는 것과 같다."

131 (옮긴이주) "N($\bar{\xi}$)"는 ξ의 값들 전부($\bar{\xi}$)의 부정이므로, ξ가 함수 fx의 값들 전부일 경우, "N($\bar{\xi}$)"는 "N($\overline{fx}$)", 즉 함수 fx의 값들 전부의 동시적 부정이 된다. 그리고 이는 다름 아니라 함수 ~fx의 값 전부의 동시적 긍정, 즉 "(x). ~fx"("모든 x는 f하지 않다"), 그러니까 "~(∃x).fx"("f인 x는 존재하지 않는다")이다. 만일 ξ의 값들이 함수 ~fx 즉 N(fx)의 값들 전부라면, "N($\bar{\xi}$)"는 그 값들 전부의 동시적 부정, 즉 "N(N(fx))"이며, 이는 함수 "fx"의 값 전부의 동시적 긍정, 즉 "(x).fx"이다. 그리고 "(∃x)fx"는 "~(∃x).fx"의 부정으로 "N(N($\overline{fx}$))"이며, "(∃x)~fx"는 "(x).fx"의 부정으로 "N(N($\overline{N(fx)}$))"와 같이 된다.

132 (옮긴이주) 앞 절과 그 각주에서 보듯이, 비트겐슈타인의 방식은 일반 명제들을 "N($\bar{\xi}$)"의 (계속적) 적용 결과로 표현하는데, 이때 일반성은 진리 함수적 연결사 'N'(들)과 분리된 "$\bar{\xi}$"의 선이 ξ의 값들 전부를 나타냄에 의해 표시된다는 것이다. 그러므로 여기서 "**모든**이란 개념을 진리 함수로부터 분리한다"는 말

프레게와 러셀은 일반성을 논리적 곱이나 논리적 합과 결부하여 도입하였다. 그래서 그 두 관념이 모두 포함되어 있는 명제 "(∃x).fx"와 "(x).fx"를 이해하기가 어렵게 되었다.[133]

5.522 일반성 표시에 독특한 것은, 첫째로 그것은 하나의 논리적 원형을 지시한다는 것이요, 둘째로 그것은 상황들을 부각한다는 것이다.[134]

5.523 일반성 표시는 논항으로서 등장한다.[135]

5.524 대상들이 주어져 있다면, 그와 함께 이미 모든 대상들도 주어져 있다.

요소 명제들이 주어져 있다면, 그와 함께 이미 모든 요소 명제들도 주어져 있다.

5.525 명제 "(∃x).fx"를—러셀처럼—"fx는 가능하다"라는 말로 옮기는 것은 옳지 않다.

상황의 확실성, 가능성, 또는 불가능성은 명제에 의해 표현되는 것이 아니라, 표현이 동어반복이라는 점, 뜻이 있는 명제라는 점, 또는 모순이라는 점에 의해 표현된다.

은 그로써 일반성 명제가 진리 함수에서 제외된다는 것이 아니다. (그러나 비트겐슈타인은 후일, 일반 명제를 진리 함수로 본 자신의 방식에는 일반성—혹은 '등등'—의 종류를 구별하지 않은 '중요한 오류'가 있다고 지적한다. 《비트겐슈타인의 강의 1932-1935》제1부 §5 및 《철학적 탐구》§208 등 참조.)

133 (옮긴이주) 비트겐슈타인의 방식은 "(x).fx"와 "(∃x).fx"와 같은 일반 명제에 똑같이 일반성과 진리 함수의 관념이 포함되어 있음을 드러내는데, "(x).fx"를 "fa.fb.fc.…"로, "(∃x).fx"를 "fa∨fb∨fc∨…"와 같이 설명하는 러셀이나 (초기) 프레게의 방식에서는 그 점이 포착되지 않는다는 것이다.

134 (옮긴이주) "(x).fx"나 "(∃x).fx" 같은 일반 명제들에서 '(x)'('모든 x')나 '(∃x)'('어떤 x')와 같은 일반성 표시들은 논의될 항(논항)이 x의 형식을 지닌 것(개별자들)임을 그 논의 범위와 함께 표시한다. 그리고 그 표시는 일반성 명제에서 논항을 제외한 나머지 부분은 상황들임을 드러낸다.

135 (옮긴이주) 일반 명제들을 비트겐슈타인의 방식에 따라 N(f̄x), N(N(f̄x)), 'N(N(f̄x))', 'N(N(N(f̄x)))'와 같은 식으로 표기하면, 여기서 일반성을 표시하는 부분이 진리 함수의 논항으로서 등장한다는 점이 더 분명히 드러난다.

우리들이 늘 증거로 끌어들이고 싶어 하는 저 선례(先例)[136]는 이미 상징 자체 속에 놓여 있지 않으면 안 된다.

5.526 세계는 완전히 일반화된 명제들에 의해서, 즉 그러니까 처음부터 그 어떤 이름을 특정한 대상과 짝짓지 않고서, 완전히 기술될 수 있다.[137]

그러고 나서 통상적인 표현 방식에 이르려면, 우리들은 단순히 "……한 하나의 그리고 오직 하나의 x가 있다"라는 표현 다음에 이렇게 말하면 된다: 그리고 이 x는 a이다.[138]

5.5261 완전히 일반화된 명제는 다른 모든 명제와 마찬가지로 합성되어 있다. (이는 우리가 "(∃x,φ).φx"에서 "φ"와 "x"를 따로따로 언급해야 한다는 점에서 드러난다. 세계에 대한 지칭 관계에서 이 둘은 일반화되지 않은 명제에서와 마찬가지로 서로 독립적이다.)

---

136 (옮긴이주) 상황의 확실성, 가능성, 또는 불가능성을 가리킨다.

137 (옮긴이주) "(x).fx"나 "(∃x).fx" 같은 명제가 상항('f')을 포함한, 부분적으로 일반화된 명제인데 반해, '완전히 일반화된 명제'는 "(x,φ).φx"나 "(∃x,φ).φx"와 같이 상항들의 자리까지 일반화된 명제들을 가리킨다. 완전히 일반화된 명제들은 "세계의 구조적 속성들"을 부각하는 기술이며, 그런 것으로서 참이거나 거짓인 기술(그림)이다(《노트북 1914-1916》 28.10.14 참조). 즉 "완전히 일반화된 명제의 일반성은 우연적 일반성이다. 그것은 우연히 존재하는 모든 것들을 다룬다. 그리고 그 때문에 그것은 실질적 명제이다."(같은 책, 22.10.14) (이는 일반적 타당성이 논리 명제의 표시가 될 수 없음을 말해 준다. 다음 6.1231 참조.) 완전히 일반화된 명제들에 의해 세계가 완전히 기술될 수 있다는 것을 비트겐슈타인은 《노트북 1914-1916》 17.10.14에서 다음과 같이 예시한다. "예를 들어, 세계가 A와 B라는 사물과 F라는 속성으로 이루어져 있고, F(A)는 사실인데 F(B)는 사실이 아니라고 가정하자. 이 세계는 다음과 같은 명제들에 의해서도 역시 기술될 수 있을 것이다: (1) (∃x,y).(∃φ).x≠y.φx.~φy:φu.φz.⊃u,z.u =z (2) (∃φ).(ψ).ψ=φ (3) (∃x,y).(z).z=x∨z=y".

138 (옮긴이주) 완전히 일반화된 명제와 이름들의 관계에 대한 《노트북 1914-1916》 31.5.15의 다음 말 참조: "이름들에 의한 세계 기술로 행할 수 있는 것은 일반적인 세계 기술로 할 수 있는 것보다 많지 않다!!! 그러니까 이름 없이 지낼 수 있을까? 분명 아니다. 이름들은 **이** 사물은 **저** 속성을 지닌다와 같은 진술을 위해 필요하다. 그것들은 명제 형식을 완전히 확정된 대상들과 결합한다. 그리고 일반적인 세계 기술이 세계의 형지(型紙, Schablone)와 같다면, 이름들은 세계가 어디에서나 그것으로 덮이도록 그것을 세계에다 못 박아 고정한다." (형지란 두꺼운 종이에 무늬를 그려 잘라낸 것으로, 이것을 종이나 헝겊 위에 놓고 잘린 부분에 물감 등을 스패출러로 문질러 바르면 그 모양이 떠진다.)

다른 상징들과 어떤 것을 공통으로 갖는다는 것, 이것이 합성된 상징의 특징이다.

5.5262 실로 모든 명제 각각의 참 또는 거짓은 세계의 일반적 구성에서 무엇인가를 변화시킨다. 그리고 요소 명제들의 총체에 의해서 세계의 구성에 허용되는 놀이 공간은 전적으로 일반적인 명제들이 한계 짓는 놀이 공간 바로 그것이다.

(한 요소 명제가 참이면, 그와 더불어 어쨌든 하나의 요소 명제가 더 참이다.[139])

5.53 나는 대상의 같음을 기호의 같음에 의해 표현하고, 등호를 써서 표현하지 않는다. 대상들의 다름은 기호들의 다름에 의해 표현한다.

5.5301 동일성이 대상들 사이의 관계가 아니라는 것은 자명하다.[140] 이는 예컨대 "$(x):fx.\supset.x=a$"라는 명제를 고찰해 보면 매우 분명해질 것이다. 이 명제가 말하는 것은 단순히, 오직 a만이 함수 f를 만족시킨다는 것이지, a와 모종의 관계를 지니는 오직 그런 사물들만이 함수 f를 만족시킨다는 것이 아니다.

물론 이제 우리들은, 바로 a만이 a와 이러한 관계를 지니지만, 이를 표현하려면 우리는 등호 자체가 필요할 것이라고 말할 수 있

---

139 (옮긴이주) 한 요소 명제로부터는 다른 어떤 요소 명제도 연역될 수 없다(5.134). 그러므로 여기서 한 요소 명제가 참일 때 그와 더불어 하나의 요소 명제가 더 참이라는 말은, 후자의 요소 명제가 처음의 요소 명제와 다른 어떤 요소 명제라는 말일 수 없다. 원문에서 '하나의(Ein)'는 대문자로 강조되어 있는데, 이는 두 번째 요소 명제가 첫 번째 것과 동일한 하나의 요소 명제임을 암시한다. 그러므로 비트겐슈타인의 말은 필시, 가령 한 요소 명제 "fa"가 참이면, 그것과 동일한 것을 말하는—그러나 그 형태로만 보면 요소 명제처럼 보이지 않을 수 있는—"$(∃x).fx.x=a$"(5.47)도 역시 참이며 요소 명제라는 말일 것이다. (이 후자는 완전히 일반화된 명제 "$(∃x,φ).φx$"에서 "그리고 이 φ는 f이다"를 덧붙여 얻은 "$(∃x,φ).φx.φ=f$" 즉 "$(∃x).fx$"에서 다시 "그리고 이 x는 a이다"를 덧붙임으로써 얻어진다.)
140 (옮긴이주) 앞의 4.242 및 거기에 딸린 옮긴이주 참조.

을 것이다. [141]

5.5302 "="에 대한 러셀의 정의는 충분하지 못하다[142]; 왜냐하면 그 정의에 따르면 우리들은 2개의 대상이 모든 속성들을 공통으로 지닌다고 말할 수 없기 때문이다. (이 명제는 비록 옳지는 않지만, 그럼에도 불구하고 뜻은 지니고 있다.)

5.5303 대충 말해서, 두 사물에 관하여 그 둘이 동일하다고 말하는 것은 무의미한 것이다. 그리고 한 사물에 관하여 그것이 그 자체와 동일하다고 말하는 것은 전혀 아무것도 말하는 바가 없다.

5.531 그러므로 나는 "$f(a,b).a=b$"라고 쓰지 않고, "$f(a,a)$" (또는 "$f(b,b)$")라고 쓴다. 그리고 "$f(a,b).\sim a=b$"라고 쓰지 않고, "$f(a,b)$"라고 쓴다.

5.532 그리고 유사하게, "$(\exists x,y).f(x,y).x=y$"라고 쓰지 않고 "$(\exists x).f(x,x)$"라고 쓰며, "$(\exists x,y).f(x,y).\sim x=y$"라고 쓰지 않고 "$(\exists x,y).f(x,y)$"라고 쓴다.

(그러므로 러셀의 "$(\exists x,y).f(x,y)$" 대신에 "$(\exists x,y).f(x,y).\lor.$

---

141 (옮긴이주) 러셀처럼 동일성을 대상들 간의 모종의 관계로 보면, 그 관계는 바로 a만이 a에 대해 지니는 관계가 되겠지만, 이 관계를 표현하려면 우리는 동일성에 대한 이해를 이미 전제하는 등호를 사용해야 할 것이고, 따라서 러셀식의 정의는 순환을 내포한다고 말할 수 있다는 것이다.

142 (옮긴이주) 《수학 원리》 1권 *13에서 러셀은 다음과 같이 말한다: "x에 의해 만족되는 모든 서술 함수 (predicative function)가 y에 의해서도 역시 만족될 때, x와 y는 동일하다고 할 수 있다. 우리는 x에 의해 만족되는 **모든** 함수가 y에 의해 만족되어야 한다고 진술할 수 없다." (서술 함수는 "가변적 논항의 가능한 값들 전체와 그 가능한 논항들의 어느 것에 의해서나 전제되는 것들만을 포함하는 함수"이다. 가령 "개별자들의 서술 함수는 개별자들을 논항으로 가지면서 외관상의 변항[=속박 변항]으로서의 함수들을 포함하지 않는 함수들의 전체이다"(《수학 원리》 1권, 서론 p.57).) 비트겐슈타인의 비판은, 러셀의 두 번째 문장에서 금지된 진술은 비록 옳지는 않더라도 뜻은 지니며, 따라서 논리상으로는 금지할 수 없다는 것이다. 러셀에서 그러한 금지는 그의 유형 이론에 의해서 주어진다. 러셀에 의하면 이 금지는 그의 이른바 '환원 가능성 공리'에 의해서 풀릴 수 있다. 그러나 비트겐슈타인에 의하면 이 공리는 참이라고 해도 우연적 일반적 타당성을 지닐 뿐, 논리적 일반적 타당성을 지닌 논리 명제가 아니다(6.1232 참조).

（∃x）.f(x,x)"라고 쓴다.）

5.5321 그러므로 우리는 "$(x):fx \supset x=a$" 대신에 예를 들어 "$(∃x).fx. \supset . fa:\sim(∃x,y).fx.fy$"라고 쓴다.

그리고 "오직 하̇나̇의̇ x만 f( )를 만족시킨다"라는 명제는 "$(∃x). fx:\sim(∃x,y).fx.fy$"가 된다.

5.533 그러므로 등호는 개념 표기법의 본질적 구성 요소가 아니다.

5.534 그리고 이제 우리는 "$a=a$", "$a=b.b=c. \supset a=c$", "$(x).x=x$", "$(∃x). x=a$" 등과 같은 사이비 명제들은 올바른 개념 표기법에서는 아예 적힐 수조차 없다는 것을 안다.

5.535 그와 동시에 그러한 사이비 명제들과 연결되어 있던 모든 문제들도 사라진다.

러셀의 "무한성의 공리"[143]가 야기하는 모든 문제들은 이미 여기서 해결될 수 있다.

무한성의 공리가 말하려 하는 것은 상이한 의미를 지닌 무한히 많은 이름들이 존재한다는 점을 통해 언어에서 표현될 수 있을 것이다.

5.5351 우리들이 "$a=a$"나 "$p \supset p$"와 같은 형식의 표현들을 이용하고 싶은 유혹에 빠지는 어떤 경우들이 존재한다. 더욱이 이런 일은 우리

---

143 (옮긴이주) '무한성의 공리': 러셀이 수(數) 정의가 자연수의 무한한 수열에 대해 적용될 수 있으려면 요구된다고 본 가정. 러셀은 수를 '어떤 집합의 수와 동일시하였고, 또 이것을 '그 집합과 비슷한 모든 집합들의 집합'으로 정의하였다. 여기서 '비슷하다'는 두 집합의 원소들 사이에 일대일 대응 관계가 있다는 것이다. 그런데 이 정의 방식에서는, 만일 오직 n개의 유한한 개별자들만이 존재한다면, n+1개 이상의 원소들을 가진 집합은 존재하지 않으며, 따라서 n+1 이상의 기수는 없는 게 된다. 이에 러셀은 "n이 어떠한 귀납적 기수이건, 적어도 n개 항의 개별자들로 이루어진 집합이 최소한 하나 존재한다"(《수리철학 입문》, 131쪽)고 가정하였는데, 이것이 무한성의 공리이다. 이 공리에 따르면 결국 세계에는 무한수의 개별자들이 존재한다는 것으로 되기 때문이다. 이에 대한 비트겐슈타인의 비판은, 존재하는 대상들의 수에 관한 이러한 진술들은 (올바른 표기법에서 사용되는 이름들의 존재에 의해 오직 보일 수만 있는 것을 말하려는) 무의미한 사이비 진술들이라는 것이다(4.1272 참조).

들이 명제, 사물 등과 같은 원형(原型)에 관해서 이야기했으면 할 때 일어난다. 그래서 러셀은 《수학의 원리들》에서[144] "p는 하나의 명제이다"라는 무의미를 "p⊃p"라는 상징으로 옮기고는, 이것을 어떤 명제들 앞에 가설로서 세워 놓아, 그 명제들의 논항 자리들을 오직 명제들이 차지할 수 있게 하려 하였다.

(어떤 명제에 올바른 형식의 논항들을 확보해 주기 위해서 그 명제 앞에다 p⊃p라는 가설을 세워 놓는 것은 무의미한 것이다. 왜냐하면 논항으로서의 비-명제에 대해서는 그 가설은 거짓이 아니라 무의미하게 되기 때문이며, 또 그 명제 자체는 그 올바르지 못한 종류의 논항들로 인해 무의미해지고, 따라서 부당한 논항들로부터 자기 자신을 보호하려는 목적을 위해 덧붙여 놓은 그 뜻이 없는 가설과 똑같은 정도로 자기 자신을 잘 또는 잘못 보호하기 때문이다.)

5.5352　그와 마찬가지로 사람들은 "어떤 사물도 존재하지 않는다"를 "~(∃x). x=x"로 표현하려 하였다. 그러나 설령 이것이 하나의 명제라고 할지라도,—"사물들이 존재"하되 이 사물들이 자기 자신과 동일하지 않다면 그 명제 역시 참이지 않을까?

5.54　일반적 명제 형식에서 명제는 오직 진리 연산들의 토대로서만 명제 속에 나타난다.

5.541　얼핏 보면, 하나의 명제는 다른 방식으로도 다른 한 명제 속에 나타날 수 있는 것처럼 보인다.

특히 "A는 p가 사실이라고 믿는다", "A는 p라고 생각한다" 등

---

144 (옮긴이주) 러셀, 《수학의 원리들》2장 §16 참조: "모든 명제는 자기 자신을 함축하고, 명제가 아닌 것은 아무것도 함축하지 않는다. 따라서 'p는 하나의 명제이다'라고 말하는 것은 'p는 p를 함축한다'라고 말하는 것과 동등하다. 그리고 이 동등성은 명제를 정의하기 위해 쓰일 수 있다."

과 같은 심리학의 어떤 명제 형식들 속에 말이다. [145]

왜냐하면 표면상으로 여기서 명제 p는 어떤 한 대상 A와 어떤 종류의 관계에 있는 것처럼 보이기 때문이다.

(그리고 (러셀, 무어[146] 등의) 현대 인식론에서 그 명제들은 실제로 그렇게 파악되어 왔다. [147])

5.542   그러나 "A는 p라고 믿는다", "A는 p라고 생각한다", "A는 p라고 말한다"가 "'p'는 p를 말한다"의 형식이라는 것은 분명하다. 그리고 여기서 중요한 것은 어떤 한 사실과 어떤 한 대상의 짝짓기가 아니라, 사실들의 대상들 사이의 짝짓기를 통한 사실들의 짝짓기이다. [148]

---

145 (옮긴이주) p가 참이든 거짓이든 A는 p라고 믿거나 생각하거나 말할 수 있다. 그러므로 얼핏 보면, 여기 언급된 형식의 명제들은 그 참과 거짓이 그것들의 구성 요소인 p의 참과 거짓에 진리 함수적으로 의존하지 않는 것으로 보이고, 따라서 비트겐슈타인이 명제의 일반 형식이라고 말한 것에서 벗어나는 경우들인 것 같이 보일 수 있다는 것이다.

146 (옮긴이주) 무어(George Edward Moore, 1873~1958): 영국의 철학자로 케임브리지 대학 교수를 역임했다. 주요 저서로 《윤리학 원리》(Principia Ethica), 《윤리학》이 있고, 주요 논문으로 〈관념주의 반박〉, 〈상식의 옹호〉 등이 있다. 비트겐슈타인은 케임브리지 대학의 학생 시절 무어에게서 배웠으며, 후일(1939년) 무어의 교수직을 계승한다.

147 (옮긴이주) 러셀에 의하면, 판단을 구성하는 관계는 명제의 구성 요소들과 (판단하는) 마음 사이에 이루어지는 관계이다. 예컨대 "이것은 붉다"라는 판단을 구성하는 것은 마음과 "이것", 그리고 붉음이라는 3항의 관계이다(《수학 원리》 1권, 43~44쪽 참조). (러셀은 믿음을 나타내는 명제들에 대해서도 같은 방식으로 생각했다.)

148 (옮긴이주) "'p'는 p를 말한다"의 요점은 어떤 언어적 사실(명제 기호 'p')과 그것이 묘사하는 사실(사태 p) 사이에─그 두 사실의 대상들 사이의 짝짓기를 통한─짝짓기가 존재한다는 것이다. 이와 유사하게, "A는 p라고 믿는다"나 "A는 p라고 생각한다"와 같은 명제들의 요점은, 어떤 한 대상 A(주체)와 어떤 한 사실(사태 p) 사이의 짝짓기가 아니라, 어떤 심리적 사실('p')과 그것이 재현하는 사실(사태 p) 사이에─그 두 사실의 대상들 사이의 짝짓기를 통한─짝짓기가 존재한다는 것이다. 그리고 비트겐슈타인의 생각은, 이로써 심리학적 명제들도 역시 일반적 명제 형식에서 벗어나지 않는다는 것이다. 즉 그런 종류의 명제들에서도 5.54의 주장은 유효하다는 것이다. 그러나 이러한 생각이 이 절에서의 그의 설명으로 충분히 정당화되는지는 의문이다. 왜냐하면 그의 설명은 심리학적 명제들도 역시 그림의 본성을 지닌다는 점을 보여 준다고는 할 수 있을지 모르지만, 그 명제들에서 A가 믿거나 생각하는 p가 어떤 명제 속에서 진리 연산의 토대로 나타난다는 것인지는 전혀 분명하게 보여 주지 않는다고 보이기 때문이다. 또한 "A는 B가 p라고 믿는다고 생각한다"처럼 A가 믿거나 생각하는 것(p) 자체가 문제의 명제들과 같은 형식의 명제이면 어떻게 되는지도 불분명하다.

5.5421 　이는 또한 오늘날의 피상적 심리학에서 파악되는 것과 같은 영혼
　　　　　—주체 등—은 허깨비임을 보여 준다.
　　　　　합성된 영혼은 더는 영혼이 아닐 터이기 때문이다.[149]

5.5422 　"A는 p라고 판단한다"라는 명제의 형식에 대한 올바른 설명은,
　　　　　무의미한 것을 판단하는 일은 불가능함을 보여 주어야 한다. (러
　　　　　셀의 이론은 이러한 조건을 충족하지 못한다.[150])

5.5423 　복합체를 지각한다는 것은 그 구성 요소들이 서로 이러이러하게
　　　　　관계되어 있음을 지각한다는 것이다.
　　　　　이는 또한 우리들이 다음과 같은 도형[151]

---

149 (옮긴이주) '피상적 심리학'은 어떤 이름('A')으로 지칭될 수 있는 단일한 영혼 혹은 자아가 심리학적 태
　　도의 주체로서 어떤 것(p)을 믿고, 생각하고, 판단한다고 여긴다. 그러나 그런 심리학적 명제들의 논리
　　적 형식에 관한 5.542의 분석에 따르면, 거기서 중요한 것은 심리학적 주체처럼 언급된 어떤 한 대상
　　(A)과 한 사실(p) 사이의 짝짓기가 아니라, 모종의 심리적 요소들이 결합해 이루어진 사실('p')과 그것이
　　재현하는 사실(사태 p) 사이의 짝짓기이다. 즉 심리학적 태도의 실상은 여러 요소가 결합해 이루어진
　　사실들 사이의 짝짓기일 뿐, 거기에 그 태도의 주체로서의 단순한 영혼이나 자아는 등장하지 않는다.
　　("내가 단순해야 한다는 것은 "p"가 단순해야 한다는 것처럼 불가능하다"《노트북 1914-1916》 부록 II,
　　p. 119). 단순체로서의 영혼이라고 하는 사유 주체는 허깨비이며, 진정한 사유 주체는 세계에 속하지 않
　　는다(5.631-5.632).

150 (옮긴이주) 명제가 그림으로서 논리에 따라야 한다면, "A는 p라고 판단한다"에서 명제 p는 무의미해서
　　는 안 된다. 즉 판단(믿음, 생각 등)의 대상은 무의미한 것일 수 없다. "우리는 비논리적인 것은 아무것
　　도 생각할 수 없다"(3.03) (이것은 논리적 소견이지, 심리학적 소견이 아니다.) 그러나 러셀의 판단 이
　　론(5.541의 마지막 옮긴이주 참조)은 판단의 대상을 명제가 아니라 그것의 구성 요소들로 봄으로써, 그
　　요소들이 명제(그림)의 성격을 잃어버릴 만큼 무의미하게 결합할 가능성을 허용한다. 러셀은 그런 가
　　능성을 방지하기 위한 항을 판단의 분석 항에 따로 또 도입하기도 했으나, 이는 비트겐슈타인에 의하
　　면 무의미한 조처이다.

151 (옮긴이주) 이 도형은 이를 처음 제시한 스위스의 결정학자 L. A. 네커의 이름을 따서 '네커 큐브(Necker
　　cube)'라고 불린다.

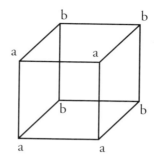

및 이와 유사한 모든 모양들을 입방체로 볼 수 있는 두 가지 방식이 있다는 것을 잘 설명해 준다. 왜냐하면 우리는 실제로 2개의 상이한 사실을 보기 때문이다.

(내가 a모서리들을 먼저 보고 b모서리들은 단지 힐끗 본다면, a모서리들이 전면에 출현한다; 그리고 그 역도 성립한다.)

5.55   이제 우리는 요소 명제들의 모든 가능한 형식들에 관한 물음에 대해 선천적으로 대답하지 않으면 안 된다.

요소 명제는 이름들로 이루어진다. 그러나 우리는 의미가 상이한 이름들의 수를 제시할 수 없기 때문에, 우리는 또한 요소 명제의 합성 방식도 제시할 수 없다.[152]

5.551   우리의 근본 원칙은, 무릇 논리에 의해서 결정될 수 있는 물음은 어떤 것이든 곧바로 결정될 수 있어야 한다는 것이다.

(그리고 우리가 그런 문제에 대해 대답하기 위해 세계를 바라보지 않으면 안 되는 처지에 이르게 된다면, 이는 우리가 근본적

---

152 (옮긴이주) 요소 명제들의 가능한 형식들에 관해 선천적으로 말할 수 있는 것은 그것들이 이름들의 직접적 결합으로 이루어져 있어야 한다는 것뿐이다(4.221 참조). 요소 명제들이 구체적으로 어떤 의미를 지닌 몇 개의 이름들로 어떻게 합성되는지는 논리에 의해 (선천적으로) 결정될 수 없고(4.128과 5.453 참조), 논리의 적용에서 비로소 결정된다. (그리고 이것이 첫째 단락의 물음에 대한 선천적 대답이라고 할 수 있다.) 이하 5.55기까지, 논리와 그것의 적용에 관계되는 문제들이 다루어진다.

으로 잘못된 길로 들어서 있음을 보여 준다.)

5.552   논리를 이해하기 위해 우리가 필요로 하는 "경험"은 어떤 것이 사
         정이 이러이러하다는 것이 아니라, 어떤 것이 있다는 것이다: 그
         러나 이것은 경험이 아니다.

         논리는 모든 경험에—즉 어떤 것이 어떠하다는 것에—앞선다.

         논리는 '어떻게'에는 앞서나, '무엇이'에는 앞서지 않는다.[153]

5.5521   그리고 만일 이것이 그렇지 않다면, 어떻게 우리가 논리를 적용
         할 수 있을까? 우리들은 이렇게 말할 수 있을 것이다: 만일 세계
         가 존재하지 않을지라도 논리가 존재한다고 한다면, 세계가 존재
         하는 경우에는 어떻게 논리가 존재할 수 있을까?[154]

5.553   러셀은 상이한 수의 사물들(개체들) 사이에는 단순한 관계들이 존
         재할 것이라고 말하였다. 그러나 어떤 수의 사물들 사이에서? 그
         리고 그것은 어떻게 결정되어야 하는가?—경험에 의해?

         (특출한 수(數)는 존재하지 않는다.)

5.554   어떤 특수한 형식을 제시하더라도 그것은 완전히 자의적일 것이다.

5.5541   예컨대, 내가 어떤 것을 27항(項)의 관계 기호를 가지고 지칭해야
         하는 처지에 이를 수 있는지는 선천적으로 제시될 수 있어야 마땅

---

153 (옮긴이주) '어떤 것이 있다'에서 '있다(ist)'는 '이다'이기도 하다. 있는 어떤 것은 무엇이다. 어떤 것이 무엇
이라는 것은 명명될 수 있을 뿐, 명제가 말할 수 있는 것은 아니다(3.221 참조). 명제가 말할 수 있는 것
은 어떤 것이 이러저러하다는 것, 즉 경험뿐이다. 그러나 이것은 어떤 것이 무엇이라는 것을 반드시 전
제한다. 그리고 논리는 경험에는 앞서지만, 경험이 반드시 전제하는 것에는 앞서지 않는다. 그러므로
논리는 '어떻게(wie)'에는 앞서나 '무엇이(was)'에는 앞서지 않는다는 것이다. 여기서 논리가 앞설 수 없
다는 그 존재의 경험 아닌 '경험'은 6.44의 '신비스러운 것'에 대한 언급과 연결된다.
154 (옮긴이주) 적용이란 무엇에의 적용이다. 그러므로 만일 논리가 앞서지 않는 무엇(세계의 실체인 대상
들)이 없다면, 논리는 무엇에도 적용될 수 없을 것이다. 그러나 적용과 유리된 논리는 논리가 아니다.
즉 논리의 선천성은 그것의 적용과 무관하게 주어지는 것이 아니다. "논리는 그것의 적용과 맞닿지 않
으면 안 된다"(5.557). 논리의 존재는 그것이 적용되는 (따라서 비논리적일 수 없는) 세계의 존재 여부
와 무관하지 않다.

하다.¹⁵⁵

5.5542   그러나 대체 우리가 그렇게 물어도 되는가? 우리가 어떤 기호 형식을 내세우면서 그것에 어떤 것이 대응할 수 있는지를 모를 수 있는가?

다음과 같은 물음은 뜻을 지니는가: 어떤 것이 사실일 수 있으려면, 무엇이 존재해야 하는가?

5.555   요소 명제의 특별한 논리적 형식을 제외하더라도, 우리가 요소 명제에 관해 어떤 개념을 갖고 있다는 것은 분명하다.

그러나 상징들이 어떤 한 체계에 따라 형성될 수 있는 곳에서, 논리적으로 중요한 것은 이 체계이지 개별적 상징들이 아니다.

그리고 내가 고안(考案)할 수 있는 형식들을 내가 논리학에서 다루는 것이 정말 어떻게 가능할까; 오히려 나는 나에게 그것들의 고안을 가능하게 만드는 것을 다루어야 한다.

5.556   요소 명제들의 형식들 사이에 위계 구조는 존재하지 않는다. 오직 우리 자신이 구성하는 것만을 우리는 예견할 수 있다.

5.5561   경험적 실재는 대상들의 총체에 의해 한계 지어진다. 그 한계는 다시 요소 명제들의 총체 속에서 드러난다.

위계 구조들은 실재로부터 독립적이며, 또 그래야 한다.

---

155 (옮긴이주) 《원논고》에는 "해야 마땅하다(soll)"가 "해야 한다(muß)"로 되어 있다. '내가 어떤 것을 27항(項)의 관계 기호를 가지고 지칭해야 하는 처지에 이를 수 있는지' 하는 물음은 거기 나타나는 표현 '해야 하는'이 논리적 강제(필연성)를 뜻하는 한, 논리의 문제여야 하며, 따라서 선천적으로 대답될 수 있어야 마땅하다. 그러나 비트겐슈타인의 뜻은, 다음 절에서 분명해지듯이, 그 물음은 그 자체로는 뜻을 지니지 않는다는 것이다. 우리는 논리의 적용 이전에는 실제로 어떤 특수한 형식의 요소 명제들과 이름들이 존재하는가 하는 것을 알 수 없다(5.557 참조). 비트겐슈타인의 "논리적 형식에 관한 몇 가지 소견"(《소품집》 16-17쪽)에 따르면, 요소 명제들을 찾아내고 그 구성 방식을 이해하는 일은 "현상들 자체에 관한 논리적 탐구라고 일컬어질 수 있을 것에 의해서만, 즉 선천적인(a priori) 가능성들에 관해 추측함에 의해서가 아니라 어떤 뜻에서 후천적으로(a posteriori)만, 올바른 분석에 도달할 수 있"는 '인식론적 과업'이다.

5.5562　　요소 명제들이 존재해야 한다는 것을 우리가 순전히 논리적인 근거들로부터 안다면, 명제들을 분석되지 않은 형태에서 이해하는 사람은 누구나 그 점을 알고 있음이 틀림없다.

5.5563　　우리 일상 언어의 모든 명제들은 사실상, 있는 바 그대로, 논리적으로 완전히 질서 잡혀 있다.——우리가 여기서 제시해야 마땅한 저 가장 단순한 것은 진리의 초상이 아니라, 완전한 진리 그 자체이다.[156]

(우리의 문제들은 추상적이지 않고, 존재하는 문제들 중 아마 가장 구체적인 것들일 것이다.)

5.557　　논리의 적용은 어떤 요소 명제들이 존재하는가를 결정한다.

논리의 적용 속에 놓여 있는 것을 논리가 선취해 낼 수는 없다.

논리가 그 적용과 충돌해서는 안 된다는 것은 분명하다.

그러나 논리는 그 적용과 맞닿지 않으면 안 된다.

그러므로 논리와 그 적용은 서로 침해해서는 안 된다.

5.5571　　내가 요소 명제들을 선천적으로 제시할 수 없다면, 그것들을 제시하려고 하는 것은 명백한 무의미에 이를 수밖에 없다.

5.6　　나의 언어의 한계들은 나의 세계의 한계들을 의미한다.[157]

---

156 (옮긴이주) 비트겐슈타인은 (이 책의 서론에서 러셀이 오해했듯이) 일상 언어와 차별되는 이상 언어를 추구하는 것이 아니라, 일상 언어 자체 내에 내재하는 논리적으로 완전한 질서를 제시하려 한다. 그 질서의 성격은 훗날 그가 그런 목표를 포기한 뒤《철학적 탐구》§97에서 다음과 같이 묘사된다: "이 질서는 극히 단순해야 하는 것으로 보인다. 그것은 모든 경험 앞에 있으며, 경험 전체를 관통해 지나가야 하며, 그것 자체에는 어떠한 경험적 혼탁함이나 불확실함도 달라붙어 있어서는 안 된다——그것은 오히려 가장 순수한 결정체로 되어 있어야 한다. 그러나 이 결정체는 하나의 추상(抽象)으로 보이지 않는다; 오히려, 구체적인 어떤 것으로서, 실로 가장 구체적인 것, 말하자면 가장 견고한 것으로서 나타난다. (《논리철학 논고》5.5563.)"

157 (옮긴이주) 내가 쓰는 (일상) 언어는 그림을 본질로 하며 논리적으로 완전히 질서 잡혀 있는 언어이다. 그 논리는 언어와 세계가 공유하는 것으로서, 세계를 가득 채운다. 그리고 그런 것으로서 논리의 한계들——즉 명제들의 외적 한계인 모순과 내적 한계('실체 없는 중심점')인 동어반복(5.143)——은 나의 언어

5.61   논리는 세계를 가득 채우고 있다; 세계의 한계들은 또한 논리의
        한계들이기도 하다.

        그러므로 우리는 논리학에서 이렇게 말할 수 없다. 즉, 이것과
        이것은 세계 내에 존재하고, 저것은 존재하지 않는다고 말이다.

        왜냐하면 외견상 그것은 우리가 모종의 가능성들을 배제한다
        고 전제하게 될 터인데, 이는 사실일 수 없기 때문이다. 왜냐하면
        그렇지 않다면 논리는 세계의 한계들을 넘어가야만 할 테니까;
        요컨대 만일 논리가 이 한계들을 다른 쪽으로부터도 고찰할 수 있
        다면 말이다.

        우리가 생각할 수 없는 것을 우리는 생각할 수 없다; 그러므로
        우리는 또한 우리가 생각할 수 없는 것을 말할 수도 없다.

5.62   이러한 소견은 유아주의[158]가 어느 정도까지 진리인가를 결정해
        줄 열쇠를 준다.

        요컨대 유아주의가 뜻하는 것은 전적으로 옳다. 다만 그것은 말
        해질 수는 없고, 드러날 뿐이다.

        세계가 나의 세계라는 것은, 언어(내가 유일하게 이해하는 그
        언어)의 한계들[159]은 나의 세계의 한계들을 의미한다는 점에서 드

의 한계들을 이루며, 또 이것들은 동시에 나의 (경험적 실재로서) 세계의 한계들을 의미한다. 이 점은
5.62 이하에서 유아주의/실재주의에 관한 논의로 이어진다.

158 (옮긴이주) '유아주의(Solipsismus)': 라틴어 'solus ipse'('나 혼자')에서 만들어진 말로, 나 혼자만이, 그리
    고 나의 의식 상태들만이 유일하게 존재하며, 나와 나의 의식 상태들만이 실제로 인식될 수 있다는 철
    학적 견해. 비트겐슈타인은 여기서 유아주의를 '세계가 나의 세계'라는 견해로 보면서, 그것이 뜻하는
    바는 전적으로 옳지만, 그 뜻하는 바는 드러날 뿐, 말해질 수는 없다고 말한다. 그러나 유아주의에 대해
    여기서 부여된 언표 불가능한(언표하면 무의미한) 전적인 진리성은 그의 후기 철학에서 이른바 '사적
    언어 논변'을 통해 철저하게 비판된다.

159 (옮긴이주) '언어(내가 유일하게 이해하는 그 언어)의 한계들'='die Grenzen der Sprache (der Sprache,
    die allein ich verstehe)'. 여기서 '유일하게(allein)'는 '나(ich)'가 아니라 '언어(die)'에 관련된다. 즉, '나만이
    이해하는 어떤 언어가 있다고 할 때, 그 언어의 한계들은'이 아니라, '내가 오직 어떤 언어만을 이해한

러난다.

5.621   세계와 삶은 하나다. [160]

5.63   나는 나의 세계이다. [161] (소우주.)

5.631   생각하고 표상하는 주체는 존재하지 않는다. [162]

    만일 내가 "내가 발견한 대로의 세계"라는 책을 쓴다면, 그 속에서 나는 나의 몸에 관해서도 보고하고, 어느 부분들이 나의 의지에 종속되고 어느 부분들이 종속되지 않는지 따위도 말해야 할 터인데, 요컨대 이것이 주체를 격리하는 한 방법이다. 또는 오히려, 어떤 중요한 뜻에서 주체는 존재하지 않는다는 것을 보여 주는 한 방법이다. 왜냐하면 오로지 그것만이 이 책에서 이야기될 수 없을 것이기 때문이다.─

5.632   주체는 세계에 속하지 않는다. 그것은 오히려 세계의 한 한계이다. [163]

다고 할 때, 그 언어의 한계들은'이다. (이 점은《논고》의 독영 대역 초판본에 대한 비트겐슈타인 자신의 교정을 보면 더욱 명확하다. C. Lewy, 'A note on the text of the Tractatus', *Mind* 76 (1967), 419쪽 참조.) 그 언어가 일상 언어를 가리키는 한, '나의 언어'는 후기 비트겐슈타인이 말하는 이른바 '사적 언어'가 아니다. 그러나 그 언어의 본질이 유아주의적 자아(단독자)의 내적 투영 작용에 의한 그림으로 간주되는 한, 그 언어는 '사적 언어'의 특징을 지닌다고 할 수 있다.

160 (옮긴이주) 나의 세계로서의 세계는 내가 경험하는 세계이자 동시에 나의 경험들로 유일무이하게 이루어지는 나의 삶 그 자체이다. 여기서 '나'가 유아주의적 자아라면, 그에게 세계와 삶은 하나다.

161 (옮긴이주) 이는 유아주의의 또 다른 표현이다. 여기서 '나'는 '**내 삶의 유일무이성**에 대한 의식'으로서의 나의 삶 그 자체이다(《노트북 1914-1916》, 1.8.16.과 2.8.16 참조). 세계가 **나의** 세계이고, 세계와 삶이 하나라면, 나의 삶 그 자체로서의 나는 곧 나의 세계이다.

162 (옮긴이주) 앞 5.542-5.5421 참조.

163 (옮긴이주) 사유와 표상의 주체가 존재하지 않는다는 앞 절의 말은 주체가 경험적 대상으로 존재하지 않는다는 말이지, 형이상학적 주체가 없다는 말은 아니다. 보는 자가 보는 눈 자체를 볼 수 없고 또 시야 속의 어떤 것으로부터도 그것을 보는 눈의 존재를 논리적으로 추론할 수 없지만, 눈의 존재는 시야가 존재할 수 있기 위한 필수적 선행 조건이라고 할 수 있듯이, 주체의 존재는 사유와 표상의 가능성과 통일성을 위한 필수 선행 조건이라고 할 수 있다. 왜냐하면 모든 명제는 각각 그 앞에 '나는 생각한다'라는 표현을 둔 형태의 명제로─그러니까 말하자면 '나'의 내적 삶의 기술들로─변환될 수 있기 때문이다. 이러한 변환 가능성이 말하자면 유아주의를 가능하게 하는 근거라고 할 수 있다(《철학적 탐구》

5.633   세계 속 어디에서 형이상학적 주체가 인지될 수 있는가?

당신은 여기서 사정은 눈과 시야의 관계와 전적으로 같다고 말한다. 그러나 당신은 실제로 눈을 보지는 않는다.

그리고 시야 속에 있는 어떤 것도, 그것을 어떤 눈이 보고 있다는 추론을 허용하지 않는다.[164]

5.6331   요컨대 시야는 가령 다음과 같은 형식을 지니지 않는다.[165]

눈 –

---

§24 참조). 그러나 유아주의의 그 나 즉 주체는, 칸트의 초월적 자아와 유사하게, 경험적 자아가 아니라 철학적 자아, 형이상학적 주체이다. 이러한 유아주의에서 모든 사유와 표상은 형식적으로 '나'의 것으로 통일되므로, 그 나는 나의 모든 사유와 표상의 통일적 중심점이자 그것들과 논리의 한계들을 공유하는 나의 언어와 세계의 통일적 중심점으로서 하나의 유일한 한계를 이룬다. (그러므로 여기서 '한 한계(eine Grenze)'라고 지칭된 것은 5.641에서는 정관사로 한정되어 '한계(die Grenze)'라고 지칭된다.)

164 (옮긴이주) 형이상학적 주체는 세계에 대해 시야에 대한 눈의 관계처럼 있다고 할 수 있지만, 그 주체는 시야 안에 있는 것이 눈에 보이듯 세계 안에 있어서 직접지의 대상이 되는 것도 아니고, 그렇다고 시야를 벗어나 있는 것처럼 오직 추론에 의해 기술될 수만 있을 것으로 여겨지는, 세계 밖의 어떤 것도 아니다. (이는 자아를 처음에는 직접지의 대상으로 보았다가, 기술에 의해서만 알 수 있는 어떤 것으로 견해를 바꾼 러셀의 두 자아론 모두에 대한 비판을 함축한다.) 보는 자는 그의 보는 눈 자체는 볼 수 없다는 말은 비트겐슈타인이 읽은 쇼펜하우어의 《의지와 표상으로서의 세계》(2권 22장: "눈은 자기 자신을 볼 수 없다"에서, 그리고 더 멀리는 쇼펜하우어가 읽은 우파니샤드(10장: "그대는 보고 있는 그 자신(자아)을 볼 수 없다"에서 유사하게 나타나는 표현이다.

165 (옮긴이주) 《노트북 1914-1916》과 《원논고》에는 아래 그림에서 눈이 시야의 한계에 접하되 그 바깥에 있는 것으로 (아마도 더 정확하게) 그려져 있다. 어느 경우든, 비트겐슈타인의 뜻은 요컨대, 우리의 시야는 보는 눈이 시야의 한 귀퉁이에서—그러니까 시야의 일부 한계만을 이루는 식으로—발견 또는 추론될 수 있게 되어 있지 않다는 것이다. 철학적 주체가 세계의 내적 한계를 이루는 것처럼, 보는 주체는 시야의 내적 한계를 이룬다. 그러나 이 그림대로라면, 보는 주체로서의 눈이 (시야의 한 귀퉁이에서) 보일 수 있는 것이 될 뿐 아니라, 눈과 시야의 관계는 외적인 것이 되고, 시야도 한계를 지니는 것이 되어버릴 것이다. 그러나 우리의 시야는 그런 식으로 제한될 수 없다(6.4311 참조: "우리의 시야는 한계가 없다").

5.634   이는 우리 경험의 어떤 부분도 또한 선천적이지 않다는 것과 연관
        되어 있다.

        우리가 보는 모든 것은 또한 다를 수 있을 것이다.

        무릇 우리가 기술할 수 있는 모든 것은 또한 다를 수 있을 것이
        다.

        사물들의 선천적 질서는 존재하지 않는다. [166]

5.64   여기서 우리들은 유아주의가 엄격히 관철되면 그것은 순수한 실
        재주의와 합치된다는 것을 본다. 유아주의의 자아는 연장 없는
        점으로 수축되고, 그것과 동격화된 실재가 남는다. [167]

5.641   그러므로 철학에서 자아에 관해 비-심리학적으로 이야기할 수
        있는 어떤 뜻이 실제로 존재한다.

        자아는 "세계는 나의 세계이다"라는 점을 통해 철학에 들어온다.

        철학적 자아는 인간이 아니며, 인간 신체가 아니며, 또는 심리
        학이 다루는 인간 영혼도 아니다. 그것은 형이상학적 주체, 세계
        의 한계—세계의 일부가 아니라—이다.

---

166 (옮긴이주) 만일 형이상학적 주체가 경험 안에서 발견될 수 있다면, 경험의 일부가 선천적일 수 있겠지
    만, 이는 불가능하다. 경험 즉 어떤 것이 어떠하다는 것이 드러내는 사물들(대상들)의 질서는 우연적일
    뿐, 선천적 필연성이 없다. 선천적 질서는 사태들이 따르는 질서, 즉 세계와 언어 및 사유에 공통으로
    깃들어 있는 논리적 질서밖에 없다. 그러나 경험뿐 아니라 논리적 추론도 형이상학적 주체의 존재를
    보이지는 못한다. 형이상학적 주체의 존재는 다만 '세계는 나의 세계이다'라는 점을 통해 철학에서 이
    야기될 수 있다(5.641 및 5.632의 옮긴이주 참조).
167 (옮긴이주) 유아주의의 자아는 세계의 내적 한계를 이루는 (형식적) 주체로서, 연장 없는 점으로 수축되
    어 자신의 세계만을 실재로서 남긴다. 즉 자신의 세계와 '동격화(koordiniert)'된다. ("나는 나의 세계이
    다.") 그러나 유아주의와 동격화된 이 실재주의는 유아주의처럼 전적으로 옳지만 그 진리성은 단지 드
    러날 뿐 언표 불가능한 것이 될 것이다. 비트겐슈타인은 《노트북 1914-1916》에서 자신의 사유 전개
    과정을 다음과 같이 언급한 바 있다."내가 나아간 길은 이러하다. 관념주의는 세계로부터 인간들을 유
    일무이한 것으로서 골라내고, 유아주의는 나만을 골라내고, 마지막으로 나는 나도 역시 나머지 세계에
    속하고, 그러니까 한편으로는 **아무것**도 남아 있지 않고, 다른 한편으로는 **세계**가 유일무이한 것으로서
    남아 있다는 것을 본다. 그래서 관념주의는 엄격히 숙고되면 실재주의로 통한다."

6	진리 함수의 일반적 형식은 $[\bar{p}, \bar{\xi}, N(\bar{\xi})]$[168]이다.
	이것이 명제의 일반적 형식이다.

6.001 　이는 다름 아니라, 모든 명제는 요소 명제들에 $N(\bar{\xi})$라는 연산을 계속 적용한 결과라는 말이다.

6.002 　명제가 구성되는 일반적 형식이 주어져 있다면, 그와 동시에 한 명제로부터 다른 한 명제가 연산을 통해 산출될 수 있는 일반적 형식도 이미 주어져 있다.

6.01 　연산 $\Omega'(\bar{\eta})$의 일반적 형식은 그러므로 다음과 같다:

$$[\bar{\xi}, N(\bar{\xi})]'(\bar{\eta}) \ (=[\bar{\eta}, \bar{\xi}, N(\bar{\xi})])^{169}$$

　이것은 한 명제에서 다른 한 명제로의 이행의 가장 일반적인 형식이다.

6.02 　그리고 그렇게 해서 우리는 수(數)에 도달한다. 나는 다음과 같이 정의한다.

$$x = \Omega^{0'}x \ \text{Def.}$$

그리고

$$\Omega'\Omega^{\nu'}x = \Omega^{\nu+1'}x \ \text{Def.}$$

---

168 (옮긴이주) 'p'는 임의의 요소 명제를 나타내는 변항이고, $\bar{p}$는 명제 변항 p의 값 전체, 곧 요소 명제들의 집합이다. 'ξ'는 어떤 식으로 기술된 명제 항들을 자신의 값으로 갖는 명제 변항이고, '$\bar{\xi}$'는 ξ의 값이 되는 그 명제들 전체의 집합이다. '$N(\bar{\xi})$'는 $\bar{\xi}$의 동시적 부정이다. '$[\bar{p}, \bar{\xi}, N(\bar{\xi})]$'가 진리 함수의 일반적 형식이 라는 것은, 진리 함수는 모두 요소 명제들 및 그것들에 N 연산을 적용한 임의의 단계에서 얻어지는 모든 명제들을 포함하는 집합에서 선택한 임의의 부분 집합에 속하는 명제들 $\bar{\xi}$에 N 연산을 적용한 결과 라는 말이다.

169 (옮긴이주) '$\bar{\eta}$'은 임의의 명제 집합이고 '$\Omega'(\bar{\eta})$'는 $\bar{\eta}$에 계속해서 적용될 수 있는 연산을 나타내는 표현이 다. '$\bar{\eta}$'이 '$\bar{p}$'(요소 명제들의 집합)일 때 $[\bar{\xi}, N(\bar{\xi})]'(\bar{\eta})$는 $[\bar{\xi}, N(\bar{\xi})]'(\bar{p})$이고 이는 $[\bar{p}, \bar{\xi}, N(\bar{\xi})]$와 같다. 즉 명 제의 일반적 형식(=진리 함수의 일반적 형식)은 연산의 일반적 형식의 특수한 예인 것이다.

그러므로 우리는 이러한 기호 규칙들에 따라 계열 x, $\Omega'x$, $\Omega'\Omega'x$, $\Omega'\Omega'\Omega'x$, ……를 다음과 같이 쓴다. 즉,

$$\Omega^{0'}x, \quad \Omega^{0+1'}x, \quad \Omega^{0+1+1'}x, \quad \Omega^{0+1+1+1'}x, \quad \cdots\cdots.$$

그러므로 나는 "$[x, \xi, \Omega'\xi]$" 대신에 다음과 같이 쓴다:

$$\text{“}[\Omega^{0'}x, \Omega'x, \Omega^{v+1'}x]\text{”}$$

그리고 다음과 같이 정의한다 :

$$0+1=1 \text{ Def.}$$
$$0+1+1=2 \text{ Def.}$$
$$0+1+1+1=3 \text{ Def.}$$
$$(등등).$$

6.021   수는 연산의 지수(指數)[170]이다.

6.022   수 개념은 모든 수에 공통적인 것, 즉 수의 일반적 형식 외에 아

---

170 (옮긴이주) '지수(Exponent)'란 어떤 연산 표현의 오른쪽 위에 표시되는 작은 숫자로서, 그 연산이 계속 적용되는 횟수를 나타낸다. 가령 부정(~) 연산의 계속적 적용은 지수를 써서 표현할 수 있는데, ~p, ~ ~p. ~~~p, … 대신 우리는 $\sim^{1}p$, $\sim^{2}p$. $\sim^{3}p$, …와 같이 쓸 수 있다(비트겐슈타인, 《수학의 기초에 관한 소견들》(3판) 3부 §46 참조). 수(정수)가 연산의 지수라는 말은, 연산이 '+1'이면 우리는 6.02의 마지막 일련의 정의를 얻을 수 있는데, 그것들은 $+1^{1}=1$ Def., $+1^{2}=2$ Def., $+1^{3}=3$ Def., …와 같기 때문이다. (그러나 《논고》 서론에서 러셀은 비트겐슈타인의 수론이 현 상태로는 단지 유한수들밖에 다룰 수 없다고 지적한다. 그는 비트겐슈타인의 체계로 이러한 '빈틈'을 메우는 것이 불가능하다고 보지는 않지만, "초한수들을 다룰 수 있는 것으로 밝혀질 때까지는 어떠한 논리도 적합하다고 여겨질 수 없다"고 말한다.)

무엇도 아니다.

    수 개념은 가변적 수이다.

    그리고 수적으로 같음이란 개념은 수적으로 같은 모든 특수한 경우들의 일반적 형식이다.

6.03   정수(整數)의 일반 형식은 [0, ξ, ξ+1]이다.

6.031   집합론은 수학에서 전혀 불필요하다.[171]

    이는 우리가 수학에서 필요로 하는 일반성이 우연적 일반성이 아니라는 것과 연관되어 있다.

6.1   논리학의 명제들은 동어반복들이다.

6.11   그러므로 논리학의 명제들은 아무것도 말하지 않는다. (그것들은 분석적 명제들이다.)

6.111   논리학의 명제를 내용 있어 보이게 만드는 이론들은 언제나 거짓이다. 예컨대 우리들은 "참"과 "거짓"이라는 낱말들이 다른 속성들 가운데에서 두 개의 속성을 지칭한다고 믿을 수 있을 것이고,[172] 그럴 경우 모든 명제가 각각 이러한 속성들 중 하나를 소유한다는 것은 주목할 만한 사실로 보일 것이다. 이제 그것은, 가령 "모든 장미는 노랗거나 붉다"라는 명제가 설령 참일지라도 자명하게 들리지는 않듯이, 전혀 자명해 보이지 않는다. 실로, 논리학의 명제는 이제 전적으로 자연 과학적 명제의 성격을 부여받

---

171 (옮긴이주) 수를 모종의 집합(class)들과 동일시한 프레게나 러셀의 논리주의에서와 달리, 수의 정의는 —6.02-6.021에서 보듯이—집합 개념 없이 논리적 연산만을 써서 이루어질 수 있기 때문이다. 프레게와 러셀은 수학을 집합론을 포함한 느슨한 의미의 논리로 환원하였으나, 비트겐슈타인은 그들의 집합 개념에 포함되는 원소들이 그때그때 존재할 수도 존재하지 않을 수도 있다는 점에서 우연적이라는 점, 그리고 무한히 큰 수들의 정의를 위해서는 러셀처럼 '무한성의 공리'(5.535 참조)나 '환원 가능성 공리' (6.1232-6.1233 참조) 등과 같이 비록 일반적이긴 하나 우연적 일반적 타당성을 지닐 뿐인 공리들을 요구하게 된다는 점에서 엄격한 필연성과 선천성을 지녀야 하는 수학에 문제를 일으킨다고 본다.

172 (옮긴이주) 앞의 4.061과 4.063 참조.

는데, 이는 그 명제가 잘못 파악되었음을 나타내는 확실한 표시
이다.

6.112 　논리 명제들에 대한 올바른 설명은 그것들에게 모든 명제들 가운
데에서 유일무이한 지위를 주어야 한다.

6.113 　그 상징만으로도 그것들이 참이라는 것이 인식될 수 있다는 것,
이것이 논리 명제들의 특별한 표지이다. 그리고 이 사실 속에 논
리 철학 전체가 포함되어 있다. 그리고 따라서 논리 명제 아닌 명
제들의 참 또는 거짓이 명제만으로는 인식될 수 없다는 것도 역시
가장 중요한 사실들 중의 하나이다.

6.12 　논리학의 명제들이 동어반복들이라는 것은 언어의, 그리고 세계
의, 형식적—논리적—속성들을 보여 준다.

　동어반복의 구성 요소들이 이렇게 연결되면 동어반복을 낳는다
는 것은 그 구성 요소들의 논리를 특징짓는다.

　명제들이 특정한 방식으로 연결되어 동어반복을 낳으려면, 명
제들은 특정한 구조적 속성들을 지녀야 한다. 그러므로 명제들이
이렇게 연결되면 동어반복을 낳는다는 것은 그것들이 이러한 구조
적 속성들을 소유하고 있음을 보여 준다.

6.1201 　예컨대 "p"와 "~p"라는 명제들이 "~(p.~p)"라는 결합에서 동어
반복을 낳는다는 것은 그것들이 서로 모순됨을 보여 준다. "p⊃
q", "p", 그리고 "q"라는 명제들이 "(p⊃q).(p):⊃:(q)"라는 형식
속에서 서로 결합하여 동어반복을 낳는다는 것은 q가 p와 p⊃q로
부터 따라 나옴을 보여 준다. "(x).fx:⊃:fa"가 동어반복이라는 것
은 fa가 (x).fx로부터 따라 나옴을 보여 준다. 등등.

6.1202 　동일한 목적을 위해 동어반복 대신 모순이 사용될 수 있으리라는
것은 분명하다.

6.1203   동어반복 속에 일반성 표시가 나타나지 않는 경우, 동어반복을
동어반복으로서 인식하기 위해 우리들은 다음과 같은 직관적 방
법을 이용할 수 있다: 나는 "p", "q", "r" 등 대신 "TpF", "TqF",
"TrF" 등이라고 쓴다. 나는 진리 조합들은 괄호[173]에 의해 표현한
다. 예컨대 다음과 같이:

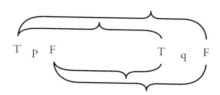

그리고 그 명제 전체[174]의 참 또는 거짓과 진리 논항들의 진리 조
합들의 짝짓기는 다음과 같은 방식으로 선을 그어 표현한다 :

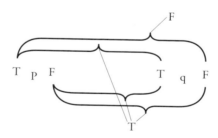

그러므로 이 기호는 예컨대 p⊃q란 명제를 묘사할 것이다. 이제
나는 예컨대 ~(p. ~p)라는 명제(모순율)가 동어반복인지를 조사

---

173 (옮긴이주) 다음 도표에서 집게 모양의 묶음표(중괄호)들을 말한다.
174 (옮긴이주) 이 예에서 p와 q를 구성 요소로 하는 명제를 말한다.

하고자 한다. 우리의 표기법에서 "∼ξ"라는 형식은

라고 쓰이고, "ξ.η"라는 형식은 다음과 같이 쓰인다 :

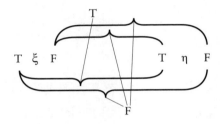

그러므로 ∼(p.∼q)라는 명제는 다음과 같이 된다 :

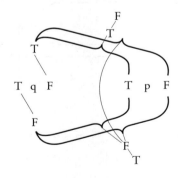

여기서 우리가 "q" 대신 "p"를 대입하고, 제일 바깥쪽 T,F와 제일

안쪽 T,F의 결합을 조사해 보면, 그 명제 전체의 참은 그 명제의 논항의 모든 진리 조합들과 짝지어지고, 그 명제 전체의 거짓은 그 진리 조합들 중 어느 것과도 짝지어지지 않는다.

6.121 논리학의 명제들은 명제들을 아무것도 말하지 않는 명제들이 되게 결합함으로써 명제들의 논리적 속성들을 명시한다.

이 방법은 영위법(零位法)[175]이라고도 불릴 수 있을 것이다. 논리 명제 속에서 명제들은 서로 평형을 이루게 되고, 그러면 그 평형 상태는 이 명제들이 논리적으로 어떤 성질이 있어야 하는가를 지적해 준다.

6.122 이로부터 우리는 논리 명제들 없이도 지낼 수 있다는 것이 밝혀진다. 왜냐하면 적절한 표기법에서는 실로 우리는 명제들을 단지 바라보기만 해도 명제들의 형식적 속성들을 인식할 수 있기 때문이다.

6.1221 예컨대 "p"와 "q"라는 두 명제가 "p⊃q"라는 결합에서 동어반복을 낳는다면, q가 p로부터 따라 나온다는 것은 분명하다.

예컨대 "q"가 "p⊃q.p"로부터 따라 나온다는 것을 우리는 이 두 명제 자체에서 알아본다. 그러나 우리는 그것을 이렇게, 즉 그 두 명제를 "p⊃q.p:⊃:q"로 결합한 다음 이것이 동어반복임을 보임으로써도 보여 줄 수 있다.

6.1222 이는 왜 논리 명제들이 경험에 의해 반박될 수 없는 것과 마찬가지로 경험에 의해 확증될 수 없는가 하는 물음에 빛을 던져 준다. 논리학의 명제는 가능한 어떤 경험에 의해서도 반박될 수 없어야 할 뿐 아니라, 그러한 경험에 의해 확증될 수도 없어야

---

175 (옮긴이주) '영위법'='Nullmethode(zero-method)'. 전압이나 전류 따위의 값이 영(零)이 되도록 장치를 조절하여 측정하는 방법.

한다.

6.1223   이제 왜 사람들이 "논리적 진리들"을 우리가 "요구"할 수 있을 것처럼 종종 느끼곤 했는지가 분명해진다: 요컨대 우리가 만족스러운 표기법을 요구할 수 있는 한, 우리는 그것들을 요구할 수 있다.[176]

6.1224   이제 또한 왜 논리학이 형식들과 추론에 관한 학설이라고 불렸는지도 분명해진다.

6.123   논리 법칙들 자체가 다시 논리 법칙들에 종속되어서는 안 된다는 것은 분명하다.[177]

           (러셀이 생각한 것처럼 모든 "유형" 각각에 대해 고유한 모순율이 존재하는 것이 아니라, 하나의 모순율이면 충분하다. 왜냐하면 모순율은 자기 자신에게는 적용되지 않기 때문이다.)

6.1231   논리 명제의 표시는 일반적 타당성이 아니다.[178]

           일반적이라는 것은 실은 단지 모든 사물들에 우연히 해당된다는 것을 뜻할 뿐이다. 일반화되지 않은 명제도 일반화된 명제와 꼭 같이 동어반복적일 수 있다.[179]

6.1232   논리적인 일반적 타당성은 가령 "모든 사람은 죽는다"라는 명제의 우연적인 일반적 타당성과는 대조적으로, 본질적이라고 불릴

---

176 (옮긴이주) 《노트북 1914-1916》 부록 2, p. 118 참조: "논리 명제들이 '공준들'—우리들이 '요구하는' 어떤 것—이라는 것은 어떤 뜻에서 참이다; 왜냐하면 우리는 만족스러운 표기법을 **요구하기** 때문이다.

177 (옮긴이주) 5.454 및 6.127 참조.

178 (옮긴이주) 일반성을 논리 명제의 표지로 간주한 것은 러셀이었다. 그는 《수학 원리》(1권 93쪽)에서 다음과 같이 말했다. "논리의 관념들과 명제들은 모두 **일반적**이다: (예를 들어) 플라톤에 대해서는 참이고 소크라테스에 대해서는 참이 아닌 주장은 논리에 속하지 않을 것이다; 그리고 그 둘 다에 대해 참인 명제가 논리에서 나타날 수 있으려면, 그것은 그 둘 중 하나에 대해서가 아니라 변항 x에 대한 것으로만 들어져야 한다." 이와 관련해서, 앞의 옮긴이주 89 참조.

179 (옮긴이주) 예를 들면, "플라톤은 철학자이거나 철학자가 아니다"$(fa \lor \sim fa)$는 일반화된 명제가 아니지만 동어반복이다.

수 있을 것이다. 러셀의 "환원 가능성 공리"[180]와 같은 명제들은 논리 명제들이 아니다. 그리고 이는 다음과 같은 우리의 느낌을 설명해 준다: 그것들이 참이라고 하더라도, 그것들은 오직 운 좋은 우연에 의해서만 참일 수 있을 것이다.

6.1233   환원 가능성 공리가 유효하지 않은 세계가 생각될 수 있다.[181] 그러나 논리학이 우리의 세계가 실제로 그러한가 또는 그러하지 않은가 하는 물음과 아무 관계도 없다는 것은 분명하다.

6.124   논리 명제들은 세계의 골격을 기술한다; 또는 차라리, 세계의 골격을 묘사한다. 그것들은 아무것도 "다루지" 않는다. 그것들은 이름들이 의미를 지니며 요소 명제들이 뜻을 지닌다는 것을 전제한다: 그리고 이것이 그것들이 세계와 이루는 결합이다. 상징들의 어떤 결합들—본질적으로 특정한 성격을 지니는 결합들—은 동어반복들이라는 점이 세계에 관해 무엇인가를 지적하고 있음이 틀림없다는 것은 분명하다. 여기에 결정적인 것이 놓여 있다. 우리는 말하기를, 우리가 쓰는 상징들에서 어떤 것은 자의적이고 어떤 것은 그렇지 않다고 하였다.[182] 논리학에서는 오직 후자만이 표현을 한다: 그러나 이것이 뜻하는 바는, 논리학에서는 우리가 표현하고자 하는 것을 우리가 기호들의 도움으로 표현한다는 것이

---

180 (옮긴이주) '환원 가능성 공리': 러셀이 그의 분기 유형론에 도입한 가정으로, 모든 함수 각각에 대해 형식적으로 동등한(즉 외연이 같은) 서술 함수가 존재한다는 것. (서술 함수에 대해서는 5.5302의 옮긴이주 설명 참조.) 이 공리는 완전히 일반적인 명제이긴 하지만, 논리적으로 참인지는 의심스럽다. 비트겐슈타인은 여기서 (우연적일 수 있는) 일반성을 논리 명제의 표지로 간주한 러셀의 논리 철학을 비판하고 있다.

181 (옮긴이주) 비트겐슈타인은 1913년 러셀에게 보낸 편지 가운데 다음과 같은 세계를 예로 들었다: "$\aleph_0$개의 **사물들**만이 있고, 그 밖에는 단지 이 무한히 많은 사물들 사이에 존립하는 어떤 관계, 더 정확히 말하면 각각의 모든 사물과 다른 각각의 모든 사물 사이에는 존립하지 않고, 더 나아가 유한수의 사물들 사이에서도 존립하지 않는 어떤 관계 **하나만 더** 있는 세계".

182 (옮긴이주) 3.315와 3.342를 참조할 것.

아니라, 논리학에서는 자연 필연적인 기호들의 본성 자체가 진술을 한다는 것이다: 우리가 그 어떤 기호 언어의 논리적 구문론을 알고 있다면, 논리학의 모든 명제들은 이미 주어져 있다.

6.125   모든 "참인" 논리 명제들의 기술(記述)을 처음부터 제공하는 것은 가능하고, 게다가 논리학에 대한 낡은 파악 방식에 따르더라도 그러하다.

6.1251   그렇기 때문에 논리학에서 뜻밖의 일들이란 결코 있을 수 없다.

6.126   어떤 한 명제가 논리학에 속하는지는 그 상징의 논리적 속성들을 계산함으로써 계산될 수 있다.

그리고 이런 계산을 우리는 논리 명제를 "증명"할 때 한다. 왜냐하면 우리는 뜻과 의미에 신경을 쓰지 않고 단지 기호 규칙들에 따라서 논리 명제들을 다른 명제들로부터 형성하기 때문이다.

논리 명제들의 증명은, 처음의 명제들로부터 반복해서 동어반복들을 낳는 모종의 연산들의 계속적 적용에 의해 우리가 논리 명제들을 다른 논리 명제들로부터 생겨나게 하는 데 있다. (그리고 사실 동어반복으로부터는 오직 동어반복들만이 따라 나온다.)

물론 논리학의 명제들이 동어반복들임을 보여 주는 이러한 방식은 논리학에는 전혀 비본질적이다. 왜냐하면 이미, 증명의 출발점이 되는 명제들은 자신들이 동어반복이라는 것을 증명 없이 보여 주어야 하기 때문이다.

6.1261   논리학에서 과정과 결과는 동등하다. (그렇기 때문에 뜻밖의 일이란 없다.)

6.1262   논리학에서의 증명은 동어반복이 복잡한 경우 그 동어반복을 더 쉽게 인식하기 위한 기계적 보조 수단일 뿐이다.

6.1263   만일 뜻이 있는 한 명제가 뜻이 있는 다른 명제들로부터 논리적으

로 증명될 수 있고, 논리 명제도 또한 그렇다면, 그건 실로 너무나도 이상할 것이다. 뜻이 있는 명제의 논리적 증명과 논리학에서의 증명이 두 개의 전혀 다른 것이어야 한다는 것은 처음부터 분명하다.[183]

6.1264　뜻이 있는 명제는 무엇인가를 진술하며, 그것의 증명은 사실이 그러하다는 것을 보여 준다; 논리학에서는 모든 명제가 증명의 형식이다.

　　　논리학의 모든 명제는 기호로 묘사된 전건 긍정식[184]이다. (그리고 전건 긍정식은 명제에 의해서 표현될 수 없다.)

6.1265　논리학은 언제나, 모든 명제가 그 자신의 증명이게끔 파악될 수 있다.

6.127　논리학의 모든 명제들은 같은 자격을 지닌다; 그것들 중에 근본 법칙들과 파생 법칙들은 본질적으로 존재하지 않는다.

　　　모든 동어반복은 그것이 동어반복임을 스스로 보여 준다.

6.1271　"논리적 근본 법칙들"의 수가 자의적이라는 것은 분명하다. 왜냐하면 논리학은 실로 하나의 근본 법칙으로부터, 예컨대 프레게의 근본 법칙들로부터 단순히 논리적 곱을 형성함으로써, 유도될 수 있을 것이기 때문이다. (프레게는 아마, 이러한 근본 법칙은 이제 더는 직접적으로 자명하지 않다고 말할 것이다. 그러나 프레게처

---

183 뜻을 지닌 두 참인 명제 "모든 사람은 죽는다"와 "소크라테스는 사람이다"가 주어지면, 역시 뜻이 있는 명제 "소크라테스는 죽는다"가 참이라는 것을 논리적으로 도출할 수 있다. 그러나 이 명제의 참은 어디까지나 전제된 명제들의 참에 의존한다. 반면에, 저 두 전제가 참이건 아니건, 그로부터 임의의 논리 명제가 논리적으로 도출될 수 있다. 그리고 이는 전제가 어떤 (뜻이 있는) 명제들이건 성립한다. 즉, 모든 논리 명제의 참은 뜻이 있는 명제(들)의 참—즉 사실들이 어떠하다는 것—을 전혀 전제하지 않고서도 그 자체로 입증될 수 있다.

184 (옮긴이주) '전건 긍정식(modus ponens)': 어떤 한 명제 p와 "p이면 q이다"라는 명제로부터 q라는 명제가 논리적으로 도출될 수 있다는 논리학의 한 추론 규칙.

럼 정밀한 사상가가 논리 명제의 기준으로서 자명성의 정도를 끌어들였다는 것은 이상한 일이다.)

6.13　　논리학은 학설이 아니라, 세계의 거울상이다.[185]

　　　　논리[186]는 초월적이다.[187]

6.2　　　수학은 하나의 논리적 방법이다.[188]

　　　　수학의 명제들은 등식들이며, 따라서 사이비 명제들이다.[189]

6.21　　수학의 명제들은 아무런 사고도 표현하지 않는다.

6.211　　실로 삶 속에서 우리가 필요로 하는 것은 결코 수학적 명제가 아니다. 오히려 우리는 단지, 수학에 속하지 않는 명제들로부터 마찬가지로 수학에 속하지 않는 다른 명제들을 추론해 내기 위해서 수학적 명제들을 이용한다.

---

185 (옮긴이주) 앞 5.511 및 6.1-6.11 참조. 또한 《노트북 1914-1916》 108쪽: "모든 것을 표현할 **수 있는** 언어는 그 언어가 지녀야 하는 이 [논리적] 속성들에 의해 세계의 어떤 속성들을 **반영한다**; 그리고 이른바 논리 명제들은 이 [세계의] 속성들을 **체계적인 방식으로** 보여 준다."

186 (옮긴이주) '논리'와 '논리학'의 원말은 똑같이 'Logik'이다. 어느 쪽으로 옮기느냐는 이 말이 쓰이는 맥락에 대한 옮긴이의 감에 따랐다.

187 (옮긴이주) '초월적'='transzendental'(원고에는 'transcendental'로 되어 있다). 즉, 이 말의 '선천적이면서 경험을 가능하게 하는 것'이라는 칸트적 의미와 비슷하게, 논리는 원리상 말할 수 있는 것들을 결정하는 언어의 선천적 가능 조건이며, 또 그러한 것으로서 동시에 사실들의 총체로서의 세계의 선천적 가능 조건을 이룬다는 것이다.

188 (옮긴이주) 혹은 "수학은 논리의 한 방법이다"(6.234). 그러나 이는 수학이 논리의 동어반복적 진리들에 이르는 한 방법이라는 말이 아니라, 논리가 동어반복으로 보여 주는 것을 수학은 등식들(이것들은 동어반복이 아니다)에서 보여 준다(6.22)는 말이다. 수학이 논리와 같은 것을 보여 준다고 하는 점에서 이는 논리주의—그러나 프레게-러셀식의 논리주의와는 다른, '집합 없는 논리주의(no-class logicism)'—라고 할 수 있다. 그러나 수학의 명제들을 아무런 사고 내용이 없는 단지 추론 도구(6.21-6.211)로 보는 점에서 그것은 또한 준-형식주의적인 면도 지닌다고 평가된다. 비트겐슈타인이 동어반복이 아닌 수학 명제들도 논리 명제들처럼 분석적이라고 여겼는지는 분명하지 않다. 이에 대해서는 6.3의 옮긴이주 참조.

189 (옮긴이주) 등식들이 사이비 명제들이라는 점에 대해서는 4.242-4.243 및 5.533-5.534 참조. 수학의 명제들이 사이비 명제들이면, 이것들은 명제의 일반적 형식의 반례를 이루는 명제들이 되지 않는다. 그것들은 명제처럼 보일 뿐, 올바른 표기법에서 허용되는 명제의 형식을 지니지 않으며, 따라서 (뜻이 있는 경험 명제는 물론 뜻이 없는 논리 명제와도 다르게) 실제로는 명제가 아니고 무의미하다.

(철학에서 "무엇 때문에 우리는 도대체 그런 낱말, 그런 명제를 쓰는가?"라는 물음은 언제나 우리를 가치 있는 통찰들로 인도한다.)

6.22　논리학의 명제들이 동어반복들에서 보여 주는 세계의 논리를 수학은 등식들에서 보여 준다.

6.23　두 표현이 등호에 의해 결합된다면, 이는 그 둘이 서로 대체될 수 있다는 뜻이다. 그러나 이것이 사실인지는 그 두 표현 자체에서 드러나야 한다.

두 표현이 서로 대체될 수 있다는 것은 그 두 표현의 논리적 형식을 특징짓는다.

6.231　이중부정으로서 파악될 수 있다는 것은 긍정의 한 속성이다.

"$(1+1)+(1+1)$"로서 파악될 수 있다는 것은 "$1+1+1+1$"의 한 속성이다.

6.232　프레게는 그 두 표현이 동일한 의미를 지니지만 상이한 뜻을 지닌다고 말한다.[190]

그러나 등식에서 본질적인 것은, 등호가 결합하는 두 표현이 동일한 의미를 지닌다는 점을 보여 주기 위해 등식이 필수적이지는 않다는 것이다. 왜냐하면 그 점은 그 두 표현 자체에서 알아볼 수 있기 때문이다.

6.2321　그리고 수학의 명제들이 증명될 수 있다는 것은 다름 아니라, 수

---

190 (옮긴이주) 프레게는 "뜻과 의미(지시체)에 관하여"라는 논문에서, $a=a$와 $a=b$라는 동일성 문장에 존재하는 인식 가치의 차이를 설명하려면 그 각 문장에 의해 지시되는 진리치와 함께 그 문장에 의해 표현된 뜻(사고)도 함께 고려되어야 한다고 보면서, 이 구별을 모든 언어 표현에 일반화하여 적용하였다. 이에 따르면, 기호는 그 뜻을 표현하고, 그 의미(지시체)를 의미 또는 지칭한다. 의미는 "기호에 의해 지칭된 것", "사상(事象) 자체", (문장의 경우) 진리치이고, 뜻은 "우리의 지칭 방식", "기호가 어떤 것을 지칭하는 방식", "지칭된 것이 주어지는 방식", (문장의 경우) "문장에서 표현된 사고"이다.

학적 명제들의 올바름은 그것들이 표현하는 것 자체가 올바른지를 알기 위해 사실들과 비교해야 할 필요 없이 통찰될 수 있다는 말이다.

6.2322 두 표현의 의미 동일성은 주장될 수 없다. 왜냐하면 그것들의 의미에 관해 무엇인가를 주장할 수 있으려면 나는 그것들의 의미를 알아야 하며, 또한 그것들의 의미를 앎으로써 나는 그것들이 동일한 것을 의미하는지 아니면 상이한 것을 의미하는지 알기 때문이다.

6.2323 등식은 내가 두 표현을 고찰하는 관점, 즉 두 표현의 의미가 같음이라는 관점을 특징지을 뿐이다.

6.233 수학적 문제들을 해결하기 위해 직관이 필요한가 하는 물음은, 여기서는 바로 언어가 그 필요한 직관을 제공한다고 함으로써 대답되어야 한다.

6.2331 계산의 과정이 바로 이러한 직관을 매개한다.

계산은 실험이 아니다.

6.234 수학은 논리의 한 방법이다.

6.2341 수학적 방법에 본질적인 것은, 등식들을 가지고 작업한다는 것이다. 수학의 모든 명제가 저절로 이해되어야 한다는 것은 말하자면 이러한 방법에 기인한다.

6.24 수학이 그 등식들에 이르는 방법은 대입(代入)의 방법이다.

왜냐하면 등식들은 두 표현의 대체 가능성을 표현하고, 우리는 등식들에 따라서 표현들을 다른 표현들로 대체함으로써 일정 수의 등식들로부터 새로운 등식들로 전진해 나가기 때문이다.

6.241 예컨대 $2 \times 2 = 4$라는 명제의 증명은 다음과 같다 :

$$(\Omega^{\nu})^{\mu'}x=\Omega^{\nu\times\mu'}x \text{ Def.}$$
$$\Omega^{2\times2'}x=(\Omega^{2})^{2'}x=(\Omega^{2})^{1+1'}x=\Omega^{2'}\ \Omega^{2'}x=\Omega^{1+1'}\Omega^{1+1'}x$$
$$=(\Omega'\Omega)'(\Omega'\Omega)'x=\Omega'\Omega'\Omega'\Omega'x=\Omega^{1+1+1+1'}x=\Omega^{4'}x.$$

6.3　　　논리의 연구는 모든 법칙성의 연구를 의미한다.[191] 그리고 논리 밖
　　　　에서는 모든 것이 우연이다.

6.31　　이른바 귀납의 법칙은 어떤 경우에도 논리적 법칙일 수 없다. 왜
　　　　냐하면 명백히 그것은 뜻이 있는 명제이기 때문이다.—그리고 그
　　　　렇기 때문에 그것은 또한 선천적 법칙일 수도 없다.[192]

6.32　　인과 법칙은 법칙이 아니라, 어떤 한 법칙의 형식이다.[193]

---

191 (옮긴이주) 여기서 논리의 연구 주제로서의 법칙성은 동어반복이고 분석적인 진리 함수적 논리의 법칙
성에 한정되지 않고, 논리의 한 방법으로서의 수학 및 "과학의 명제들에 부여될 수 있는 가능한 형식에
관한 선천적 통찰"(6.34)로서의 과학적 원리들의 법칙성까지 포함한다고 보이며, 따라서 논리의 개념
도 진리 함수적 동어반복의 논리와 구별되는 논리(혹은 '문법')까지 포함할 수 있는 것으로 확장되고 있
다고 보인다. 비트겐슈타인이 이 확장된 논리의 명제들까지도 동어반복적 논리 명제들처럼 분석적이
라고 보았는지는 분명하지 않다. 오히려 그것들은 (비록 사이비 명제들이지만) 칸트처럼 선천적이면서
종합적인 것으로 간주되었을 수 있다. (옮긴이의 《비트겐슈타인의 철학》 3장 6절 참조.)

192 (옮긴이주) 이것은 러셀이 '귀납의 원리'라고 부른 것에 대해 말한 바를 비판하는 것이다. 러셀은 그 원리
를 다음과 같이 설명했다: "(a) 어떤 종류 A의 사물이 어떤 다른 종류 B의 사물과 연합된 것이 발견되었
고, 종류 B의 사물과 분리된 것이 발견된 적이 없을 때, A와 B가 연합되는 경우의 수가 더 커질수록, 그
둘 중 하나가 현존하는 새로운 경우에 그 둘이 연합될 개연성은 더 커진다. (b) 같은 상황에서, 충분한
수의 연합 사례들은 새로운 연합의 개연성을 거의 확실성으로 만들고, 그 개연성을 한도 없는 확실성
에 접근하도록 만들 것이다."(《철학의 문제들》 6장) 그리고 그는 귀납의 원리에 대해 "만일 그것이 참이
면, 그것은 경험으로 증명도 반박도 될 수 없는 선천적인 논리 법칙이어야 한다"(《외적 세계에 관한 우
리의 지식》, 강의 VIII)라고 말했다.

193 (옮긴이주) 《노트북 1914-1916》 29.3.15에는 '어떤 한 법칙'에서 '어떤 한(eines)'이 이탤릭체로 강조되
어 있었다. 비트겐슈타인의 뜻은 '인과 법칙'이 보통 명사(Gattungsname), 그러니까 (모든 종류의 법칙
들이 아니라) 어떤 한 종류의 법칙들, 즉 인과성의 형식을 지닌 법칙들을 가리키는 명칭이라는 6.321
의 말과 관계된다. 인과성은 한 사건의 발생과 한 사건의 비발생 사이의 차이는 언제나 후자에 없는 어
떤 요인이 전자에 있다는 것을 의미해야 한다는 보편적 요구와 같은 어떤 것으로, 모든 자연법칙의 전
제이자 자연법칙들을 가능하게 만드는 것을 표현한다. 1930년에 비트겐슈타인은 인과 법칙에 대한
《노트북》과 《논고》의 생각에 대해 다음과 같이 술회하고 있다: "내가 16년 전에, 인과 법칙은 그 자체로
의미가 없으며, 인과 법칙을 안중에 두지 않는 세계 고찰이 존재한다는 생각을 지녔을 때, 나는 새로운

6.321   "인과 법칙", 그것은 보통명사(普通名詞)이다. 그리고 이를테면 역
        학에 가령 최소 작용의 법칙[194]과 같은 최소 법칙들이 존재하듯이,
        물리학에는 인과 법칙들, 즉 인과성의 형식을 지닌 법칙들이 존
        재한다.

6.3211 실로 사람들은 "최소 작용의 법칙"이 어떤 것인지 정확히 알기도
        전에, 그런 어떤 하나의 법칙이 존재해야 한다는 예감을 지녀 왔
        다. (늘 그렇지만 여기서도, 선천적으로 확실한 것은 순수하게 논
        리적인 어떤 것으로서 밝혀진다.)

6.33   우리는 어떤 하나의 보존 법칙[195]을 선천적으로 믿는 것이 아니라,
        어떤 한 논리적 형식의 가능성을 선천적으로 아는 것이다.

6.34   근거율[196], 자연에서의 연속성의 원칙, 자연에서의 최소 소모의
        원칙 등등과 같은 그 모든 원칙들, 그것들은 모두 과학의 명제들
        에 부여될 수 있는 가능한 형식에 관한 선천적 통찰들이다.

6.341   예컨대 뉴턴 역학은 세계 기술에 하나의 통일된 형식을 가져온
        다. 흰 표면에 불규칙한 검은 얼룩점들이 있다고 생각해 보자. 이

시대가 시작한다는 느낌을 갖고 있었다."(《사유 운동》1930. 5. 6.)

194 (옮긴이주) '최소 작용의 법칙': 라이프니츠에 의해 처음 도입되었으나 후에 모페르튀이(P.-L. M. de
    Maupertuis; 1698~1759)에 의해 '자연의 절약 법칙'으로 일반화된 원리로서, 이에 따르면, 단지 사유
    가능한 운동에서와는 달리 현실적인 운동에서는 물체의 질량과 속도 및 운동 거리를 서로 곱한 값의
    합(相乘積)이 최소치를 취한다고 한다. 이 원리는 후에 라그랑주(J. de Lagrange; 1736~1813)나 해밀
    턴(W. T. Hamilton; 1805~1865) 같은 이에 의해 발전되었는데, 뉴턴의 운동 법칙을 포함한 모든 역학
    적 운동 법칙들은 이 원리로부터 유도될 수 있다. 막스 플랑크는 '최소작용의 법칙'이 모든 가역적 물리
    과정을 지배한다고 보이는 하나의 형식 원리라고 말하였다.

195 (옮긴이주) '보존 법칙': 폐쇄된 체계 내의 특정한 물리적 양들은 모든 시간적 상태 변화에서 그 값을 보
    존한다는 것으로, 예를 들어 에너지 보존 법칙, 질량 보존의 법칙, 무게 중심 보존의 법칙 등과 같은 법
    칙들을 말함.

196 (옮긴이주) '근거율(Satz vom Grunde)': 흔히 '충족이유율'이라고도 하는데, 모든 사물이나 사건의 존재
    에는 근거가 있어야 한다는 원칙. 비트겐슈타인이 1914년 1월에 러셀에게 보낸 한 편지에 따르면, '근
    거율' 혹은 '충족이유율'이라는 독일식 표현은 '인과 법칙'과 같은 것이다.

제 우리는 이렇게 말한다: 이것들을 통해 어떤 종류의 그림이 생겨나건, 나는 그 표면을 적절히 미세한 사각 그물망으로 덮은 다음 그 모든 사각형 각각에 대해 그것은 희다 또는 검다고 말함으로써, 그 그림의 기술(記述)에 언제나 임의로 가까이 이를 수 있다. 이런 방식으로 해서 나는 그 표면 기술에 하나의 통일된 형식을 가져온 게 될 것이다. 이 형식은 임의적이다. 왜냐하면 내가 삼각형이나 육각형의 그물코로 된 그물을 사용했더라도 그 성과는 같을 수 있었을 것이기 때문이다. 삼각 그물을 이용하는 기술이 더 단순하게 되었을 수 있다; 다시 말해서 우리는 더 미세한 사각 그물 따위를 가지고 기술하는 것보다 더 성긴 삼각 그물을 가지고서 그 표면을 더 정확하게 기술할 수도(또는 그 역일 수도) 있었을 것이다. 상이한 그물들에 상이한 세계 기술 체계들이 대응한다. 역학은, 세계를 기술하는 모든 명제들은 주어진 수의 명제들—역학 공리들—로부터 주어진 방식으로 얻어져야 한다고 말함으로써, 세계 기술의 형식을 확정한다. 이를 통해 역학은 과학이라는 건물을 구성하기 위한 벽돌들을 제공하며, 다음과 같이 말한다. 즉, 당신이 어떤 건물을 세우려 하건, 당신은 그 모든 건물을 여하튼 이 벽돌들을 가지고서, 그리고 오직 이 벽돌들을 가지고서 지어야 한다고 말이다.

(모든 임의의 수가 수의 체계를 가지고 기입될 수 있어야 하듯이, 물리학의 모든 임의의 명제는 역학 체계를 가지고 기입될 수 있어야 한다.)

6.342   그리고 이제 우리는 논리학과 역학의 상호 지위를 본다.[197] (그물

---

197 (옮긴이주) 6.34에서 언급된 것과 같은 과학의 근본 원칙들은 세계 기술에 통일적 형식을 가져올 논리적으로 가능한 형식들을 제시한다. 이것은 통일적 세계 기술의 가능한 형식들에 관한 선천적이고 논리

은 또한 상이한 종류의 모양들로, 가령 삼각형들과 육각형들로 이루어지도록 할 수 있을 것이다.) 앞에서 언급된 것과 같은 그림을 주어진 형식의 어떤 한 그물에 의해 기술할 수 있다는 것은 그 그림에 관해 아무것도 진술하는 바가 없다. (왜냐하면 그것은 그런 종류의 모든 그림에 해당되기 때문이다.) 그러나 그 그림이 **특정**한 크기의 그물코를 가진 특정한 그물에 의해서 **완전히** 기술될 수 있다는 것, 이것은 그 그림을 특징지어 준다.

마찬가지로, 세계가 뉴턴 역학에 의해 기술될 수 있다는 것도 세계에 관해 아무것도 진술하는 바가 없다; 그렇지만 세계가 뉴턴 역학에 의해 그렇게 기술될 수 있다는 것, 이는 분명 사실이거니와, 이것은 세계에 관해 무엇인가를 진술해 준다. 또한 세계가 다른 역학보다 그 한 역학에 의해 더 단순하게 기술될 수 있다는 것도 역시 세계에 관해 뭔가를 말해 준다.

6.343   역학은 우리가 세계 기술을 위해 필요로 하는 모든 **참**인 명제들을 하나의 계획에 따라 구성하려는 시도이다.

6.3431 그 모든 논리적 장치를 통해서 물리 법칙들은 아무튼 세계의 대상들에 관해 이야기한다.

6.3432 우리는 역학에 의한 세계 기술이 언제나 전적으로 일반적인 것임을 잊어서는 안 된다. 역학에서는 예컨대 **특정한** 질점(質點)들에 관해서는 이야기하지 않으며, 언제나 그 어떤 질점들에 관해서 이야기할 뿐이다.

적인 통찰이므로, 세계에 관해서는 아무것도 말하는 바가 없다. 반면에 역학은 세계를 참되게 기술하는 모든 명제는 주어진 역학 공리들로부터 주어진 방식으로 얻어져야 한다고 함으로써 세계 기술의 형식을 확정한다. 이것 자체는 세계에 관해 뭔가를 진술하는 것이 아니다. 그러나 역학 공리들은 전적으로 일반화된 명제들로서, 이것들로부터 세계 기술에 필요한 모든 참인 명제가 주어진 방식으로 얻어질 수 있다는 것은 (옳을 경우) 세계에 관해 뭔가를 말해 준다.

6.35 　우리의 그림 속에서 얼룩점들이 기하학적 도형들이기는 하지만, 그럼에도 불구하고 기하학이 그것들의 사실적인 형태와 위치에 관해서 전혀 아무것도 말할 수 없다는 것은 자명하다. 그러나 그 물은 순수하게 기하학적이며, 그물의 모든 속성들은 선천적으로 제시될 수 있다.

　　근거율 등과 같은 법칙들은 그물을 다루지, 그물이 기술하는 것을 다루지 않는다.

6.36 　만일 인과 법칙이 존재한다면, 그것은 다음과 같은 내용일 수 있을 것이다: "자연법칙들이 존재한다."[198]

　　그러나 물론 그것은 말해질 수 없다: 그것은 스스로 드러난다.

6.361 　헤르츠의 표현 방식으로 하면, 우리들은 이렇게 말할 수 있을 것이다: 오직 **합법칙적** 연관들만이 **생각 가능**하다.[199]

6.3611 　우리는 어떠한 과정도 "시간의 흐름"—이런 것은 없다—과 비교할 수 없고, 단지 다른 하나의 과정과 (가령 측시기(測時器)의 작동과) 비교할 수 있을 뿐이다.[200]

---

198 (옮긴이주) 인과 법칙이 존재한다면, 그 내용은 어떤 한 법칙의 형식의 존재에 관한 것(그러나 법칙의 형식에 관한 것이므로, 스스로 드러날 뿐 말해질 수는 없는 것)으로서 '자연법칙들이 존재한다'가 될 것이라는 말이다.

199 (옮긴이주) 우리는 비논리적인 것은 아무것도 생각할 수 없다(3.03). 그리고 논리의 연구는 모든 법칙성의 연구를 의미한다(6.3). 그러므로 "오직 **합법칙적** 연관들만이 **생각 가능**하다"라고 말할 수 있으리라는 것이다. 헤르츠는 《역학 원리》1권 4장 §119(정의 3)에서 "한 체계의 연관이 시간에서 독립해 존립하면, 그 연관은 합법칙적 연관이라고 한다"라고 정의한다. 이 합법칙적 연관은 기하학의 법칙에 따르는 것으로, 비트겐슈타인은 앞(3.0321)에서 "우리는 물리학의 법칙에 역행하는 사태를 공간적으로 묘사할 수는 있지만, 기하학의 법칙에 역행하는 사태를 공간적으로 묘사할 수는 없다"고 말한 바 있다.

200 (옮긴이주) 헤르츠는 "물질적 체계의 시간 독립적 속성들로부터 (같은 체계의) 시간 속에서 진행되는 현상들 및 시간에 의존하는 속성들을 도출하는 것"(《역학 원리》§308)을 역학의 과제로 여긴다. 여기서 시간의 흐름은 한 물질적 체계(측시기)의 연이은 작동 과정과 다른 한 물질적 체계(점들의 어떤 한 체계)와의 자의적 짝짓기로 이루어지는 연속 양으로 기술될 수 있지만, 이 짝짓기는 논리적이고 수학적 관계일 뿐이므로, 시간의 흐름은 그것에 대조해 다른 과정들을 비교할 수 있는 측정 가능한 실재의 과정으로 취급되지 않는다. 측시기가 참된 혹은 절대적인 시간 척도를 제공하는지 하는 물음은 역학의

그런 까닭에 시간적 경과에 대한 기술은 다른 하나의 과정에 의지해서만 가능하다.

전적으로 유사한 점이 공간에도 해당된다. 예컨대 (상호 배제하는) 두 사건 중에서 하나가 다른 하나보다 더 발생해야 할 아무 원인도 없기 때문에 그 두 사건 중 어느 것도 발생할 수 없다고 사람들이 말할 경우, 거기서 실제로 중요한 것은, 그 어떤 비대칭이 현존하지 않는다면 우리들은 그 두 사건 중 하나를 전혀 기술할 수 없다는 것이다. 그리고 만일 그러한 비대칭이 현존하고 있다면, 우리는 이것을 한 사건의 발생 및 다른 사건의 비-발생에 대한 원인으로서 파악할 수 있다.

6.36111 서로 겹치게 만들 수 없는 왼손과 오른손에 관한 칸트의 문제[201]는 평면에서도 이미 존립하며, 심지어 일차원 공간에서도 존립한다 ;

여기서 합동하는 두 도형 a와 b는 이 공간을 빠져나오지 않고

관점에서는 뜻이 없다.

201 (옮긴이주) 칸트 《형이상학 서설》 §13에 나오는 문제로, "왼손과 오른손이 모든 상호 동일성과 유사성에도 불구하고 동일한 한계들 사이에 집어넣어질 수 없다(양손이 합동될 수 없다)"는 것. 칸트의 해결책은, 양손을 물자체가 아니라 현상들로, 다시 말해 감성적 직관들로 보고, 공간을 이 감성의 외적 형식으로 보아야 한다는 것이다. 즉 양손의 구별은 지성적 개념이 아니라 감성적 직관에 의해서만 이해할 수 있다는 것이다. 이에 대한 비트겐슈타인의 반응은 러셀의 《수학의 원리들》 §404에서 제시된 해결책을 따르는 것인데, 이에 의하면 좌우 양손은 한 차원 높은 공간에서는 서로 겹칠 수 있다. 따라서 양손을 겹칠 수 없음은 논리적 불가능성이 아니며, 둘은 현실적으로 서로 겹칠 수 없음과 상관없이 완전히 합동이다. 앞에서 비트겐슈타인은 "수학적 문제들을 해결하기 위해 직관이 필요한가 하는 물음은, 여기서는 바로 언어가 그 필요한 직관을 제공한다고 함으로써 대답되어야 한다"(6.233)라고 말한 바 있거니와, 여기서도 그가 말하려고 하는 것은 비슷하다고 할 수 있을 것이다.

서는 서로 겹치게 만들어질 수 없다. 왼손과 오른손은 사실상 완전히 합동이다. 그리고 그 두 손을 서로 겹치게 만들 수 없다는 것은 그 점과는 아무 상관이 없다.

만일 오른손 장갑을 4차원 공간에서 뒤집을 수 있다면, 우리들은 그 장갑을 왼손에 낄 수 있을 것이다.

6.362 기술될 수 있는 것은 또한 일어날 수도 있다. 그리고 인과 법칙이 배제해야 하는 것은 또한 기술될 수도 없다.

6.363 귀납의 과정은 우리가 우리의 경험들과 조화될 수 있는 가장 단순한 법칙을 받아들인다는 것에 있다.

6.3631 그러나 이 과정은 논리적이 아닌 단지 심리적인 정초를 가질 뿐이다.

이제 가장 단순한 경우가 실제로도 발생할 것이라고 믿을 아무런 근거가 없다는 것은 분명하다.

6.36311 태양이 내일 떠오르리라는 것은 하나의 가설이다; 그리고 이는 태양이 떠오를지를 우리가 알지 못한다는 것이다.

6.37 다른 어떤 것이 일어났기 때문에 어떤 것이 일어나야 할 강제성은 존재하지 않는다. 오직 논리적 필연성만이 존재한다.

6.371 근대적 세계관 전체에는 이른바 자연법칙들이 자연 현상에 관한 설명들이라는 착각이 그 밑바닥에 깔려 있다.[202]

6.372 그래서 그들은 어떤 범할 수 없는 것 앞에서처럼 자연법칙들 앞에

---

202 (옮긴이주) 비트겐슈타인은 (흄과 비슷하게) 자연법칙의 한결같음이 상이한 유형의 자연 현상들 사이에 존재하는 경험적 규칙성일 뿐 논리적 필연성이 아니라고 본다(5.1361-5.1362 참조). 그것은 조건적이고, 가설적이며, 깨질 수 있다. 그리고 따라서 자연법칙에 의한 설명이 자연 현상들에 관한 앎을 제공한다고 믿는 것은 착각이라는 것이다. 왜냐하면, 어떤 것을 안다면, 그것과 앎 사이에는 논리적 필연성의 연관이 있어야 하기 때문이다. 자연법칙에 의한 설명은 자연 현상들이 어떻게 상호 관계를 지니고 규칙적으로 일어나는지를 기술할 뿐, 모든 것을 설명하는 것이 아니다. 존재의 신비는 설명할 수 없는 것으로서 남는다.

서 멈춰 선다; 마치 고대인들이 신과 운명 앞에서 멈춰 섰던 것처럼 말이다.

그리고 그들은 실로 둘 다 옳기도 하고 그르기도 하다. 그렇지만 새로운 체계가 마치 모든 것이 설명되는 듯 보이게 하려는 데 반해 고대인들은 분명한 종점을 인정한다는 점에서, 고대인들이 더 분명하다.

6.373　세계는 나의 의지로부터 독립적이다.[203]

6.374　설령 우리가 원하는 모든 것이 일어난다고 하더라도, 그것은 말하자면 운명의 은총에 불과할 것이다. 왜냐하면 의지와 세계 사이에는 그것을 보증해 줄 논리적 연관이 없으며, 그렇다고 그 가정된 물리적 연관을 우리 자신이 다시 의지할 수는 없을 것이기 때문이다.[204]

---

203 (옮긴이주) 나는 사유의 형이상학적 주체로서, 세계 내에 있는 것이 아니라 세계의 내적 한계이다(5.63 참조). 그러나 나는 나의 모든 사유가 귀속되는 형식적 주체일 뿐 아니라 의지도 하는 주체이다. 단지 표상(사유)만 할 수 있고 의지는 전혀 할 수 없는 존재는 상상 불가능하다(《노트북 1914-1916》21.7.16 참조). "만약 그게 가능하다면, 윤리 없는 세계도 또한 있을 수 있을 것이다"(같은 곳). 즉 "의지가 존재하지 않는다면, 우리가 나라고 부르는, 그리고 윤리의 담당자인, 세계의 저 중심도 역시 존재하지 않을 것이다"(《노트북》5.8.16). 그러나 "내가 모든 것을 의지할 수는 없다"(《노트북》5.7.16). 나는 세계 내의 어떤 일들이 나의 의지에 종속되고 어떤 일들이 나의 의지에 종속되지 않는가 하는 점을 통해 세계로부터 격리된다(5.641). 세계 내의 일들은 나의 의지에 종속될 수도, 종속되지 않을 수도 있다. 그리고 그런 의미에서 세계는 나의 의지로부터 독립적이다(같은 곳). 즉, 그 둘의 관계는 필연적(논리적)이 아니라 우연적이다. 그러므로 설령 모든 일이 내 의지대로 일어나더라도, 그것은 운 좋은 우연일 뿐이다.

204 (옮긴이주) 《노트북 1914-1916》에는 여기 6.373과 6.374에 해당하는 글이 적힌 날짜(1916년 7월 5일) 바로 앞에 1916년 6월 11자로 다음과 같은 글이 적혀 있는데, 이는 비트겐슈타인이 여기서 말하는 것들이 형이상학적 자아에 관한 철학적 성찰일 뿐 아니라, 1차대전에 참전해 전투병으로서 극한적 체험을 하고 있던 그의 실존적 자아의 처지를 반영하는 것일 수도 있다는 점을 보여 준다: "신과 삶의 목적에 관해 나는 무엇을 알고 있는가? 나는 안다. 이 세계가 있다는 것을. 나는 이 세계에 내 눈이 그 시야에 위치하는 것처럼 위치한다는 것을. 우리가 세계의 뜻이라고 부르는 어떤 것이 이 세계에서 문젯거리라는 것을. 이 뜻은 세계 안에 있지 않고 세계 밖에 있다는 것을. 삶이 세계라는 것을. 나의 의지가 세계를 관통한다는 것을. 나의 의지가 선하거나 악하다는 것을. 그러므로 선과 악은 어떤 식으로든 세계의 뜻과 연관되어 있다는 것을. 삶의 뜻 즉 세계의 뜻을 우리는 신이라고 부를 수 있다. 그리고 이것

6.375   필연성은 오직 **논리적** 필연성만이 존재하듯이, 불가능성도 오직 **논리적** 불가능성만이 존재한다.

6.3751   예컨대 두 색깔이 동시에 시야 속의 한 장소에 있는 것은 불가능하고, 게다가 논리적으로 불가능하다. 왜냐하면 그것은 색의 논리적 구조에 의해 배제되어 있기 때문이다.[205]

이러한 모순이 물리학에서는 어떻게 묘사되는지 생각해 보자. 그것은 대략 다음과 같이 된다: 하나의 미립자가 같은 시간에 두 속도를 지닐 수는 없다; 다시 말해서 그것은 같은 시간에 두 장소에 존재할 수 없다; 다시 말해서 하나의 시간에 상이한 장소에 있는 미립자들은 동일할 수 없다.

(두 요소 명제의 논리적 곱이 동어반복일 수도 모순일 수도 없다는 것은 분명하다. 시야 속의 한 점이 동시에 상이한 두 색깔을 지닌다는 진술은 모순이다.)

에다 아버지로서의 신이란 비유를 결합시킬 수 있다. 기도는 삶의 뜻에 대해 생각하는 것이다. 나는 세계에서 일어나는 일들을 내 의지에 따라 조종할 수 없고, 완전히 무력하다. 나는 오직 일어나는 일들에 대한 영향력을 포기함으로써만 나 자신을 세계로부터 독립적으로 만들 수 있다—그리고 따라서 어떤 뜻에서 세계를 지배할 수 있다."

205 (옮긴이주) '색의 논리적 구조': 시야 속의 한 점을 가리켜 '이것은 붉다'고 하면서 동시에 '이것은 파랗다'라고 하는 것이 논리적으로 불가능하다면, 즉 모순이라면, 그 두 명제는 요소 명제일 수 없다. 왜냐하면 요소 명제들은 서로 모순일 수 없기 때문이다. 그러므로 그것들은 복합 명제이고 더 분석될 수 있어야 한다. 그리고 그 분석이 색의 논리적 구조를 드러낼 것이다. 그러나 그것이 실제로 어떻게 분석될 수 있느냐, 색의 논리적 구조가 과연 그 두 명제의 논리곱이 모순—그러니까 그 부정은 동어반복—이 된다는 점을 보여 줄 것이냐 하는 것은 《논고》에서 더 이상 다루어지지 않는다. 《논고》에서 비트겐슈타인은 상이한 색깔 배제의 필연성이 논리적 필연성(그가 유일하게 인정한 필연성)이라고 믿었지만, 그것을 실제로 보여 주는 일은 '논리의 적용', 즉 '논리와 맞닿지만 '논리가 선취해 낼 수는' 없는 문제(5.557)로 보고, 그 일을 더 이상 수행하지 않았다고 할 수 있다. 그러나 후일 그의 철학 복귀 이후 그는 이 '색깔 배제' 문제와 관련하여 그가 논리학자로서 덮어 두었던 이 일을 다루기 시작하고, 이는 급기야 그가 《논고》의 체계를 해체하고 후기의 더 풍부한 사유 체계로 나아가게 되는 하나의 중요한 계기가 된다.

6.4   모든 명제들은 가치가 같다.[206]

6.41   세계의 뜻[207]은 세계 밖에 놓여 있지 않으면 안 된다. 세계 속에서
          모든 것은 있는 바대로 있으며, 모든 것은 일어나는 바대로 일어
          난다; 세계 속에는 가치가 존재하지 않는다—그리고 만일 가치가
          존재한다면, 그것은 아무 가치도 지니지 않을 것이다.

          가치를 지니는 어떤 가치가 존재한다면, 그것은 모든 사건과
          이러저러하게-있음[208] 밖에 놓여 있지 않으면 안 된다. 왜냐하면
          모든 사건과 이러저러하게-있음은 우연적이기 때문이다.

          그것을 비-우연적으로 만드는 것은 세계 속에 놓여 있을 수 없
          다. 왜냐하면 그렇지 않다면 이것은 다시 우연적일 터이기 때문

---

206 비트겐슈타인의 이 생각은 그의 "윤리학에 관한 강의"(1929)에서 가치를 '상대적 가치'와 '절대적 가치'
   로 나누면서 다음과 같이 조금 더 분명하게 설명된다: "모든 상대적 가치 판단은 사실들의 단순한 진
   술이며, 따라서 그것은 가치 판단의 모든 외관을 상실하는 그런 형식으로 표현될 수 있다는 것입니다.
   […] 이제 제가 주장하고 싶은 것은, 모든 상대적 가치 판단들이 단지 사실들의 진술임이 입증될 수 있
   지만, 어떤 사실 진술도 결코 절대적 가치의 진술이거나 절대적 가치를 함축할 수 없다는 것입니다.
   […] 여러분 중 한 사람이 모든 것을 아는 인물이고, 따라서 그는 세상에 있는 모든 무생물체나 생물체
   의 모든 운동을 알며, 또 이 세상에 살았던 모든 인간들의 마음의 상태도 다 안다고 합시다. 그리고 이
   사람이 자기가 아는 모든 것을 하나의 큰 책에다 써 놓는다고 합시다. 그러면 이 책은 세계에 관한 기
   술 전부를 포함할 것입니다. 그런데 제가 말하고자 하는 것은, 이 책은 우리가 **윤리적** 판단이라고 부르
   거나 또는 그런 판단을 논리적으로 함축할 어떤 것도 포함하지 않으리라는 것입니다. 그것은 물론 모
   든 상대적 가치 판단들과 모든 참인 과학적 명제들을, 그리고 사실상, 만들어질 수 있는 모든 참인 명
   제들을 포함할 것입니다. 그러나 기술된 모든 사실들은, 말하자면, 같은 수준에 있습니다. 그리고 같은
   식으로, 모든 명제들은 같은 수준에 있습니다. 어떤 절대적인 뜻에서 숭고하거나, 중요하거나, 사소한
   명제들은 존재하지 않습니다."《소품집》, 29-30쪽)
207 (옮긴이주) "세계와 삶은 하나"(5.621)이므로, '세계의 뜻'은 '삶의 뜻'이기도 하다. 세계의 뜻 혹은 삶의
   뜻—비트겐슈타인이 우리가 '신'이라고 부를 수 있을 것이라고 한 것—의 문제는 동시에 가치의 문제로
   서 윤리의 문제, 그것도 탁월한(par excellence) 윤리 문제이다. 이 문제에 대한 이하 비트겐슈타인의
   생각은 그의 그림 이론의 원리들과 더불어 가치는 우연적일 수 없다는 가정의 귀결들이라고 할 수 있
   다. 1929년에 그는 자신의 윤리관에 대해 다음과 같은 말을 남긴다: "어떤 것이 선(善)하다면, 그것은
   또한 신적이다. 이상스러울지 모르지만, 이로써 나의 윤리학은 요약된다."《문화와 가치》 32쪽)
208 (옮긴이주) '이러저러하게-있음'='So-Sein'.

이다.[209]

　　　　그것은 세계 밖에 놓여 있어야 한다.

6.42　　그렇기 때문에 윤리학[210]의 명제들도 존재할 수 없다.[211]

　　　　명제들은 더 높은 것을 표현할 수 없다.

6.421　윤리가 언표될 수 없다는 것은 분명하다.

　　　　윤리는 초월적이다.[212]

---

209 (옮긴이주) '그것'=모든 사건과 이러저러하게-있음. '그것을 비우연적으로 만드는 것'=가치. '이것'=그것을 비우연적으로 만드는 것.

210 (옮긴이주) "윤리학에 관한 강의"에서 비트겐슈타인은 "윤리학은 좋은 것(善)에 관한 일반적인 탐구"라고 한 G, E, 무어의 설명을 따르면서도. 자신은 윤리학의 개념을 일반적으로 미학의 가장 본질적인 부분까지 포함하는 조금 더 넓은 의미로 사용하며, 이런 의미로는 윤리학은 "가치 있는 것에 관한 탐구, 또는 진짜 중요한 것에 관한 탐구", 혹은 "삶의 의미에 대한 탐구, 또는 삶을 살 가치가 있는 것으로 만드는 것에 대한 탐구, 또는 올바른 삶의 방식에 대한 탐구"《소품집》, 28쪽)라고도 할 수 있을 것이라고 말한다. 그리고 "윤리학이 삶의 궁극적 의미, 절대적 선, 절대적 가치에 관해 무엇인가를 말하려는 욕망으로부터 발생하는 한, 윤리학은 과학일 수 없다"《소품집》, 38쪽)고 말한다.

211 (옮긴이주) 《논고》의 명제론에 따르면, 모든 명제는 그림이고, 이 점에서 가치가 같다(6.4). 그것들은 세계 **속에서** 일어나는 것들, 즉 우연적이고 가치가 없는 것들만을 기술한다. 그러나 윤리학은—그리고 6.421에 따르면, 미학도—단순히 어떤 사실을 기술하지 않고 더 높은 어떤 것을 표현하려 한다. 그리고 그렇기 때문에 윤리학(& 미학)의 명제들은 존재할 수 없다는 것이다. 그러나 이것은 윤리적인 것과 미학적인 것의 존재나 중요성을 부정하는 것은 아니다. 세계의 선천적 가능 조건을 이루는 '초월적'인 것들은 어떤 식으로든 드러난다. (논리는 유의미한 명제들에서, 윤리적-미학적인 것들은 윤리적 실천과 예술 작품을 통해서.) 그리고 이것들이 정말로 중요하다. 이 점은 《논고》의 출판을 위해 비트겐슈타인이 루트비히 폰 피커에게 보낸 편지에서 잘 드러난다. 그는 자신이 한때 그 책의 머리말에 다음과 같이 쓰고자 했었다고 말한다: "나의 작품은 두 부분으로 되어 있다. 즉, 여기에 있는 한 부분과, 내가 쓰지 **않은** 모든 것이 그것이다. 그리고 정확히 이 두 번째 부분이 중요한 부분이다. 즉 윤리적인 것은 내 책에 의해 말하자면 내부로부터 한계 그어진다; 그리고 **엄격히** 말해서 그것은 **오직** 이 방식으로만 한계 그어질 수 있다고 나는 확신한다." 한마디로, "그 책의 요점은 윤리적인 것"이라는 것이다(C. G. Luckhardt (ed.), *Wittgenstein: Sources and Perspectives*(Ithaca: Cornell University Press, 1979), 94~95쪽 참조). 《논고》에서 윤리적인 것과 미학적인 것이 차지하는 위치와 그 의의에 대한 좋은 설명으로는 《빈, 비트겐슈타인, 그 세기말의 풍경》이란 제목으로 번역된 A. Janik과 S. Toulmin의 *Wittgenstein's Vienna*가 있다.

212 (옮긴이주) 《노트북 1914-1916》 24.7.16 참조: "윤리는 논리처럼 세계의 한 조건이어야 한다." (그러면 윤리는 논리처럼 '초월적'이라고 해야 할 터인데, 그러나 노트북 30.7.16에는 "윤리는 초험적이다"라고—아마도 잘못?—되어 있다.)

(윤리학[213]과 미학은 하나이다.[214])

6.422   "당신은 ……해야 한다"라는 형식의 윤리 법칙이 세워졌을 때 드
        는 최초의 생각은, "그런데 내가 그렇게 하지 않는다면 어떻게 되
        지?" 하는 것이다. 그러나 윤리가 통상적인 뜻에서의 상벌과 아
        무 상관도 없다는 것은 분명하다. 그러므로 행위의 결과들에 관한
        이러한 물음은 중요성이 없어야 한다.―최소한 이 결과들이 사건
        들이어서는 안 된다. 왜냐하면 어쨌든 그 문제 제기에는 무엇인
        가 올바른 것이 있음이 틀림없기 때문이다. 일종의 윤리적 상벌
        이 존재하기는 해야 하지만, 이 상벌은 행위 자체에 놓여 있어야
        한다.

        (그리고 상은 유쾌한 어떤 것이어야 하고, 벌은 불쾌한 어떤 것
        이어야 한다는 것도 분명하다.)

6.423   우리는 윤리적인 것의 소지자로서의 의지[215]에 관해서는 말할 수
        없다.

        그리고 현상으로서의 의지는 단지 심리학의 관심사일 뿐이다.

6.43   선하거나 악한 의지가 세계를 바꾼다면, 그것은 단지 세계의 한

---

213 (옮긴이주) '윤리'와 '윤리학'의 원말은 똑같이 'Ethik'이다. 'Logik(논리/논리학)'의 경우와 마찬가지로, 어느
    쪽으로 옮기느냐는 이 말이 쓰이는 맥락에 대한 옮긴이의 감에 따랐다.
214 (옮긴이주) 비트겐슈타인의 《노트북 1914-1916》 7.10.16의 다음 말 참조: "예술 작품은 영원의 관점에
    서 본 대상이다; 그리고 좋은 삶은 영원의 관점에서 본 세계이다. 이것이 예술과 윤리의 연관이다." 또
    한 《비밀 일기》(Geheime Tagebücher) 30.3.1916: "좋은 삶은 아름답다."
215 (옮긴이주) 《노트북 1914-1916》에 따르면, 이 의지는 "세계의 한 한계"로서 "세계의 존재의 한 전제"
    (2.8.16)인 의지하는 주체(자아)의 "선하거나 악한", 그리고 "어떤 식으로든 세계(=삶)의 뜻과 연관되어
    있는"(11.6.16) 의지이다. 그러나 이 선악의 의지는 "사실들에 대해서가 아니라 오직 세계의 한계들에
    대해서만, […] 즉 언어에 의해서 모사될 수 없고 단지 언어에서 보일 수 있는 것에 대해서만 영향을 미
    칠 수 있다"(5.7.16). 그리고 그런 것으로서 선악의 의지는 나의 의지로부터 (논리적으로) 독립적인 세
    계에 대한 "입장표명"(4.11.16)이라고 할 수 있다. 그러나 선악의 의지의 소지자인 그 나, "주체의 본질
    은 전적으로 베일에 싸여 있다"(2.8.16).

계들을 바꿀 수 있을 뿐이지, 사실들을 바꿀 수는 없다. 즉, 언어로 표현될 수 있는 것을 바꿀 수는 없다.

간단히 말해서, 그렇다면 세계는 선악의 의지를 통해 전혀 다른 세계가 되어야 한다. 말하자면 세계는 전체로서 이지러지거나 차야 한다.[216]

행복한 자의 세계는 불행한 자의 세계와는 다른 세계이다.

6.431 또한 죽으면서 세계는 바뀌는 것이 아니라 끝이 난다.[217]

6.4311 죽음은 삶의 사건이 아니다. 죽음은 체험되지 않는다.

영원이 무한한 시간 지속이 아니라 무시간성으로 이해된다면, 현재에 사는 사람은 영원히 사는 것이다.

우리의 삶은 우리의 시야가 한계가 없는 것과 마찬가지로 끝이 없다.

---

216 (옮긴이주) '이지러지다'와 '차다'는 보통 '감소하다'와 '증가하다'를 의미하는 독일어 'abnehmen'과 'zunehmen'의 번역인데, 이것들은 달의 이지러짐과 차오름을 나타내는 말이기도 하다. 그러므로 사실들의 총체로서의 세계가 바뀌지 않으면서 그 한계들이 바뀔 수 있다는 것은 세계가 실제 변화 없이 달처럼 차고 이지러질 수 있다는 말이다. 여기서 세계-나-신(세계의 뜻, 혹은 삶의 뜻)의 관계를 지구-달-태양의 관계로 비유해 생각하면, 내가 보는 세계는 사실적으로는 동일해도 선악의 의지에 따른 나의 운동에 따라 (비트겐슈타인의 《노트북 1914-1916》 5.7.16에 따르면, 뜻의 탈락이나 추가에 의해서인 것처럼) 이지러지거나 차오를 수 있다. 그리고 그 이지러짐과 차오름의 정도에 나의 행불행이 비례한다. 다시 말해서—지구가 차고 이지러짐이 달이 얼마나 태양 쪽을 향해 있느냐에 달려 있듯이—나의 행불행은 내가 신에게 얼마나 가까이 가느냐에 달려 있게 된다. 더 자세한 설명은 옮긴이의 《비트겐슈타인의 철학》(서울: 책세상, 2016) 3장 2절 참조.

217 (옮긴이주) 이는 다음 절과 마찬가지로 실재주의와 동격인 유아주의의 관점, 즉 세계=나의 세계=나의 삶=나(형이상학적 주체)(5.62-5.641 참조)라는 관점에서 따라 나오는 생각이다. 죽음에 관한 비트겐슈타인의 이 생각은 그가 속해 있던 전투 부대가 러시아 전선에서 겪은 브루실로프 대공세—제1차 세계대전 당시 알렉세이 브루실로프 A. A. Brusilov 장군이 이끄는 러시아군이 1916년 6월 4일에서 9월 20일까지 오스트리아헝가리 제국군에 심대한 타격을 입힌 공격—의 와중에 죽음의 공포를 느끼며 그의 노트북(1916년 7월 5일 자)에 기록되었다. 비슷한 생각이 쇼펜하우어에서도 발견된다: "죽음의 공포는 대부분, 이제 나는 사라지고 세계는 남는다는 잘못된 가상에 근거한다. 그러나 오히려 그 반대가 참이다. 세계는 사라진다; 이에 반해 나의 가장 내적인 핵심, 저 주체(오직 그것의 표상에서 세계가 현존하는)의 소지자이자 산출자는 머문다."《의지와 표상으로서의 세계》 2권 41장)

6.4312   인간 영혼의 시간적 불멸성, 즉 죽음 이후에도 인간 영혼이 영원한 삶을 계속한다는 가정은 어떤 방식으로도 보증되어 있지 않다. 뿐만 아니라 그 가정은 무엇보다도, 우리들이 늘 그런 가정으로 달성하고자 한 것을 전혀 성취하지 못한다. 내가 영원히 산다는 것에 의해 도대체 수수께끼가 풀리는가? 도대체 이 영원한 삶이란 현재의 삶과 똑같이 수수께끼 같지 않은가? 공간과 시간 속에 있는 삶의 수수께끼에 대한 해결은 공간과 시간 밖에 놓여 있다.

(해결되어야 하는 것은 실로 자연 과학의 문제들이 아니다.)

6.432   세계가 어떻게 있느냐는 더 높은 것에게는 완전히 아무래도 좋은 일이다. 신은 자신을 세계 속에서 드러내지 않는다.[218]

---

218 (옮긴이주) 《노트북 1914-1916》에는 신과 관련된 생각들이 좀 더 기록되어 있는데, 그것들은 아마도 (비트겐슈타인의 생각에 따르면) 말할 수 없는 것들이기에 《논고》에서는 상당수가 빠져 버렸다. 다음은 그중 하나로, 1916년 7월 8일의 기록이다(단락 구분은 옮긴이에 의함):

"신을 믿는다는 것은 삶의 뜻에 관한 물음을 이해한다는 말이다. 신을 믿는다는 것은 세계의 사실들로써는 아직 일이 끝나지 않았다는 것을 안다는 말이다. 신을 믿는다는 것은 삶이 뜻을 지닌다는 것을 안다는 말이다.

세계는 나에게 **주어져 있다.** 즉 나의 의지는 전적으로 외부로부터, 마치 다 완성되어 있는 어떤 것에 다가가듯이 세계로 다가간다. (나의 의지가 무엇인가는 나는 아직 알지 못한다.) 그렇기 때문에 우리는 우리가 낯선 의지에 의존하고 있다는 느낌을 지닌다. **그야 어떻든 간에,** 어쨌든 우리는 어떤 뜻에서 의존적**이다.** 그리고 우리가 의존하고 있는 것을 우리는 신이라고 부를 수 있다. 신은 이러한 뜻에서는 단순히 운명일 것이다. 또는, 동일한 것이지만, 우리의 의지로부터 독립적인 세계일 것이다.

나는 나 자신을 운명으로부터 독립적으로 만들 수 있다. 두 신성이 존재한다: 세계와 나의 독립적인 나. 나는 행복하거나 불행하다, 그것이 전부다. 선하거나 악하거나는 존재하지 않는다고 말할 수 있다. 행복한 사람은 아무런 두려움이 없어야 한다. 죽음 앞에서도 그래야 한다. 시간 속에서가 아니라 현재에 사는 사람만이 행복하다. 현재에서의 삶에 대해서 죽음은 존재하지 않는다. 죽음은 삶의 사건이 아니다. 죽음은 세계의 사실이 아니다. 영원을 무한한 시간 지속이 아니라 무시간성으로 이해한다면, 현재에 사는 사람은 영원히 산다고 말해질 수 있다. 행복하게 살기 위해서는, 나는 세계와 일치해야 한다. 그리고 "행복하다"는 실로 이것을 **뜻한다.** 그 경우 나는, 말하자면, 내가 의존해 있는 것으로 보이는 저 낯선 의지와 일치한다. 즉 '나는 신의 의지를 행한다'.

죽음에 대한 두려움은 잘못된 삶, 즉 나쁜 삶의 가장 좋은 표시이다. 나의 양심이 나를 평정에서 벗어나게 한다면, 나는 어떤 것과 일치하지 않는다. 그러나 이 어떤 것은 무엇인가? **세계**인가? 양심은 신

6.4321 사실들은 모두 단지 과제에 속할 뿐, 해결에는 속하지 않는다.

6.44 세계가 어떻게 있느냐가 신비스러운 것이 아니라, 세계가 있다는 것이 신비스러운 것이다.[219]

6.45 세계를 영원의 관점에서[220] 직관하는 것은 세계를 전체—한계 지어진 전체—로서 직관하는 것이다.

　한계 지어진 전체로서의 세계에 대한 느낌은 신비스러운 느낌이다.

6.5 언표될 수 없는 대답에 대해서는 물음도 언표될 수 없다.

　수수께끼는 존재하지 않는다.

　무릇 어떤 물음이 제기될 수 있다면, 그 물음은 또한 대답될 수도 있다.

6.51 회의주의는, 만일 그것이 물음이 있을 수 없는 곳에서 의심하고자 한다면, 반박 불가능한 것이 아니라 명백히 무의미한 것이다.

　왜냐하면 의심이란 오직 물음이 존립하는 곳에서만 존립할 수 있고, 물음이란 대답이 존립할 수 있는 곳에서만 존립할 수 있으며, 또 이 대답이란 어떤 것이 말해질 수 있는 곳에서만 존립할 수

의 목소리이다, 라고 말하는 것은 확실히 옳다. 예를 들면: 내가 이러이러한 사람을 모욕했다고 생각하는 것은 나를 불행하게 만든다. 그것이 나의 양심인가? '사정이 어떻든지 간에, 너의 양심에 따라 행동하라'—라고 말할 수 있는가? 행복하게 살라!"

219 (옮긴이주) 세계의 존재라는 신비와 관련해 비트겐슈타인은 "윤리학에 관한 강의"에서는 다음과 같이 말한다(여기서는 '신비'라는 말 대신 '기적'—이 말의 '상대적인 뜻'과 구별되는 '절대적인 뜻'에서—이라는 표현이 쓰인다): "저는 세계의 존재라는 기적에 대해 올바른 언어 표현은, 비록 언어 **내의** 어떠한 명제도 아니지만, 언어 자체의 존재라고 말하고 싶어집니다. [...] 제가 기적적인 것의 표현을 언어에 의한 표현으로부터 언어의 **존재에 의한** 표현으로 전환함으로써 말한 것은 다시, 우리는 우리가 표현하기를 원하는 것을 표현할 수 없으며, 절대적으로 기적적인 것에 관해 우리가 **말하는** 것은 무의미하다는 것이 전부[입니다].《소품집》 37쪽)

220 (옮긴이주) '영원의 관점에서'='sub specie aeterni'. 비트겐슈타인의 《노트북 1914-1916》 7.10.16에 따르면, 통상의 고찰 방식이 대상들을 말하자면 그것들 '가운데에서' 보는 것인데 반해, 세계를 영원의 관점에서 보는 것은 '밖에서', 대상들이 전체 세계를 배경으로 갖도록 보는 것이다.

있기 때문이다.[221]

6.52 　설령 모든 가능한 과학적 물음들이 대답된다고 해도, 우리는 우리의 삶의 문제들이 여전히 조금도 건드려지지 않은 채로 있다고 느낀다. 물론 그렇다면 과연 아무런 물음도 더는 남아 있지 않다. 그리고 바로 이것이 대답이다.

6.521 　삶의 문제의 해결은 이 문제의 소멸에서 인지된다.
　　　(이것이, 오랫동안의 회의 끝에 삶의 뜻을 분명하게 깨달은 사람들이 그 뜻이 어디에 있는지 말할 수 없었던 이유가 아닐까?)

6.522 　실로 언표할 수 없는 것이 있다. 이것은 스스로 드러난다, 그것이 신비스러운 것이다.

6.53 　말해질 수 있는 것, 그러므로 자연 과학의 명제들—그러므로 철학과는 아무 상관 없는 어떤 것—이외에는 아무것도 말하지 말고, 다른 사람이 형이상학적인 어떤 것을 말하려고 할 때는 언제나, 그가 그의 명제들에 있는 모종의 기호들에 아무런 의미도 부여하지 않았음을 알려 주는 것,—이것이 본래 철학의 올바른 방법일 것이다. 이 방법은 그 다른 사람에게는 불만족스럽겠지만—그는 우리가 그에게 철학을 가르쳤다고 느끼지 않겠지만—이 방법이 유일하게 엄격히 올바른 방법이다.

6.54 　나의 명제들은 다음과 같은 점으로 인해 뜻풀이다[222]: 즉, 나를

---

221 (옮긴이주) 《비트겐슈타인과 빈학단》 부록 B, p.245 참조: "풀 수 없는 물음은 존재하지 않는다. 물음이란 무엇인가? 뭔가를 찾으라는 요구이다. 물음은 말하자면 그 끝에 대답이 있는 하나의 사유 운동 [Denkbewegung]을 도입한다. 이 운동의 방향은 대답의 논리적 장소에 의해 결정된다. 만일 대답이 존재하지 않으면, 뭔가를 찾을 수 있는 방향이 존재하지 않는다. 그러니까 사유 운동이 존재하지 않는다. 그리고 이는 **물음이 존재하지 않는다**는 말이다." 물음이나 회의가 성립하려면 뭔가가 이미 전제되어야 한다는 비트겐슈타인의 이러한 생각은 그의 말년에 《확실성에 관하여》에서의 고찰들로 발전하여 나타나게 된다.
222 (옮긴이주) 앞(4.112)에서 "철학적 작업은 본질적으로 뜻풀이들로 이루어진다"라고 한 말 참조.

이해하는 사람은, 만일 그가 나의 명제들을 통해—나의 명제들을 딛고서—나의 명제들을 넘어 올라간다면, 그는 결국 나의 명제들을 무의미한 것으로 인식한다. (그는 말하자면 사다리를 딛고 올라간 후에는 그 사다리를 던져 버려야 한다.)

그는 이 명제들을 극복해야 한다. 그러면 그는 세계를 올바로 본다.

7   말할 수 없는 것에 관해서는 침묵해야 한다.

부록

1. 버트런드 러셀의 서론

2. 《논리−철학 논고》의 구조

3. 기호 설명

1
버트런드 러셀의 서론

비트겐슈타인 씨의 《논리-철학 논고》는, 그 다루고 있는 문제들에 대해 그것이 궁극적인 진리를 주는 것으로 증명되든 않든, 그 폭과 범위와 심원성에서 확실히 철학계의 중요한 한 사건으로 여겨질 만하다. 이 책은 상징체계의 원리들 및 어떤 언어에서건 말과 사물들 사이에 이루어지는 필연적 관계들로부터 출발하여, 이러한 탐구의 결과를 전통 철학의 다양한 부문들에 적용함으로써, 각 경우에 어떻게 해서 전통적 철학과 전통적 해결들이 상징체계의 원리들에 대한 무지와 언어의 오용으로부터 발생했는가를 보여 주고 있다.

처음에는 명제들의 논리적 구조와 논리적 추론의 본성이 다루어진다. 그다음 계속해서 우리는 인식론, 물리학의 원리들, 윤리학, 그리고 마지막으로 신비스러운 것(das Mystische)으로 나아간다.

비트겐슈타인 씨의 책을 이해하려면, 그가 관심을 가지고 있는 문제가 무엇인가를 깨달을 필요가 있다. 그의 이론 중 상징체계를 다루고 있는 부분에서, 그는 논리적으로 완전한 언어에 의해 충족되어야 할 조건들을 문제 삼고 있다. 언어에 관해서는 여러 가지 문제들이 있다. 첫째로, 우리가 언어로써 무엇인가를 의미하려는 의도를 가지고 언어를 사용할 때 우리의 마음속에선 실제로 어떤 일이 일어나는가 하는 문제가 있다. 이 문제는 심리학에 속한다. 둘째로, 사고와 낱말 또는 문장, 그리고 그것들이 지시하거나 의미하는 것 사이에는 어떤 관계가 있는가 하는 문제가 있다. 이 문제는 인식론에 속한다. 셋째로, 거짓보다는 진리를 전하기 위해서 문장들을 사용한다는 문제가 있다. 이는 문제가 되는 문장들의 주제를 다루는 특수 과학들에 속한다. 넷째로, (문장과 같은) 하나의 사실이 다른 하나의 사실에 대한 상징이 될 수 있으려면, 그것들은 서로 어떤 관계를 지녀야 하는가 하는 문제가 있다. 이 마지막 문제는 논리적 문제이다. 그리고 이것이 비트겐슈타인 씨가 관심 가지고 있는 문제이다. 그는 적합한 상징체계의 조건들, 즉 그 속에서 문장이 매우 확정된 어떤 것을 '의미'하는 상징체계의 조건들을 문제 삼고 있다. 실제에 있어서 언어는 언제나 다소 모호하므로, 우리가 주장하는 바는 결코 그리 정확하지 않다. 따라서 논리학은 상징체계에 관해서 다루어야 할 두 가지 문제를 가지고 있다: (1) 상징들의 조합이 무의미가 아니라 뜻을 지니기 위한 조건들; (2) 상징들 또는 그것들의 조합이 의미 또는 지시의 유일성을 지니기 위한 조건들. 논리적으로 완전한 언어는 무의미를 방지하는 구문론 규칙들을 가지고 있으며, 언제나 확정되고 유일한 의미를 지니는 단일한 상징들을 가지고 있다. 비트겐슈타인 씨는 논리적으로 완전한 언어의 조건들에 관심을 가지고 있다. 이 말은 어떠한 언어건 논리적으로 완전하다거나, 논리적으로 완전한 언어를 우리 자신이 지금 여기서 구성할 수 있다고 우리가 믿는다거나 하는 것이 아니라, 언어의 전체 기능은 의미를 지니는 것이며 또 언어는 우리가 요청하는 이상 언어에 접근하는 정도에 비례해서만 이러한 기능을

수행한다는 것이다.[1]

언어의 본질적인 일은 사실들을 주장 또는 부정하는 것이다. 한 언어의 구문론이 주어지면, 한 문장의 의미[2]는 그 구성 낱말들의 의미가 알려지자마자 확정된다. 어떤 문장이 어떤 사실을 주장하기 위해서는, 그 언어가 어떻게 구성되어 있건, 그 문장의 구조와 그 사실의 구조 사이에는 공통적인 무엇이 있어야 한다. 아마 이것이 비트겐슈타인 씨의 이론 중 가장 근본적인 논제일 것이다. 그는 주장하기를, 문장과 사실 간에 공통적이어야 하는 것 자체는 다시 언어로 말해질 수 없다고 한다. 그의 어법으로는, 그것은 오직 보일 수만 있고, 말할 수는 없다. 왜냐하면 우리가 무엇을 말하건, 그것은 여전히 같은 구조를 갖지 않으면 안 될 것이기 때문이다.

이상 언어의 첫 번째 필수 요건은, 모든 단순체 각각에 대해 하나의 이름이 있어야 하며, 2개의 다른 단순체에 대해 결코 같은 이름이 있어서는 안 된다는 것일 것이다. 이름은 상징하는 부분들을 가지지 않는다는 뜻에서, 이름은 단순한 상징이다. 논리적으로 완전한 언어에서는, 단순하지 않은 것은 어떤 것도 단순한 상징을 갖지 않을 것이다. 전체에 대한 상징은 부분들에 대한 상징들을 포함하는 '복합체'가 될 것이다. 뒤에 나오겠지만, '복합체'에 관해 이야기할 때, 우리는 철학적 문법의 규칙들을 위반하고 있다. 그러나 이는 시초에는 불가피한 것이다. "철학적인 것들에 관해 씌어 있는 대부분의 명제들과 물음들은 거짓이 아니라 무의미하다. 그런 까닭에 우리는 이런 종

---

1 (옮긴이주) 러셀의 이 설명은 비트겐슈타인의 생각과 거리가 있다. 비트겐슈타인이 꾀하는 것은 일상 언어와는 다른 논리적으로 완전한 이상 언어를 구성하는 것이 아니라, 우리의 언어 속에 내재하는 논리적으로 완전한 질서를 있는 그대로 드러내는 것이다. 그에 의하면, "우리 일상 언어의 모든 명제들은 사실상, 있는 바 그대로, 논리적으로 완전히 질서 잡혀 있다". 《논리-철학 논고》 5.5563 참조.
2 (옮긴이주) 이 용어법은 비트겐슈타인의 용어법과 일치하지 않는다. 비트겐슈타인은 문장 또는 명제에 대해서는 "의미(meaning, Bedeutung)"가 아니라 "뜻(sense, Sinn)"이란 말을 사용한다. 러셀의 이 서론에서 "명제의 의미"라는 표현이 뒤에서도 나오곤 하는데, 이것도 역시 비트겐슈타인의 용어법으로는 모두 "명제의 뜻"이라고 바뀌어야 한다.

류의 물음들에 대해 결코 대답할 수 없고, 다만 그것들의 무의미성을 확인할 수 있을 뿐이다. 철학자들의 물음이나 명제들은 대부분, 우리가 우리의 언어 논리를 이해하지 못하는 것에 기인한다. (그것들은 선(善)이 미(美)보다 다소 동일한가 하는 물음과 같은 종류이다.)"(4.003) 세계 내에서 복합적인 것이 사실이다. 다른 사실들로 합성되지 않은 사실들은 비트겐슈타인 씨의 이른바 사태들(Sachverhalte)이다. 반면에 둘 또는 그 이상의 사실들로 이루어진 하나의 사실은 사실(Tatsache)이라고 불린다. 그래서 예컨대 "소크라테스는 현명하다"는 하나의 사실일 뿐 아니라 사태인 데 반해서, "소크라테스는 현명하고, 플라톤은 그의 제자이다"는 하나의 사실이긴 하나 사태는 아니다.

그는 언어적 표현을 기하학에서의 투영에 비유한다. 기하학적 도형은 여러 가지 방식으로 투영될 수 있을 것이다: 이러한 방식들 각각은 상이한 언어에 대응하지만, 원래의 도형의 투영적 속성들은 이러한 방식들 중 어느 것이 채택되더라도 변하지 않고 남아 있다. 이러한 투영적 속성들은 그의 이론에서, 명제가 사실을 주장할 수 있으려면 명제와 사실이 공유해야 하는 것에 대응한다.

이는 어떤 기본적인 경우들에서는 물론 명백하다. 예를 들어, 2개의 이름을 사용하지 않고서 두 사람—이 사람들은 단순체들로서 취급될 수 있다고 잠시 가정하자—에 관해 어떤 진술을 하기는 불가능하다. 그리고 당신이 그 두 사람 사이의 어떤 관계를 주장하려 한다면, 당신의 주장을 담은 문장이 그 두 이름 사이의 관계를 확립하게 될 것임은 필연적이다. 우리가 "플라톤은 소크라테스를 사랑한다"라고 말한다면, '플라톤'이란 낱말과 '소크라테스'라는 낱말 다음에 나타나는 '사랑한다'란 낱말은 그 두 낱말 사이의 어떤 관계를 확립한다. 그리고 이러한 사실 덕분에 우리의 문장은 '플라톤'과 '소크라테스'라는 낱말들로 명명된 사람들 사이의 어떤 관계를 주장할 수 있는 것이다. ""복합적 기호 'aRb'가 a는 b와 R의 관계에 있음을 말한다"가 아니라, "a"가 "b"와 모종의 관계에 있다는 것이 aRb임을 말한다"(3.1432).

비트겐슈타인 씨는 다음과 같은 진술과 더불어 그의 상징 체계론을 시작하고 있다: "우리는 사실들의 그림을 그린다"(2.1). 그에 의하면, 그림이란 현실의 모형이다. 그리고 현실 속의 대상들에 그림의 요소들이 대응한다: 그림 자체가 하나의 사실이다. 사물들이 서로 어떤 관계를 갖는다는 사실은 그림 속에서 그림의 요소들이 서로 어떤 관계를 갖는다는 사실에 의해서 재현된다. "그림과 모사된 것에서 어떤 것이 동일해야, 그로써 그 하나는 무릇 다른 하나의 그림일 수 있다. 그림이 현실을 그림의 방식으로—올바르게 또는 그르게—모사할 수 있기 위해 현실과 공유해야 하는 것이 그림의 모사 형식이다"(2.161, 2.17).

우리가 어떤 뜻에서건 그림이 되는 데 본질적인 만큼의 유사성만을 함축하고자 할 때, 다시 말해서 논리적 형식의 동일성 이상을 함축하고자 하지 않을 때, 우리는 현실의 논리적 그림에 관해 이야기한다. 그에 의하면, 사실의 논리적 그림이 사고(Gedanke)이다. 그림은 사실에 대응하거나 대응하지 않을 수 있으며, 따라서 참이거나 거짓일 수 있다. 그러나 그 어느 쪽 경우이건 그림은 논리적 형식을 사실과 공유한다. 그가 어떤 뜻으로 그림에 관해 이야기하고 있는가는 다음과 같은 그의 진술에 의해서 예증된다: "음반, 악상, 악보, 음파는 모두 서로에 대해 언어와 세계 사이에 있는 저 내적인 모사 관계에 있다. 그것들은 모두 공통적인 논리적 구조를 지니고 있다. (동화 속에 나오는 두 젊은이와 그들의 두 마리 말과 그들의 백합들처럼 말이다. 그것들은 어떤 뜻에서는 모두 하나이다)"(4.014). 사실을 재현하는 명제의 가능성은, 명제 속에서 대상들이 기호들에 의해서 재현된다는 사실에 기초하고 있다. 이른바 논리적 '상항들'은 기호에 의해 재현되지는 않으나, 사실 속에서와 마찬가지로 명제 속에 현존하고 있다. 명제와 사실은 동일한 논리적 '다수성'을 나타내 보여야 하며, 이 논리적 다수성 자체는 사실과 그림 사이에 공통적이어야 하므로 재현될 수 없다. 비트겐슈타인 씨는 고유하게 철학적인 모든 것은 오직 보일 수만 있는 것에, 즉 사실과 그 논리적 그림 사이에 공통적인 것에 속한다고 주장한다. 이러한 견해로부터 나오는 결과는, 철학에서는 올바른 것이란 아무것도 말해질 수 없다는 것이다. 모든 철학적 명제는 나쁜 문법이다. 그리고 철학적 논의에 의해 우리가 성취하기를 희망할 수 있는 최선의 것은, 철학적 논의가 잘못임을 사람들이 보게끔 인도하는 것이다. "철학은 자연 과학들 중의 하나가 아니다. ("철학"이란 낱말은 자연 과학들의 위 아니면 아래에 있는 어떤 것을 의미해야지, 자연 과학과 나란히 있는 어떤 것을 의미해서는 안 된다.) 철학의 목적은 사고의 논리적 명료화이다. 철학은 학설이 아니라 활동이다. 철학적 작업은 본질적으로 뜻풀이들로 이루어진다. 철학의 결과는 "철학적 명제들"이 아니라, 명제들이 명료해짐이다. 철학은 말하자면 흐리고 몽롱한 사고들을 명료하게 하고 명확하게 경계 지어야 한다"(4.111 및 4.112). 이러한 원리에 따르면, 비트겐슈타인 씨의 이론을 이해하도록 독자들을 인도하는 데에서 말해져야 하는 것들은 모두 그 이론 자체에 의해 의미가 없는[3] 것으로 선고된 것들이다. 이러한 단서와 함께, 우리는 그의 체계 밑에 놓여 있다고 보이는 세계상을 전달하려고 노력할 것이다.

　세계는 사실들로 이루어져 있다. 엄격히 말해서 사실들은 정의될 수 없다. 그러나 우리가 의미하는 바는, 사실들은 명제들을 참 또는 거짓으로 만드는 것이라고 말함으로써 설명될 수 있다. 사실들은 사실들을 부분들로 포함할 수도 있고 포함하지 않을 수도 있다; 예를 들어 "소크라테스는 현명한 아테네인이었다"는 "소크라테스는 현명했다"와 "소크라테스는 아테네인이었

3　(옮긴이주) 이 표현도 비트겐슈타인의 용어법과는 일치하지 않는다. 비트겐슈타인은 이 문맥에서, "의미가 없는(meaningless, bedeutungslos)"이란 말 대신 "무의미한(nonsensical, unsinnig)"이란 말을 사용하고 있다.

다"라는 2개의 사실로 이루어져 있다. 사실들로 된 부분들을 갖지 않는 사실을 비트겐슈타인 씨는 사태라고 부른다. 이것은 그가 원자적 사실[4]이라고 부르는 것과 같은 것이다. 원자적 사실은 사실들로 된 부분들을 포함하지는 않지만, 그럼에도 불구하고 부분들을 포함하고 있다. 만일 우리가 "소크라테스는 현명하다"를 하나의 원자적 사실로 간주할 수 있다면, 우리는 그것이 '소크라테스'와 '현명하다'를 구성 요소로 포함하고 있음을 알아챌 수 있다. 원자적 명제가 가능한 한 완전히 분석된다면(이는 이론적 가능성이지, 실제적 가능성을 의미하는 것은 아니다), 궁극적으로 도달되는 구성 요소들은 '단순체들' 또는 '대상들'이라 불릴 수 있을 것이다. 비트겐슈타인은 우리가 단순체를 실제로 분리할 수 있다거나 그것에 관해 경험적 지식을 가질 수 있다고 주장하지는 않는다. 그것은 전자(電子)처럼 이론에 의해 요구된 논리적 필연성이다. 그가 단순체들이 존재해야 한다고 주장하는 근거는 모든 복합체가 각각 어떤 사실을 전제한다는 점이다. 사실들의 복합성이 유한하다고 반드시 가정되어야 할 필요는 없다; 설령 모든 사실 각각이 무한수의 사태들로 이루어져 있고 또 모든 원자적 사실 각각이 무한수의 대상들로 이루어져 있다고 해도, 대상들과 사태들은 그래도 존재하지 않으면 안 될 것이다 (4.2211). 복합체가 존재한다는 주장은 그 구성 요소들이 어떤 방식으로 관련되어 있다는 주장—이는 어떤 사실의 주장이다—으로 환원된다: 따라서 우리가 복합체에 어떤 이름을 부여한다면, 그 이름은 오직 어떤 한 명제, 즉 그 복합체의 구성 요소들의 관련성을 주장하는 명제의 참에 의해서 의미를 가진다. 따라서 복합체들에 대한 명명은 명제들을 전제하고, 명제들은 단순체들의 명명을 전제한다. 이런 방식으로 해서 단순체들에 대한 명명은 논리학에서 논리적으로 첫 번째의 것임이 보여진다.

---

4 (옮긴이주) "사태(Sachverhalt)"에 대한 당시의 번역. 《논리-철학 논고》 2의 옮긴이주 설명 참조.

모든 원자적 사실들이 알려지는 것과 함께, 그것들이 원자적 사실 전부라는 사실이 알려지면, 세계는 완전히 기술된다. 세계는 그 속에 있는 대상들을 단지 명명함으로써는 기술되지 않는다; 이 대상들을 구성 요소로 가지는 원자적 사실들을 또한 알아야 할 필요가 있다. 원자적 사실들의 이러한 총체가 주어지면, 모든 참인 명제가, 아무리 복합적이라도, 이론적으로 추론될 수 있다. 원자적 사실을 주장하는 (참 또는 거짓인) 명제는 원자적 명제라고 불린다. 모든 원자적 명제들은 논리적으로 서로 독립적이다. 어떠한 원자적 명제도 다른 원자적 명제를 함축하거나 다른 원자적 명제와 모순되지 않는다. 따라서 논리적 추론이 하는 일은 원자적이지 않은 명제들과 관계하는 것이 전부다. 이러한 명제들은 분자적이라고 불릴 수 있을 것이다.

분자적 명제에 관한 비트겐슈타인의 이론은 진리 함수의 구성에 관한 그의 이론을 축으로 하고 있다.

명제 p의 진리 함수는 p를 포함하면서 그 참·거짓이 오직 p의 참·거짓에 달려 있는 명제이다. 비슷하게, 여러 명제 p, q, r,……의 진리 함수는 p, q, r,……을 포함하면서 그 참·거짓이 오직 p, q, r,……의 참·거짓에 달려 있는 명제이다. 처음 보면 마치 진리 함수 외에도 명제들의 다른 함수들이 있는 것처럼 보일지도 모른다. 예를 들어 "A는 p를 믿는다"가 그러할 것이다. 왜냐하면 일반적으로 A는 어떤 참인 명제들과 어떤 거짓인 명제들을 믿을 것이기 때문이다: 그가 예외적으로 재능 있는 인물이 아니라면, 우리는 그가 p를 믿는다는 사실로부터 p는 참이라고 추론하거나, 그가 p를 믿지 않는다는 사실로부터 p는 거짓이라고 추론할 수 없다. 다른 외견상의 예외들은, "p는 매우 복합적인 명제이다" 또는 "p는 소크라테스에 관한 명제이다"와 같은 것들일 것이다. 그러나 곧 나오게 될 이유들 때문에, 비트겐슈타인 씨는 이러한 예외들이 단지 외견상으로만 그러할 뿐이며, 실제로는 명제의 함수는 모두 진리 함수라고 주장한다. 이로부터 따라 나오는 결과는, 만일 우리가 진리 함수를 일반적으로 정의할 수 있다면 우리는 원자적 명제들의 원래 집합에 의해서 모든 명제들에 대한 일반적 정의를 얻을 수 있다는 것이다. 비트겐슈타인은 계속해서 이 일에 착수한다.

주어진 명제 집합의 모든 진리 함수가 "~p∨~q(p가 아니거나 q가 아니다)"나 "~p.~q(p가 아니고 q도 아니다)"라는 두 함수 중 어느 하나로부터 구성될 수 있다는 점은 셰퍼(Sheffer) 박사(《미국 수학회보》14권, 481~488쪽)가 증명하여 보인 바 있다. 비트겐슈타인은 셰퍼 박사의 작업에 대한 지식을 전제하면서, 후자를 이용하고 있다. "~p.~q"로부터 다른 진리 함수들이 구성되는 방식은 알기 쉽다. "~p.~p"는 "~p"와 동등하고, 따라서 우리는 우리의 원초적 함수에 의해서 부정에 대한 정의를 얻는다. 따라서 우리는 "p∨q"를 정의할 수 있다. 왜냐하면 이는 "~p.~q"의 부정, 즉 우리의 원초적 함수의 부정이기 때문이다. "~p"와 "p∨q"로부터 다른 진리 함수들로의 전개는 《수학 원리》(*Principia Mathematica*) 첫머리에 자세히 기술되어 있다. 이는 우리의 진리 함수의 논항들인 명제들이 열거에 의해서 주어져 있을 때 필요한 모든 것을 제공한다. 그러나 비트겐슈타인은 매우 흥미로운 분석에 의해서 그 과정을 일반적 명제들에까지, 즉 우리의 진리 함수의 논항들인 명제들이 열거에 의해 주어지지 않고, 어떤 조건을 만족시키는 모든 것들로서 주어지는 경우에까지 확장하는 데 성공하고 있다. 예를 들어 fx가 'x는 사람이다'와 같은 명제 함수(즉 명제들을 그 값으로 갖는 함수)라고 하자. 그러면 fx의 다양한 값들은 명제들의 어떤 한 집합을 형성한다. 우리는 "~p.~q"라는 관념을 확장해서, fx의 값이 되는 모든 명제들의 동시적 부정에까지 적용할 수 있을 것이다. 이런 방식으로 해서 우리는 수리 논리학에서 보통 "fx는 x의 모든 값에 대해 거짓이다"라는 말로 표현되는 명제에 도달한다. 이것의 부정은 "적어도 하나의 존재자 x에 대해서 fx는 참이다"라는 명제—이는 "(∃x).fx"로 표현된다—가 될 것이다. 만일 우리가 fx 대신에 비(非)-fx로부터 출발하였더라면, 우리는 "fx는 x의 모든 값에 대해 참이다"라는 명제—이는 "(x).fx"로 표현된다—에 도달했을 것이다. 일반적 명제들(즉 "(x).fx"와 "(∃x).fx")을 다루는 비트겐슈타인의 방법은 다음과 같은 사실에 의해 이전의 방법들과 다르다: 일반성은 관련된 명제들의 집합을 제시하는 데에서만 나타나며, 이것이 이루어졌을 때 진리 함수의 구성은 유한수의 열거된 논항들 p, q, r,……의 경우와 꼭 같이 진행된다.

이 지점에서 자신의 상징체계에 대한 비트겐슈타인 씨의 설명은 텍스트에서 그리 충분하게 주어져 있지 않다. 그가 사용하는 상징은 다음과 같다 :

$$[\bar{p}, \bar{\xi}, N(\bar{\xi})]$$

다음은 이 상징에 대한 설명이다:

$\bar{p}$는 모든 원자적 명제들을 나타낸다.
$\bar{\xi}$는 명제들의 임의의 집합을 나타낸다.
$N(\bar{\xi})$는 $\bar{\xi}$를 이루는 모든 명제들의 부정을 나타낸다.

$[\bar{p}, \bar{\xi}, N(\bar{\xi})]$라는 전체 상징은, 원자적 명제들 중에서 임의의 선택을 하여 그 모두를 부정한 다음 그 원래의 명제들 중 임의의 것과 함께 방금 얻어진 명제들의 집합에서 임의의 선택을 함으로써—이러한 과정은 무한히 계속될 수 있다—얻을 수 있는 모든 것을 의미한다. 그는 이것이 일반적 진리 함수이며, 또한 명제의 일반적 형식이라고 말한다. 그가 의미하는 것은 보기보다는 덜 복잡하다. 그 상징은 원자 명제들이 주어졌을 때 다른 모든 명제들이 생산될 수 있도록 도와주는 과정을 기술하려고 의도된 것이다. 그 과정은 다음에 의존한다:

(a) 모든 진리 함수는 동시적 부정으로부터, 즉 "~p.~q"로부터 얻어질 수 있다는 셰퍼의 증명;

(b) 연언(連言)과 선언(選言)으로부터 일반적 명제들을 도출해 내는 비트겐슈타인의 이론;

(c) 명제는 오직 진리 함수에 대한 논항으로서만 다른 명제 속에 나타날 수 있다는 주장.

이 세 가지 기초가 주어지면, 원자적이지 않은 명제들은 모두 원자적 명제들로부터 일률적인 과정에 의해 도출될 수 있다는 결론이 나온다. 비트겐슈타인 씨의 상징이 나타내는 것은 이 과정인 것이다.

이러한 일률적인 구성 방법으로부터 우리는 논리학에 속하는 명제들을 정의할 수 있게 될 뿐 아니라, 추론 이론을 놀랄 만큼 단순화할 수 있게 된다. 방금 기술된 생성 방법은 비트겐슈타인으로 하여금, 모든 명제들이 위와 같은 방식으로 원자적 명제들로부터 구성될 수 있으며, 이런 방법으로 명제들의 총체가 정의된다고 말할 수 있게 해준다. (우리가 위에서 언급한 외견상의 예외들은 나중에 우리가 고찰하게 될 방식으로 다루어진다.) 비트겐슈타인은 다음과 같이 주장할 수 있게 되었다. 즉, 명제들은 원자적 명제들의 총체(및 그것이 원자적 명제들의 총체라는 사실)로부터 따라 나오는 모든 것이며, 하나의 명제는 언제나 원자적 명제들의 진리 함수이며, 만일 p가 q로부터 따라 나온다면 p의 의미는 q의 의미 속에 포함되어 있고, 또 이로부터 당연히 어떤 것도 하나의 원자적 명제로부터는 연역될 수 없다는 결과가 나온다는 것이다. 그는 논리학의 모든 명제들은 예컨대 "p이거나 p가 아니다"와 같은 동어 반복들이라고 주장하고 있다.

하나의 원자적 명제로부터는 아무것도 연역될 수 없다는 사실은 예컨대 인과성에 대해 흥미롭게 적용된다. 비트겐슈타인의 논리에서는 인과 관계와 같은 것은 있을 수 없다. 그는 "우리는 미래의 사건들을 현재의 사건들로부터 추론할 수 없다. 인과 관계에 대한 믿음은 미신이다"라고 말하고 있다. 내일 태양이 떠오르리라는 것은 하나의 가설이다. 우리는 사실 그것이 떠오를 것인지 알지 못한다. 왜냐하면 어떤 것이 일어났기 때문에 다른 어떤 것이 일어나지 않으면 안 된다는 강제성은 존재하지 않기 때문이다.

이제 다른 주제, 즉 이름이라는 주제를 택하여 보자. 비트겐슈타인의 이론적 논리 언어에서 이름들은 오직 단순체에만 주어진다. 우리는 하나의 사물에 2개의 이름을 주거나 2개의 사물에 하나의 이름을 주지 않는다. 그에 의하면, 명명될 수 있는 사물들의 총체, 달리 말해서 세계 내에 존재하는 것들의 총체를 기술할 수 있는 길이라곤 없다. 그런 일을 하려면 우리는 모든 사물에 논리적 필연성에 의해서 속해야 하는 어떤 속성을 알아야 할 것이다. 사람들은 그런 속성을 자기 동일성에서 찾아보려고 시도해 왔다. 그러나 동일성 개념은 비트겐슈타인에 의해 파괴적인 비판을 받는데, 이로부터 벗어날 수는 없는 것으로 보인다. 구별 불가능한 것들의 동일성에 의한 동일성 정의는 거부된다. 왜냐하면 구별 불가능한 것들의 동일성은 논리적으로 필연적인 원리가 아닌 것으로 나타나기 때문이다. 이 원리에 따르면, x의 모든 속성이 y의 속성이라면 x는 y와 동일하다. 그러나 2개의 사물이 정확히 같은 속성들을 지니는 것은 어쨌든 논리적으로 가능할 것이다. 이런 일이 사실상 일어나지 않는다면, 그것은 세계의 우연적 특징이지, 논리적으로 필연적인 특징은 아니다. 그리고 물론 세계의 우연적 특징들이 논리의 구조 속에 허용되어선 안 된다. 따라서 비트겐슈타인 씨는 동일성을 추방해 버리고, 상이한 글자들은 상이한 것들을 의미해야 한다는 규약을 채택하고 있다. 실제로는, 동일성은 예를 들어 하나의 이름과 하나의 기술(記述) 사이에서, 또는 2개의 기술 사이에서 필요하다. 그것은 "소크라테스는 독약을 마신 철학자이다"나 "짝수인 소수(素數)는 1 다음의 수다"와 같은 명제들을 위해 필요하다. 동일성의 이러한 사용은 비트겐슈타인의 체계에서 쉽게 제공될 수 있다.

동일성의 거부는 사물들의 총체에 관해 이야기하는 한 가지 방법을 제거한다. 그리고 제안될 수 있는 다른 어떤 방법도 마찬가지로 잘못임이 드러날 것이다. 어쨌든 비트겐슈타인은 그렇게 주장하고 있으며, 내 생각에 그 주장은 옳다. 이는 결국 '대상'이란 사이비 개념이라고 말하는 것과 같다. 'x는 대상이다'라고 말하는 것은 아무것도 말하지 않는 것이다. 이로부터 나오는 결과는, 우리는 "세계에는 셋 이상의 대상이 존재한다"거나 "세계에는 무한히 많은 수의 대상들이 존재한다"와 같은 진술들을 할 수 없다는 것이다. 대상들은 어떤 한정된 속성과 연관해서만 언급될 수 있다. 우리는 "사람인 대상이 셋 이상 존재한다"거나 "붉은 대상이 셋 이상 존재한다"라고는 말할 수 있다. 왜냐하면 이 진술들에서는 '대상'이란 낱말이 논리학의 언어에 있는 변항에 의해서 대체될 수 있기 때문이다; 그 변항은 첫 번째 경우에는 'x는 사람이다'란 함수를 만족시키는 것이요, 두 번째 경우에는 'x는 붉다'란 함수를 만족시키는 것이다. 그러나 우리가 "대상들이 셋 이상 존재한다"라고 말하려 시도할 때는, 이렇게 '대상'이란 낱말에 변항을 대입하는 것은 불가능해지며, 따라서 우리는 그 명제가 의미가 없는 것임을 알게 된다.

여기서 우리는 비트겐슈타인의 근본적 논제 중 한 예, 즉 전체로서의 세계에 관해서는 어떤 말도 불가능하며, 말해질 수 있는 것은 세계의 제한된 부분에 관한 것이어야 한다는 논제와 접하게 된다. 이러한 견해는 원래 표기법에 의해 암시되었을 수도 있다. 그리고 만일 그렇다면, 이는 그 견해를 위해 유리하다. 왜냐하면 훌륭한 표기법은 미묘함과 시사성을 갖는 것이어서, 때로는 거의 살아 있는 선생처럼 보이기 때문이다. 표기법적 불규칙성은 종종 철학적 오류의 첫 번째 징후이며, 완전한 표기법은 사고의 대용품일 것이다. 그러나 논리가 세계 안에 있는 사물들—전체로서의 세계와 대조되는 것으로서의—에 제한되어야 함을 비트겐슈타인 씨에게 처음 시사한 것은 표기법이었을지 몰라도, 일단 제안되고 나서 보면, 그 견해를 추천할 만한 점은 그 밖에도 많은 것으로 보인다. 나로서는 그것이 궁극적으로 참인지를 내가 안다고 공언하지는 못하겠다. 이 서론에서 내가 관심을 가지고 있는 것은 그 견해를 해설하는 것이지, 그것에 대해 판단을 내리는 것이 아니다. 이 견해에 따르면, 우리는 오직 세계 밖으로 나갈 수 있을 경우에만, 다시 말해서 그것이 우리에 대해서 전체 세계가 되기를 중지할 경우에만 전체로서의 세계에 관해서 뭔가를 말할 수 있을 것이다. 우리의 세계를 위에서 내려다볼 수 있는 어떤 우월한 존재에게는 우리의 세계가 한계 지어져 있을지도 모른다; 그러나 우리에게는, 세계가 제아무리 유한하다 할지라도, 그 바깥에는 아무것도 없기 때문에, 세계는 한계를 가질 수 없다. 비트겐슈타인은 시야를 하나의 유추로서 사용하고 있다. 우리의 시야는 그 바깥에 아무것도 없다는 바로 그런 이유 때문에, 우리에게는 시각적 한계를 가지고 있지 않다. 그리고 비슷한 방식으로, 우리의 논리적 세계는 논리적 한계를 가지고 있지 않다. 왜냐하면 우리의 논리는 그 바깥에 있는 것에 관해서는 아무것도 알지 못하기 때문이다. 이러한 고찰들은 그를 유아주의에 관한 좀 괴상한 논의로 이끌어 간다. 그는 말하기를, 논리가 세계를 가득 채우고 있다고 한다. 세계의 한계들은 논리의 한계들이기도 하다. 그러므로 논리학에서 우리는 세계 속에 이것과 이것은 있고 저것은 없다고 말할 수 없다. 왜냐하면 그렇게 말하는 것은 외견상 우리가 어떤 가능성들을 배제한다는 것을 전제할 터인데, 이는 사실일 수 없기 때문이다. 왜냐하면 그러한 전제는 논리가 세계의 한계들을 넘어가야 한다고—마치 논리가 이 한계들을 다른 측면에서도 역시 관조할 수 있을 것처럼—요구할 것이기 때문이다. 우리가 생각할 수 없는 것을 우리는 생각할 수 없다. 그러므로 우리는 우리가 생각할 수 없는 것을 말할 수도 없다.

그는 이것이 유아주의에 열쇠를 준다고 말한다. 유아주의가 의도하는 것은 전적으로 옳다. 그러나 그것은 말할 수는 없고, 보일 수 있을 뿐이다. 세계가 나의 세계라는 것은, 언어(내가 이해하는 유일한 그 언어)의 한계들은 나의 세계의 한계들을 가리킨다는 사실에서 나타난다. 형이상학적 주체는 세계에 속하는 것이 아니라, 세계의 한계이다.

다음으로 우리는, 예컨대 "A는 p를 믿는다"와 같이, 처음 보기에는 자신이 포함하는 명제들의 진리 함수가 아니라고 보이는 분자적 명제들의 문제를 다루어야 한다.

비트겐슈타인은 이 주제를, 모든 분자적 함수들은 진리 함수라는 자신의 입장을 진술하는 데에서 도입하고 있다. 그는 말한다(5.54): "일반적 명제 형식에서 명제는 오직 진리 연산들의 토대로서만 명제 속에 나타난다." 얼핏 보면—그는 계속해서 설명해 나간다—명제는 예컨대 "A는 p를 믿는다"처럼 다른 방식으로도 나타날 수 있는 것처럼 보인다. 표면상으로는 여기서 명제 p는 대상 A와 어떤 종류의 관계에 있는 것처럼 보인다. "그러나 "A는 p라고 믿는다", "A는 p라고 생각한다", "A는 p라고 말한다"가 "'p'는 p를 말한다"의 형식이라는 것은 분명하다. 그리고 여기서 중요한 것은 어떤 한 사실과 어떤 한 대상의 짝짓기가 아니라, 사실들의 대상들 사이의 짝짓기를 통한 사실들의 짝짓기이다."(5.542)

비트겐슈타인 씨가 여기서 말하고 있는 바는 너무 짤막하게 말해져서, 그가 관심을 가지고 있는 논쟁들을 염두에 두고 있지 않은 사람들에게는 그 요점이 분명하지 않을 것 같다. 그가 동의하지 않고 있는 이론은 진리와 허위의 본성에 관한 나의 논문들—이 글들은 나의 《철학 논문집》(*Philosophical Essays*)과 《아리스토텔레스 학회보》(*Proceedings of the Aristotelian Society*, 1906~1907)에 실려 있다—속에서 발견될 것이다. 여기서 쟁점이 되는 문제는 믿음의 논리적 형식 문제, 즉 어떤 사람이 어떤 것을 믿을 때 일어나는 것을 재현하는 도식은 무엇인가 하는 문제이다. 물론 이 문제는 믿음에 대해서뿐만 아니라, 의심함, 숙고함, 욕구함 등 이른바 명제적 태도라고 할 수 있는 일군의 다른 정신 현상들에도 역시 적용된다. 이 모든 경우에, 그 현상을 "A는 p를 의심한다", "A는 p를 욕구한다" 등의 형식으로 나타내는 것은 자연스러워 보이는데, 그것은 마치 우리가 한 사람과 한 명제 사이의 관계를 다루고 있는 것처럼 보이게 한다. 물론 이것은 궁극적인 분석일 수 없다. 왜냐하면 사람이니 명제니 하는 것들은, 그것들이 그 자체로 사실들이라는 뜻에서가 아니라면, 허구이기 때문이다. 그 자체로 하나의 사실로서 간주될 때, 명제는 어떤 사람이 자기 자신에게 말하는 낱말들의 어떤 집합이거나, 어떤 복합적 이미지이거나, 그의 마음을 관통하여 지나가는 일련의 이미지들이거나, 시작 단계의 신체 운동들의 어떤 집합일 수도 있다. 그것은 무수히 많은 다른 것들 중의 어떤 하나일 것이다. 그 자체로 하나의 사실로서의 명제, 예를 들어 어떤 사람이 자기 자신에게 발언한 실제의 낱말 집합은 논리학과 관계가 없다. 논리학과 관계가 있는 것은 이 모든 사실들 가운데 공통적인 요소, 말하자면 그 사람으로 하여금 그 명제가 주장하는 사실을 의미할 수 있게 해주는 요소이다. 물론 심리학에는 더 많은 것이 관계된다; 왜냐하면 어떤 상징이 그 상징하는 바를 의미하는 것은 단지 논리적 관계 덕분만이 아니라, 의도와 연상과 같은 그 밖의 심리학적 관계 덕분이기도 하기 때문이다. 그러나 의미의 심리학적 부분은 논리학자의 관심사가 아니다. 이 믿음의 문제에서 그의 관심사는 논리적 도식이다. 어떤 사람이 어떤 명제를 믿을 때 무슨일이 일어나고 있는가를 설명하기 위하여, 하나의 형이상학적 주체로서 간주된 사람을 가정해야 할 필요가 없다는 점은 분명하다. 설명되어야 하는 것은, 그 자체로 하나의 사실로서 간주된 명제인 낱말들의 집합과, 명제를 참 또는 거짓으로 만드는 '객관적' 사실 사이의 관계이다. 이것은 궁극적으로 명제들의 의미에 관한 문제로 환원된다. 다시 말해서 명제의 의미는 믿음의 분석에 포함된 문제에서 유일하게 비-심리학적인 부분이다. 이 문제는 단순히 두 사실 사이의 관계 문제, 즉 믿는 자에 의해 사용된 일련의 낱말들과 이 낱말들을 참 또는 거짓으로 만드는 사실 사이의 관계에 관한 문제이다. 그 일련의 낱말들은 그것을 참 또는 거짓으로 만드는 것이 하나의 사실인 것과 마찬가지로 하나의 사실이다. 이들 두 사실 사이의 관계는 분석 불가능한 것은 아니다. 왜냐하면 명제의 의미는 그 구성 낱말들의 의미로부터 결과하기 때문이다. 하나의 명제를 이루는 일련의 낱말들의 의미는 그 개별적 낱말들이 지니고 있는 의미들의 어떤 함수이다. 따라서 실제로는, 전체로서의 명제는 명제의 의미를 설명하는 데에서 설명되어야 하는 것 속에 들어가지 않는다. 내가 지적하려 애쓰고 있는 관점을 암시하는 데에는, 우리가 고찰해 온 경우들 속에서 명제는 하나의 명제로서가 아니라 하나의 사실로서 나타난다고 말하는 것이 아마도 도움이 될 것이다. 그러나 이러한 진술이 너무 글자 그대로 받아들여져서는 안 된다. 진짜 요점은, 믿음과 욕구 등에서 논리적으로 근본적인 것은 하나의 사실로서 간주된 명제와 그것을 참 또는 거짓으로 만드는 사실과의 관계이며, 그 두 사실 사이의 이러한 관계는 그 둘의 구성 요소들의 관계로 환원될 수 있다는 점이다. 따라서 그 명제는 그것이 진리 함수 속에 나타날 때와 같은 뜻으로는 결코 나타나지 않는다.

내가 보기에 비트겐슈타인 씨의 이론에는 더 커다란 기술적 발전이 필요한 대목들이 몇 군데 있다. 이는 특히 그의 수론(數論)(6.02 이하)에 적용된다. 그의 수론은 현 상태로는 단지 유한수들밖에 다룰 수 없다. 초한수들을 다룰 수 있는 것으로 밝혀질 때까지는 어떠한 논리도 적합하다고 여겨질 수 없다. 나는 이러한 빈틈을 메우는 것을 불가능하게 만드는 어떤 것이 비트겐슈타인 씨의 체계 속에 있다고는 생각하지 않는다.

이런 비교적 세부적인 문제들보다 더 흥미 있는 것은 신비스러운 것에 대한 비트겐슈타인 씨의 태도이다. 이것에 대한 그의 태도는 순수 논리학에서의 그의 이론으로부터 자연스럽게 성장하는 것인데, 그 이론에 따르면 논리적 명제는 사실에 대한 (참이거나 거짓인) 그림이며, 어떤 구조를 사실과 공유한다. 논리적 명제를 사실에 대한 그림이 될 수 있도록 만드는 것은 이러한 공통적 구조이다. 그러나 그 구조 자체는 말로 나타낼 수 없다. 왜냐하면 그것은 말이 언급하는 사실들의 구조일 뿐 아니라 말의 구조이기도 하기 때문이다. 그러므로 언어의 표현성이라는 바로 그 관념에 포함되어 있는 모든 것은 언어로 표현될 수 없는 채로 남아 있지 않으면 안 되며, 따라서 완전히 정확한 뜻에서 표현 불가능하다. 비트겐슈타인 씨에 따르면, 이 표현 불가능한 것은 논리와 철학 전체를 포함한다. 철학을 가르치는 올바른 방법은 가능한 모든 명료성과 정확성을 다하여 진술된 제 과학의 명제들에 자신을 한정하고, 철학적 주장들은 배우는 사람에게 맡겨, 그 사람이 철학적 주장들을 할 때마다, 그 주장들은 의미가 없는 것임을 증명해 주는 것이리라고 그는 말한다. 이런 교수법을 시도하는 사람에게는 소크라테스와 같은 운명이 닥칠지도 모른다는 것은 사실이다. 그러나 그것이 유일하게 올바른 방법이라면, 우리가 그런 두려움 때문에 주저해서는 안 된다. 비트겐슈타인 씨가 자신의 입장을 지지하기 위해 내놓는 매우 강력한 논증들에도 불구하고 그의 입장을 받아들이는 데 어떤 망설임이 생기는 것은 그런 두려움 때문이 아니다. 망설임의 원인은, 어쨌든 비트겐슈타인 씨는 말해질 수 없는 것에 관해서 상당히 많은 것을 말해 나가고 있으며, 따라서 언어들의 어떤 위계(位階) 구조를 통하거나 또는 다른 어떤 출구에 의해서 빠져나갈 구멍이 아마도 있을 것이라는 점을 회의적인 독자에게 암시하고 있다는 사실이다. 예를 들어, 비트겐슈타인 씨는 윤리학의 전체 주제를 신비스러운, 표현 불가능한 영역 속에 둔다. 그럼에도 불구하고 그는 자신의 윤리적 견해들을 전달할 수 있다. 그는 자기가 신비스러운 것이라고 부르는 것이 비록 말해질 수는 없지만 보일 수는 있다고 변명할 것이다. 이러한 변명이 적절할지도 모른다. 그러나 나로서는, 그런 변명은 나에게 어떤 지적 불안감을 남겨 놓는다는 것을 고백해 둔다.

이러한 난점들이 특히 심해지는 순전히 논리적인 문제가 하나 있다. 나는 일반성의 문제를 의미하고 있다. 일반성 이론에서는 fx 형식의 모든 명제들—여기서 fx는 주어진 명제 함수이다—을 고려하는 것이 필수적이다. 비트겐슈타인 씨의 체계에 따르면, 이것은 표현될 수 있는 논리의 일부에 속한다. 그러나 비트겐슈타인 씨에 의하면, fx 형식을 지닌 명제들의 총체에 포함되어 있는 것으로 보일 수도 있는 x의 가능한 값들의 총체는 말해질 수 있는 것들 가운데 들어갈 수 없다. 왜냐하면 그것은 다름 아니라 바로 세계 내에 있는 사물들의 총체이고, 따라서 전체로서의 세계를 생각하려는 시도를 포함하기 때문이다; "한계 지어진 전체로서의 세계에 대한 느낌은 신비스러운 느낌이다"; 그러므로 x 값들의 총체는 신비하다(6.45). 이것은 세계 내에 얼마나 많은 사물들이 존재하는가에 대해서 우리가 예컨대 3개 이상이 존재한다와 같은 명제들을 만들 수 있다는 것을 비트겐슈타인이 부인할 때 명확히 논해진 것이다.

이러한 난점들은 내 생각으로는 다음과 같은 어떤 가능성을 암시해 준다. 즉, 모든 언어는 비트겐슈타인 씨의 말처럼 그 언어에서는 그것에 관해 어떤 것도 말해질 수 없는 구조를 가지지만, 첫 번째 언어의 구조를 다루는 또 하나의 언어가 새로운 구조를 가지고 존재할 수도 있으며, 언어들의 이러한 위계 구조에는 한계가 없을 수도 있다는 가능성을. 물론 비트겐슈타인 씨는 그의 이론 전체가 그런 언어들의 총체에 변함없이 적용될 수 있다고 대답할 것이다. 이에 대한 유일한 응수는 그런 어떤 전체가 있다는 것을 부정하는 것일 것이다. 그럼에도 불구하고, 논리상 말하기가 불가능하다고 비트겐슈타인 씨가 간주하는 총체들은 그의 생각에 의하면 존재하며, 그의 신비주의의 주제이다. 우리의 위계 구조로부터 결과하는 총체는 단지 논리적으로 표현 불가능할 뿐 아니라 허구이자 단순한 착각일 뿐이며, 이런 방식으로 해서 그 상상의 신비스러운 영역은 폐기될 것이다. 이러한 가설은 매우 어렵다. 그리고 나는 내가 지금으로서는 어떻게 대답해야 할지 모르는 반론들을 예견할 수 있다. 그러나 나는 어떻게 어떤 더 쉬운 가설이 비트겐슈타인 씨의 결론들에서 벗어날 수 있는지는 알지 못한다. 설령 이 매우 어려운 가설이 옹호될 수 있다고 증명되더라도, 비트겐슈타인 씨의 이론 중 매우 많은 부분은—그 자신이 가장 강조하고 싶어 하는 부분은 혹시 아닐지 몰라도—손상되지 않은 채로 남을 것이다. 논리학의 난점들 및 반박 불가능해 보이는 이론들의 기만성을 오랫동안 경험한 한 사람으로서, 나는 내가 어떤 이론이 잘못되어 있다는 점을 조금도 발견할 수 없다는 근거만으로 그 이론의 올바름을 확신할 수 없다는 것을 안다. 그러나 어떤 점에서도 명백하게 잘못되어 있지 않은 어떤 논리 이론을 구성해 냈다는 것은 대단히 어렵고 중요한 작업을 성취해 낸 것이다. 내 의견으로는, 이러한 장점이 비트겐슈타인 씨의 책에 포함되어 있으며, 이 책을 진지한 철학자라면 누구도 소홀히 할 수 없는 것으로 만들어 준다.

1922년 5월
버트런드 러셀

2
《논리-철학 논고》의 구조

가 H.-J. 글록의 분류[1]

1~2.063: 존재론

2.1~3.5: 그림 이론

4~4.2: 철학론

4.21~5.641, 6.1~6.13: 논리론

6~6.031, 6.2~6.241: 수학론

6.3~6.372: 과학론

6.373~6.522: 신비주의

6.53~7: 철학 방법론과《논고》의 지위

---

1 H.-J. Glock, *A Wittgenstein Dictionary*(Oxford : Blackwell, 1996), 364쪽.

나 H. O. 마운스의 분류[2]

1~1.21: 사실

2~2.0141: 사태

2.02~2.063: 대상

2.1~2.225: 그림

3~3.13: 사고

3.14~3.261: 명제와 이름

3.262~3.5: 논리와 규약

4~4.0031: 철학

4.01~4.0641: 참과 거짓

4.1~4.116: 철학과 과학

4.12~4.2: 형식적 개념들

4.21~4.45: 진리 함수

4.46~5.101: 동어반복

5.11~5.156: 추론

5.2~5.54: 형식적 연산

5.541~5.5423: 믿음의 진술

5.55~5.641: 논리와 세계와 자아

6~6.241: 논리와 수학

6.3~6.372: 자연과학

6.373~6.522: 가치

6.53~7: 말할 수 있는 것과 오직 보일 수 있는 것

---

2 H. O. Mounce, *Wittgenstein's Tractatus: An Introduction*(Oxford: Basil Blackwell), 1981

다 E. M. 랑게의 분류[3]

(주된 골격: A. 세계로부터 사고로. B. 사고로부터 명제로. C. 명제의 완전한 분석과 요소 명제들. D. 명제로부터 진리 함수로. E. 진리 함수로서의 명제로부터 언어의 한계로. F. 언어의 한계로부터 침묵으로.)

1~2.063: 존재론

2.1~3: 사실의 그림들

3~3.41: 사고

3.41~4.0031: 사고로부터 언어로

4~4.06: 그림으로서의 명제

4~4.22: 명제로부터 요소 명제로; 철학

4.22~4.28: 요소 명제와 본래적 이름

4.3~4.44: 진리 조건들의 표현으로서의 명제

4.44~4.53: 일반적 명제 형식

4.53~5.14: 추론

5.1, 5.14~5.24: 확률; 연산

5.24~5.41: 연산과 진리 연산

5.4~5.47: 유일한 논리적 상항으로서의 일반적 명제 형식

5.47~5.55: 연산 N, 일반성, 동일성, 외연성, 그리고 요소 명제들의 형식

5.55~6: 언어의 한계와 유아주의

6~6.21: 논리학과 수학

6.21~6.32: 등식들, 과학 법칙의 형식들, 과학적 방법의 근본 원칙들

6.32~6.4: 법칙들과 과학적 세계 기술의 그물

---

3 E. M. Lange, *Ludwig Wittgenstein: Logisch-philosophische Abhandlung* (Paderborn: Schöningh, 1996)

3
기호 설명

p, q, r   : 명제(특히 요소 명제)를 나타내는 기호들.

$\sim$p   : p의 부정. "p가 아니다."

p$\vee$q   : p와 q의 선언(논리합). "p이거나 q이다."

p.q   : p와 q의 연언(논리곱). "p이고 q이다."

p$\supset$q   : p가 q를 함축. "p이면 q이다."

p$\equiv$q   : p와 q의 동치. "p이면 q이고, q이면 p이다."

p $|$ q   : p와 q의 동시 부정. "p도 아니고 q도 아니다."

q:p$\vee\sim$p   : 오늘날의 일반적인 표기법으로는 q·(p$\vee\sim$p).

p.$\sim$q:$\vee$:q.$\sim$p : 오늘날의 일반적인 표기법으로는 (p·$\sim$q)$\vee$(q·$\sim$p).

p$\supset$q.p:$\supset$:q : 오늘날의 일반적인 표기법으로는 ((p$\supset$q)·p)$\supset$q.

$\vdash$: 프레게의 판단(또는 주장) 기호. 예컨대 "$\vdash$p"는 "나는 p가 참이라
                       고 주장한다."

T	: 참
F	: 거짓
$(TTFF)(p,q)$	: 진리표의 생략적 표현
K_n	: n개 사태의 존립과 비존립에서 가능한 조합의 수(n개 사태에서 0개가 존립하는 경우, 1개가 존립하는 경우, 2개가 존립하는 경우, ..., n-1개가 존립하는 경우, n개가 존립하는 경우의 수들의 합).

$$K_n = \sum_{\nu=0}^{n} \binom{n}{\nu} = \binom{n}{0} + \binom{n}{1} + \binom{n}{2} + \cdots + \binom{n}{n-1} + \binom{n}{n} = 2^n$$

L_n	: n개 요소 명제의 진리 가능성들(K_n개)과 어떤 한 명제의 일치 및 불일치에서 가능한 조합의 수.

$$L_n = \sum_{\kappa=0}^{K_n} \binom{K_n}{\kappa} = \binom{K_n}{0} + \binom{K_n}{1} + \binom{K_n}{2} + \cdots + \binom{K_n}{\kappa_{n-1}} + \binom{K_n}{\kappa_n} = 2^{2^n}$$

T_r	: 명제 "r"의 진리 근거들의 수.
T_{rs}	: 명제 "r"의 진리 근거들이면서 동시에 명제 "s"의 진리 근거들이기도 한 것들의 수.
a, b, c,······	: 대상들의 이름.
x, y, z,······	: 대상들의 변항. 또는 가변적 이름.
f, g, ϕ, ψ	: 함수를 나타내는 기호들.
fa, ga	: 대상 a에 관해 이야기하고 있는 요소 명제들.
fx, (x,y)	: 가변적 이름(들)의 함수. 요소 명제의 또 다른 표기 방법이기도 함.
F(fx)	: 함수 fx의 함수.
(x)	: 보편 양화사. 예컨대 "(x).fx"는 "모든 것이 f이다."
(∃x)	: 존재 양화사. 예컨대 "(∃x).fx"는 "f인 어떤 것이 존재한다."

$(\exists x,y)$	: 오늘날의 일반적인 표기법으로는 $(\exists x)(\exists y)$. x와 y라는 두 변항의 존재 양화사.
$(\exists x).fx.x=a$	: 오늘날의 일반적인 표기법으로는 $(\exists x)(fx\cdot(x=a))$. f한 어떤 것이 있고, 그것은 a이다. 즉 a가 f하다(fa).
$(x):fx.\supset.x=a$	: 오늘날의 일반적인 표기법으로는 $(x)(fx\supset(x=a))$. f한 모든 것은 a이다. 즉 오직 a만이 f하다.
$(\exists x,\phi).\phi x$	: 대상 변항과 술어 변항 모두가 완전히 (존재) 일반화된 명제.
aRb	: a가 b에 대해 R의 관계에 있음.
$(\exists x):aRx.xRb$	: b가 a에 대해 후속자 관계에 있음을 말해 주는 형식 계열 aRb, $(\exists x):aRx.xRb$, $(\exists x,y).aRx.xRy.yRb,\cdots\cdots$의 한 항.
ξ	: 명제 변항.
$\bar{\xi}$	: 명제 변항 ξ의 값이 되는 명제들 전부의 모음.
$(-----T)(\xi,....)$	: 오른 편 괄호 속에 들어 있는 모든 명제를 동시에 부정하는 연산.
$N(\bar{\xi})$	: 명제 변항 ξ의 값 전부의 부정. "$(-----T)\ (\xi,....)$"의 생략형.
$O'\xi$	: (계속 적용될 수 있는) 연산을 나타내는 표현.
$[a,x,O'x]$	: a, O'a, O'O'a,$\cdots\cdots$라는 형식 계열의 일반항을 나타내는 표현.
$[\bar{p},\bar{\xi},N(\bar{\xi})]$	: 진리 함수의 일반적 형식. 즉, 모든 명제는 각각 $N(\bar{\xi})$라는 연산을 요소 명제들에 계속 적용한 결과라는 것. '$\bar{p}$'는 요소 명제들의 집합.
$\Omega'(\bar{\eta})$	: 한 명제에서 다른 한 명제로의 이행의 가장 일반적 형식. $\Omega'(\bar{\eta})$ 은 $[\bar{\xi},N(\bar{\xi})]'(\bar{\eta})$이고, 또 이는 $[\bar{\eta},\bar{\xi},N(\bar{\xi})]$. '$\bar{\eta}$'은 임의의 명제 집합.
$[0,\xi,\xi+1]$	: 정수의 일반적 형식.
$+_c$	: 기수의 더하기를 나타내기 위해 러셀이 쓴 기호.
$\aleph_0$	: 알레프 제로. 가산(可算) 집합(자연수, 정수, 유리수)의 무한 기수.

비트겐슈타인 연보

1889년   4월 26일 저녁 8시 30분, 합스부르크 제국의 수도였던 오스트리아의 빈에서 출생하다. 루트비히 요제프 요한(Ludwig Josef Johann)이란 이름으로 세례 받다. 집안은 외할머니를 제외하고는 모두 유태계였으나, 부계(父系)는 개신교로 개종했고 어머니는 가톨릭을 믿었다. 아버지 카를(Karl)은 자수성가하여 철강 재벌이 된 사업가였고, 어머니 레오폴디네(Leopoldine)는 음악 후원자이자 그 자신도 재능 있는 피아니스트였다. 루트비히는 5남 3녀의 막내였다.

1903년   가을에 린츠 국립실업고등학교에 입학하다. (같은 학교에 그와 동갑인 히틀러가 1년 후에 입학한다.) 그때까지는 아버지의 교육 방침에 따라 학교에 다니지 않고 여러 명의 가정교사에게 개인 교수를 받았다. 고등학교 시절, 급우들과 잘 어울리지 못했으며 성적도 종교 과목을 제외하고는 좋지 않았다. 이 시절에 카를 크라우스의 풍자적 잡지인 《횃불》, 쇼펜하우어의 《의지와 표상으로서의 세계》, 바이닝거의 《성과 성격》, 헤르츠의 《역학 원론》, 볼츠만의 《대중적 저술들》 등을 읽은 것으로 알려져 있다.

1904년   음악에 재능이 있었으나 아버지와의 갈등으로 집을 나갔던 맏형 한스 (Hans)가 1902년 미국 체사피크 만에서 실종(자살로 추정됨)된 데 이어, 연극에 관심이 있던 셋째 형 루돌프(Rudolf)가 베를린에서 청산염을 마시고 자살하다.

1906년   가을. 고등학교 졸업과 함께 기계공학 공부를 위해 지금의 베를린 공대의 전신인 베를린–샤를로텐부르크 기술전문대학에 등록하다. (원래는 빈에서 볼츠만에게 물리학을 공부하려 했으나 이 해 여름 볼츠만이 자살하는 바람에 계획을 변경했다.) 이 시절부터 철학 노트를 작성하기 시작한 것으로 알려져 있다.

1908년   봄. 아버지의 권고에 따라 영국의 맨체스터 대학으로 유학 떠나다. 연을 이용한 항공학 실험들을 하다가, 가을에 기계공학부 연구생으로 등록하여 비행기 제트엔진과 프로펠러 제작을 연구하다. (그 연구 결과는 1911년 8월에 특허를 취득한다. 그리고 이 연구에 나타난 엔진 방식은 약 30년 후 헬리콥터 개발로 이어진다.) 동시에, 연구와 관련된 수학 문제들, 특히 수학 기초의 문제들에 점점 더 강한 흥미를 가지게 되어, 러셀의 《수학의 원리들》과 프레게의 《산수의 근본 법칙》을 읽게 되다.

1911년   여름. 나름대로의 철학적 구상을 가지고 예나의 프레게를 방문하다. 아마도 이때 프레게의 권유로, 가을 이후에는 러셀과 함께 공부하기 위해 (맨체스터 대학에 등록된 상태에서) 케임브리지 대학으로 옮기다. 러셀의 강의를 청강하며 그와 논리–철학적인 문제들을 토론하기 시작하다. 첫 학기가 끝난 후, 자신이 철학적 재능이 있는지를 고민하던 비트겐슈타인은 러셀에게 판단을 요청했고, 러셀은 방학 동안 글을 써서 제출해 볼 것을 요구한다. 러셀은 제출된 논문의 첫 문장에서 비트겐슈타인의 천재성을 확신하고, 그에게 철학자의 길을 가

도록 권한다.

1912년   2월에 케임브리지 대학교 트리니티 칼리지에 정식 입학하다. 러셀 외에도 무어 등의 강의를 들었고, 제임스의 《종교적 경험의 다양성》을 읽다. 또 러셀과 함께 《수학 원리》를 쓴 화이트헤드, 경제학자 케인스, 그리고 나중에 《논리−철학 논고》를 헌정하게 되는 친구 핀센트를 알게 되다. 케임브리지 대학 도덕학 클럽의 멤버가 되어 활동하고, 11월에는 '사도들'이라는 모임의 회원으로 뽑히다. 12월에 도덕학 클럽에서 '철학이란 무엇인가?'라는 주제로 발표하고, 빈으로 돌아가는 길에 예나에 있는 프레게를 방문하다.

1913년   1월. 부친이 사망하다. 그리고 막대한 유산을 상속받다. 3월. 코피의 《논리의 과학》에 대한 비판적 서평을 《케임브리지 리뷰》에 기고하다. 이후 프레게의 《산수의 근본 법칙》의 부분들을 주르댕과 함께 영역하다. (이 번역은 후자의 이름만을 번역자로 하여 나중에 《모니스트》지에 발표되었다.) 9월. 방해받지 않고 논리학을 연구할 수 있는 곳을 찾기 위해 핀센트와 함께 노르웨이를 방문하다. 10월 초. 노르웨이로 이주하기 전 러셀과 핀센트를 각각 만나 그동안의 연구를 구술하다. (이 것의 속기본과 타자본이 나중에 《노트북 1914−1916》의 부록인 〈논리학 노트〉로 출판된다.) 10월 말. 노르웨이의 베르겐 근처 작은 마을로 이주하다.

1914년   3월 29일~4월 14일. 노르웨이의 비트겐슈타인을 방문한 당시 지도교수 무어에게 그동안 작업한 '논리학'의 핵심 내용을 구술하다. (무어가 받아 적은 내용은 《노트북》의 두 번째 부록으로 출판된다.) 비트겐슈타인은 자신의 글 '논리학'으로 학사 학위를 취득할 수 있기를 바랐으나, 통상적인 논문 형식을 갖추지 않으면 안 된다는 규정이 있음을 알리는 무어의 편지에 감정적으로 대응하고 학사 학위를 포기하다. (이 일로 둘의 우정은 금이 가고 15년 동안 회복되지 못한다.) 6월. 빈에 돌아와 있던 중 1차 대전 발발하다. 7월. 당시로서는 거액인

10만 크로네를 재능이 있으나 가난한 오스트리아의 예술가들에게 지원할 것을 《점화(點火)》지 편집인 루트비히 폰 피커에게 일임하여 기부하다. (수혜자는 트라클, 릴케, 달라고, 코코슈카 등이었다.) 8월. 자원입대하여 크라카우의 한 초계정에서 복무하다. 《논리−철학 논고》를 위한 노트 작성을 시작하다. 한 서점에서 발견한 단 한 권의 책인 톨스토이의 《성경》에 매혹되어 늘 품고 다니다. 그 외 니체의 《안티크리스트》를 구입해 읽다. 12월. 크라카우 요새 포병공창 사무소에서 복무하다.

1915년   7월. 포병대 정비소에서 일어난 폭발 사고로 가벼운 부상을 입다. 8월. 소속 부대 이동으로, 르보프 근처 소콜에 있는 포병공창 열차에서 복무하다. 《논리−철학 논고》 작업 계속하다.

1916년   3월 초. 최전선에 보내 달라는 본인의 계속된 희망에 따라 러시아 쪽 갈리치아 전선에 착탄관측병으로 배치되다. 여러 번 훈장을 받은 끝에 9월에는 하사로 진급하다. 곧이어 올뮈츠 포병사관학교에 입교하다. 여기서 로스의 제자인 건축가 엥겔만을 알게 되다.

1917년   1월. 소위로 연대 복귀하다. 7월. 전투에서의 뛰어난 공로로 훈장을 받다.

1918년   2월. 중위로 진급하다. 3월. 이탈리아 전선으로 이동하여, 아시아고에서 전투하다. 5월. 영국에서 핀센트가 비행기 사고로 사망하다. 7월. 이전 달 전투에서의 공로로 훈장을 받다. 그 이후 두 달 동안의 휴가 중 《논리−철학 논고》의 최종 원고를 완성하다. 9월 말. 전선으로 귀환하다. 10월. 둘째 형 쿠르트(Kurt)가 전선에서 자살하다. 11월 초. 이탈리아군의 포로가 되다.

1919년   6월. 포로수용소 생활 중, 《논리−철학 논고》의 원고 사본을 러셀과 프레게에게 보내다. 8월. 포로 석방으로 빈의 집으로 귀환하다. 9월. 자신이 상속받은 막대한 재산 전부를 포기하고 첫째 누이와 둘째 누이, 그리고 전쟁에서 오른팔을 잃은 막내 형 파울(Paul)에게 양도하다. (파울은 피아니스트였는데, 그를 위해 M. 라벨이 '왼손을 위한 피아노협

주곡'을 써준다.) 교사가 되기 위해 교원 양성소에 등록하다. 12월. 헤이그에서 러셀과 만나 《논고》에 대해서 설명하다. 러셀은 출판에 어려움을 겪고 있는 이 작품에 서론을 써주기로 하다.

1920년   7월. 교원 양성소 졸업하다. 4월에 받은 러셀의 서론에 결국 실망하고 그것을 자신의 작품에 싣기를 거부하는 바람에, 《논리-철학 논고》의 출판이 무산되다. 이후 비트겐슈타인은 출판 문제를 러셀에게 위임하다. 8월. 빈 근처의 한 수도원에서 보조 정원사로 일하다. 9월. 오스트리아 동북부에 있는 시골 마을 트라텐바흐의 초등학교 교사로 부임하다.

1921년   여름. 노르웨이를 여행하다. 11월. 오스트발트가 편집자로 있는 잡지 《자연철학 연보》의 최종호에 《논리-철학 논고》가 교정이 매우 불충분한 상태로, 러셀의 서론과 함께 출판되다.

1922년   8월. 인스부르크에서 러셀과 만나 《논리-철학 논고》 등에 관해 논의하다. 둘의 우정에 금이 가다. 가을. 잠시 하스바흐라는 작은 시골 마을을 거쳐 역시 작은 시골 마을인 푸흐베르크로 근무지를 옮기다. 영국의 케건 폴 출판사에서 《논고》의 독영 대역본이 무어가 제안한 라틴어 제목 "*Tractatus Logico-Philosophicus*"로 출판되다.

1923년   9월. 《논고》의 영어 번역 작업에서 실질적 역할을 한 당시 케임브리지 대학생 램지가 푸흐베르크의 비트겐슈타인을 방문하다. 둘이 《논고》를 같이 읽으며 대화하다.

1924년   3~10월. 케임브리지 대학의 교수로 예정된 램지가 빈에 머물면서 정기적으로 푸흐베르크의 비트겐슈타인을 방문하다. 9월. 오터탈이란 마을로 근무지를 옮기다. 12월. 빈 대학의 교수 슐리크가 만남을 원하는 편지를 보내다.

1925년   4월. 《초등학교 낱말사전》을 위한 서문을 작성하다. (비트겐슈타인이 교사가 된 이후 학생들과 함께 작업한 이 사전은 1926년에 빈에서 출판된다.) 7월. 프레게가 사망하다. 8월. 영국을 방문하여 케인스 등을 만나다.

1926년   4월. 한 학생을 체벌한 사건으로 인해 스스로 교사직을 포기하다. 휘텔
도르프의 수도원 보조 정원사로 일하다. 6월. 모친이 사망하다. 가을.
막내 누이 마르가레테(Margarethe)를 위한 집의 건축에 엥겔만과 공동
작업하게 되다.

1927년   2월. 슐리크와 처음 만나다. 이후 바이스만, 카르납, 파이글 등 빈 학
단의 일부 회원들과도 접촉하다. 철학적 성찰을 다시 시작하다. 그리고
틈틈이, 골턴에 의해 고안된 합성사진의 방법을 실험하다.

1928년   3월. 수학의 기초에 관한 브라우어의 강연들을 듣고 철학에 몰두할 새
로운 자극을 얻다. 가을. 누이의 집을 완성하다. (이 집은 현재 '비트겐
슈타인 하우스'로 불리며, 1970년대에 빈의 문화재로 지정되었다.)

1929년   1월. 공부를 계속하기 위해 케임브리지로 돌아가다. 2월. 약 300쪽짜
리 대형 노트 18권을 구입해 철학적 사유들을 기입하기 시작하다. [이
일은 1940년까지 계속되며, 그 기록들은 현재 15권으로 기획되어《빈
판본》(Wiener Ausgabe)으로 출판되고 있다.) 6월.《논리-철학 논고》
의 영역본을 학위논문으로 하여 박사 학위를 취득하고, 연구를 위한
장학금을 받다. 7월. 〈논리적 형식에 관한 몇 가지 소견〉이《아리스토
텔레스 학회보》에 발표되다. (《논고》를 제외하면 비트겐슈타인 생전
에 출판된 유일한 글인 이 논문은 영국 철학자들의 연례 합동 모임에
서의 발표를 위해 제출되었으나, 이 논문에 만족하지 못한 비트겐슈타
인은 실제 모임에서는 수학에서의 일반성과 무한성이라는 다른 주제
로 발표하였다.) 이탈리아 출신의 경제학자 스라파와 알게 되어 정기
적으로 토론을 하게 되다. 11월. 케임브리지의 이교도 협회에서 윤리
학에 관한 강의를 하다. (이 강의는 비트겐슈타인의 유일한 대중적 강
의로, 사후에 〈윤리학에 관한 강의〉로 출판된다.) 크리스마스 이후 빈
의 슐리크를 만나 자신의 생각들을 구술하다. (이것과 그 이후 비트겐
슈타인이 빈을 방문할 때 슐리크와 바이스만에게 구술한 견해들이 바

이스만에 의해 기록되어 비트겐슈타인 사후에 《비트겐슈타인과 빈 학단》으로 출판된다.)

1930년 1월. 램지가 26세의 나이로 요절하다. 케임브리지에서 철학 강의 시작하다. 아울러 언어, 논리, 수학의 문제들에 관한 세미나 진행하다. 무어가 회장인 도덕학 클럽의 모임에도 다시 참여하여, 〈타자의 마음의 존재에 관한 증거〉라는 짧은 논문을 발표하다. 12월. 그동안의 작업을 토대로 봄에 제출한 《철학적 소견들》을 근거로 5년 기한의 연구교수로 선출되다.

1931~32년 강의와 세미나, 그리고 나중에 《철학적 문법》 등으로 출판되는 원고의 작성과 수정 작업을 수행하다. (이때까지의 강의 기록들은 사후 편집되어 《비트겐슈타인의 강의 : 케임브리지, 1930~1932》로 출판된다.)

1933~34년 《청색 책》과 《갈색 책》을 학생들에게 강의 대용으로 구술하다. 또 그동안의 작업을 바탕으로 이른바 《큰 타자 원고》를 작성하다. (이 원고의 수정된 부분과 수정되지 않은 일부로부터 《철학적 문법》이 구성된다. 《큰 타자 원고》는 최근에 따로 출판되었다.)

1935년 가을. 연구교수 기간 만료 이후의 일자리를 알아보기 위해 소련을 방문하다. 레닌그라드 대학, 카잔 대학, 모스크바 대학에서의 철학 강의를 제의받았으나, 노동자로 살아가기를 원했던 비트겐슈타인은 포기하고 되돌아오다. 철학적 심리학에 관한 최초의 세미나를 하다. 이 해의 강의를 위해 '사적 경험'과 '감각 자료'에 관한 강의를 위한 노트들을 작성하다. (1933년부터의 강의 기록들은 사후 편집되어 《비트겐슈타인의 강의 : 케임브리지, 1933~1935》로 출판된다.)

1936년 연구교수 기간 만료 후 더블린을 방문하다. 이 기간(6월) 중 슐리크가 사망했다는 소식을 듣다. 8월. 노르웨이에 있는 자신의 오두막집으로 가서 수개월 동안 머물다. 이 기간 중 《갈색 책》을 독일어로 개작하다 포기하고, 《철학적 탐구》에 착수하여 대략 지금의 1~188절에 해당하는 부분을 집필하다.

1937년	케임브리지, 빈 등을 거쳐 8월에 다시 노르웨이의 집으로 돌아가《수학의 기초에 관한 소견들》의 일부, 〈원인과 결과〉 등이 포함된 철학적 작업을 계속하다.
1938년	3월. 오스트리아가 나치 독일에 합병됨으로 인해 독일 국민이 되기를 거부하고 영국 국적을 신청하다.《수학의 기초에 관한 소견》과《철학적 탐구》등의 작업을 계속하다. 여름. 미학과 종교적 믿음에 관한 강의들을 하다. (이 강의들은 그 후의 관련 강의들과 대화들과 합쳐져 사후에《미학, 심리학, 종교적 믿음에 관한 강의와 대화》로 출판된다.) 9월.《철학적 탐구》의 초기 형태를 독영 대역으로 케임브리지 대학 출판부에서 출판하기로 했으나, 몇 가지 문제로 출판을 보류하다. 10월. 무어의 퇴임으로 공석이 될 교수직에 지원하다.
1939년	2월. 무어의 자리를 이어받아 케임브리지 대학 철학교수가 되다. 4월. 영국 시민권을 얻다. 6월. 여권이 나오자 유태 혈통으로 곤란에 처한 가족들의 문제를 해결하기 위해 빈, 베를린, 뉴욕으로 동분서주하다. (결국 비트겐슈타인 가족의 재산이 문제를 해결한다.) 이 해에 3학기에 걸쳐 수학의 기초에 관한 강의를 하다. (이 강의 기록은 사후 편집되어《수학 기초에 관한 비트겐슈타인의 강의 : 케임브리지, 1939》로 출판된다.) 10월부터《철학적 탐구》에 관한 세미나를 하다.
1940년	2월. 도덕학 클럽과 수학 협회에서 논문 발표와 강의. 가을.《철학적 탐구》에 관한 세미나.
1941년	10월. 비트겐슈타인의 인생에서 큰 의미가 있었던 제자이자 친구인 스키너가 병사하다. 11월부터 런던의 가이 병원에서 잡역부를 거쳐 실험실 조수로 일하다. (그는 2차 대전 발발 이후 줄곧, 학교에서 가르치는 일 말고 전쟁과 관련된 의미 있는 노동을 하고 싶어 했다.) 이때부터 1944년까지 교수로서의 정규 강의는 중단하고 주말에 케임브리지에서 사적인 세미나만 계속하다.
1942년	4월. 담석 제거 수술을 받다.

1943년	4월 이후 뉴캐슬의 병원 의학연구실로 옮겨 일하다. 9월. 《철학적 탐구》를 《논리-철학 논고》와 합쳐 출판하려고 하다. (이 계획은 케임브리지 대학 출판사에서 승인받지만, 《논고》를 발행한 케건 폴 출판사와의 저작권 문제로 결국 실행되지 못한다.)
1944년	2월. 케임브리지로 돌아가다. 3~9월. 스완시에 있는 제자이자 친구인 리스의 집에서 대부분의 시간을 보내며 《철학적 탐구》를 다듬다. (지금의 《탐구》189~421절이 추가되었다.) 10월. 케임브리지 대학 교수로 복귀하다. 11월. 무어에 이어 도덕학 클럽의 회장이 되다.
1945년	1월. 《철학적 탐구》의 머리말을 새로 쓰다. 그리고 이 해에 현재 《탐구》의 421~693절을 이루는 부분을 추가하여 제1부를 완성하다. 또 심리학의 철학에 관한 2시간짜리 세미나를 매주 2회 진행하고, 사후 《심리학의 철학에 관한 소견들》제1권으로 출판되는 타자 원고들을 작성하다.
1946년	심리철학에 관한 고찰들을 계속하며 사후 《심리학의 철학에 관한 소견들》제2권으로 출판되는 내용들을 작성하기 시작하다. 아울러 수학 기초에 관한 세미나와 심리학의 철학에 관한 세미나를 진행하다. (후자의 세미나는 사후에 《철학적 심리학에 관한 비트겐슈타인의 강의 1946~1947》로 출판된다.) 10월. 철학적 문제의 존재 여부를 놓고 도덕학 클럽에서 포퍼와 충돌하다. 11월. 도덕학 클럽에서 '철학이란 무엇인가?'에 관해 강의하다. 이 해에 벤 리처즈라는 의대 학부생에게 사랑을 느끼다.
1947년	5월. 옥스퍼드의 조웨트 학회에서 초청받아 토론하다. 여름. 이전부터 염증을 내던 교수직(특히 영국에서의 교수직)을 그만두고 《철학적 탐구》의 완성에 전념하기로 결심하다. 종전 후 처음으로 오스트리아를 방문하다. 10월. 사직서를 제출하다. (사직서는 12월에 수리된다.) 12월. 아일랜드에서의 1년 반 동안의 체류를 시작하다.
1948년	아일랜드의 외진 시골에서 절대적 고독 속에서 생활하며 철학에 몰두

하다. 9월. 암에 걸린 큰누이 헤르미네(Hermine)를 만나기 위해 빈을 방문하다. 10월. 케임브리지에서 그동안 아일랜드에서 작업한 원고들을 구술하다. 11월. 더블린에 머물며 사후《심리학의 철학에 관한 마지막 글》로 출판되는 글들을 쓰다. 12월. 유언장을 작성하다.

1949년   4월. 임종이 가까운 큰누이를 보기 위해 빈을 방문하다. 7월. 제자이자 친구인 맬컴의 오래전부터의 초청으로 미국을 방문하다. 확실성에 관한 토론과 대화들을 나누다. 이 기간 동안 심한 병을 앓다. 10월. 영국으로 되돌아가 전립선암으로 진단받다. 12월. 크리스마스 무렵에 빈의 가족들을 방문하다. 이 해에《철학적 탐구》제2부 최종판에 해당하는 내용을 구술해 타자 원고를 만들다.

1950년   1월. 괴테의 색채론을 읽고 사후《색채에 관하여》의 일부로 출판되는 소견들을 쓰다. 2월. 큰누이가 숨지다. 3월. 영국으로 돌아와 런던에 머물다. 4월 초에 케임브리지에서 제자이자 그의 후임자인 폰 브리크트의 집에 머물다가, 4월 말부터는 옥스퍼드에 있는 제자 앤스콤의 집으로 옮겨 머물다. 여름. 확실성의 문제에 관한 고찰을 재개하다. 10월. 벤 리처즈와 몇 주간 노르웨이를 여행하다. 11월. 케임브리지에 있는 주치의 베반 박사의 집으로 거처를 옮기다. 12월. 크리스마스를 빈의 가족들과 함께 보내다.

1951년   1월. 옥스퍼드에서 리스를 유언집행관으로 하고, 리스, 앤스콤, 폰 브리크트를 문헌관리자로 하는 새 유언장을 작성하다. 2월 8일 이후 케임브리지의 베반 박사 집에서 지내며 색채의 문제와 확실성의 문제에 관하여 작업하다. 4월 27일에《확실성에 관하여》의 마지막 부분을 쓰고 다음 날 의식을 잃다. 4월 29일 아침에 사망하다. 5월 1일. 케임브리지의 성(聖) 자일즈 교회 묘지에 묻히다.

비트겐슈타인의 글과 강의 목록 (출판순)

1921. "Logisch-Philosophische Abhandlung", *Annalen der Naturphilosophie*, vol. 14, nos. 3 – 4, 1921, pp. 185 – 262.

1922. *Tractatus Logico-Philosophicus*, tr., C. K. Ogden. London: Routledge and Kegan Paul. / trs., D. Pears and B. F. McGuinness, London: Routledge and Kegan Paul, 1961; 2nd ed., 1974. / tr., M. Beaney, Oxford: Oxford University Press, 2023.

1926. *Wörterbuch für Volksschulen*. Vienna: Hölder-Pichler-Tempsky.

1929. "Some Remarks on Logical Form", *Aristotelian Society Supplementary Volume 9*, pp. 162-172.

1953. *Philosophische Untersuchungen / Philosophical Investigations*, tr., G. E. M. Anscombe, Oxford: Blackwell. 2nd ed., 1958; 3rd ed., 2001; Rev. 4th ed. 2009.

1956. *Bemerkungen über den Grundlagen der Mathematik / Remarks on the Foundations of Mathematics*, eds., G. E. M. Anscombe, R. Rhees and G. H. von Wright, tr., G. E. M. Anscombe, Oxford: Basil Blackwell. Rev. 2nd ed. 1967; 3rd ed., 1978.

1958. *The Blue and Brown Books*, Oxford: Basil Blackwell. 2nd ed., 1969.

1960-1982. *Ludwig Wittgenstein Schriften*. 8 Bde., Frankfurt am Main: Suhrkamp.

1961. *Notebooks*, 1914–1916, eds., G. H. von Wright and G. E. M. Anscombe, tr., G. E. M. Anscombe, Oxford: Blackwell. 2nd ed. 1979.

1964. *Philosophische Bemerkungen*, ed., R. Rhees, Oxford: Basil Blackwell. / *Philosophical Remarks*, trs., R. Hargreaves and R. White, Oxford: Blackwell. 1975

1965. "A Lecture on Ethics", *The Philosophical Review* 74 (1):3–12

1966. *Lectures and Conversations on on Aesthetics, Psychology and Religious Belief*, ed., C. Barrett, Oxford: Basil Blackwell.

1967. *Zettel*, eds., G. E. M. Anscombe and G. H. von Wright, tr., G. E. M. Anscombe, Oxford: Basil Blackwell.

1969. *Philosophische Grammatik*, ed., R. Rhees, Oxford: Blackwell. / *Philosophical Grammar*, tr., A. Kenny, Oxford: Blackwell, 1974.

1969. *Über Gewißheit / On Certainty*, eds., G. E. M. Anscombe and G. H. von Wright, trs., D. Paul and G. E. M. Anscombe, Oxford: Blackwell.

1969. *Briefe an Ludwig Von Ficker*, eds., G. H. von Wright and W. Methlagl, Salzburg: Otto Müller Verlag.

1971. *Prototractatus. An Early Version of Tractatus Logico-Philosophicus*, eds., B. F. McGuinness, T. Nyberg and G. H. von Wright, trs., D. Pears and B. F. McGuinness, London: Routledge & Kegan Paul.

1973. *Letters to C. K. Ogden with Comments on the English Translation of the Tractatus Logico-Philosophicus*, Oxford: Basil Blackwell.

1976. *Wittgenstein's Lectures on the Foundations of Mathematics, Cambridge*, 1939. from the Notes of R. G. Bosanquet, Norman Malcolm, Rush Rhees, and Yorick Smythies, ed., C. Diamond, Ithaca, NY: Cornell University Press.

1977. *Vermischte Bemerkungen*, ed., G. H. von Wright, Oxford: Basil Blackwell. 2nd. ed., 1980 / *Culture and Value*, tr., P. Winch, Oxford: Blackwell. 1980; Rev. 2nd ed., 1998.

1977. *Bemerkungen über die Farben / Remarks on Colour*, ed., G. E. M. Anscombe, trs., L. L. McAlister and M. Schättle, Oxford: Basil Blackwell.

1979. *Bemerkungen über Frasers* Golden Bough/*Remarks on Fraser's* Golden Bough, ed. R. Rhees, tr., A. C. Miles, Swansea: Brynmill.

1979. *Ludwig Wittgenstein und der Wiener Kreis / Ludwig Wittgenstein and the Vienna Circle*, ed., B. F. McGuinness, trs., J. Schulte and B. F. McGuinness, Oxford: Blackwell.

1979. *Wittgenstein's Lectures: Cambridge, 1932–1935, from the Notes of Alice Ambrose and*

Margaret MacDonald, ed., A. Ambrose, Oxford: Basil Blackwell.

1980. *Wittgenstein's Lectures: Cambridge, 1930–1932. From the Notes of John King and Desmond Lee*, ed., D. Lee, Oxford: Basil Blackwell.

1980. *Bemerkungen über die Philosophie der Psychologie / Remarks on the Philosophy of Psychology*, 2 vols., eds., G. E. M. Anscombe and G. H. von Wrigh, tr., G. E. M. Anscombe, Oxford: Basil Blackwell.

1982. *Letzte Schriften über die Philosophie der Psychologie Bd. 1: Vorstudien zum zweiten Teil der Philosophische Untersuchungen / Last Writings on the Philosophy of Psychology Volume I: Preliminary Studies for Part II of Philosophical Investigations*, eds., G. H. von Wright and H. Nyman, trs., C. G. Luckhardt and M. A. E. Aue, Oxford: Blackwell.

1984. *Ludwig Wittgenstein Werkausgabe.* 8 Bde., Frankfurt am Main: Suhrkamp.

1988. *Wittgenstein's Lectures on Philosophical Psychology 1946-47.* Notes by P. T. Geach, K. J. Shah, A. C. Jackson, ed., P. T. Geach, Chicago: The University of Chicago Press.

1989. *Logisch-Philosophische Abhandlung. Tractatus Logico-Philosophicus. Kritische Edition*, eds., B. McGuinness and J. Schulte, Frankfurt am Main: Suhrkamp.

1992. *Letzte Schriften über die Philosophie der Psychologie Bd. 2: Die Innere und das Äußere 1949-1951 / Last Writings on the Philosophy of Psychology Vol. II: The Inner and the Outer 1949–1951*, eds., G. H. von Wright and H. Nyman, trs., C. G. Luckhardt and M. A. E. Aue, Oxford: Blackwell.

1993. *Ludwig Wittgenstein. Philosophical Occasions 1912-1951*, eds. J. Klagge and A. Nordmann, Indianapolis and Cambridge: Hackett.

1994-2021. *Ludwig Wittgenstein Wiener Ausgabe.* 9 Bde., ed., M. Nedo, Vienna: Springer.

1997. *Denkbewegungen: Tagebücher 1930-1932, 1936-1937*, ed. I. Somavilla, Innsbruck: Haymon.

2001. *Philosophische Untersuchungen. Kritisch-Genetische Edition*, ed. J. Schulte, Frankfurt am Main: Suhrkamp.

2000. *Wittgenstein's Nachlass: Text and Facsimile Version.* The Bergen Electronic Edition, Oxford: Oxford University Press.

2003. *Ludwig Wittgenstein. Public and Private Occasions*, eds. J. Klagge and A. Nordmann, Lanham, MD: Rowman & Littlefield.

2005. *The Big Typescript. TS 213*, eds. C. G. Luckhardt and M. A. E. Aue, trs., C. G. Luckhardt and M. A. E. Aue, Oxford: Blackwell.

2008. *Wittgenstein in Cambridge: Letters and Documents, 1911–1951*, ed., B. McGuinness, Oxford: Blackwell.

2013 (with Friedrich Waismann). *The Voices of Wittgenstein: The Vienna Circle*, ed., G. Baker, trs., G. Baker, M. Mackert, J. Connolly and V. Politis, London: Routledge,

2016. *Wittgenstein: Lectures, Cambridge 1930-1933 from the Notes of G. E. Moore*, eds. D. Stern, B. Rogers and G. Citron, Cambridge: Cambridge University Press.

2017. *Wittgenstein's Whewell's Court Lectures: Cambridge, 1938–1941 (From the Notes by Yorick Smythies)*, eds., V. Munz and B. Ritter, Oxford: Wiley Blackwell.

찾아보기[1]

---

1 숫자들은 본문의 절 번호를 가리킨다.

6.121

말하다　머리말, 3.031, 3.1432, 3.221,
　　4.022, 4.062~4.063, 4.1212, 4.461,
　　4.465, 5.14, 5.142, 5.43~5.441, 5.47,
　　5.513, 5.5301~5.5303, 5.535, 5.542,
　　5.61, 5.62, 5.631, 6.001, 6.11, 6.342,
　　6.3431, 6.36, 6.423, 6.51, 6.521, 6.53, 7
　　'A는 p라고 말한다' 5.542

말할 수 없는 것　4.115

말할 수 있는 것　4.115

맞다　3.24, 4.1213, 5.123, 5.512

매개하다　6.2331

명료한〔→분명한〕　머리말, 3.251, 4.112,
　　4.115, 4.116

명료해짐　4.112

명료화　4.112

명명하다　3.144

명백한　2.022, 4.012, 4.221, 5.1311, 5.42,
　　5.5571, 6.31

명사〔→이름〕　3.143, 3.3411, 4.025

명시하다　6.121

명제　2.0122, 2.0201, 2.0211, 2.0231, 3.1~
　　3.13, 3.141, 3.143, 3.1431, 3.144~3.202,
　　3.22, 3.221, 3.24~3.251, 3.263, 3.3~
　　3.315, 3.317, 3.318, 3.323, 3.332, 3.333,
　　3.34, 3.341, 3.4, 3.42, 4, 4.001, 4.003~
　　4.012, 4.016, 4.021~4.031, 4.0312,
　　4.032, 4.04, 4.05~4.11, 4.12~4.1211,
　　4.122, 4.124, 4.125, 4.1252, 4.126,
　　4.1272, 4.1273, 4.1274, 4.2, 4.221, 4.23,
　　4.243, 4.4~4.42, 4.431, 4.442, 4.46,
　　4.461, 4.463~4.466, 4.5~4.52, 5~

5.02, 5.101~5.12, 5.123~5.131, 5.132,
　5.1363, 5.14~5.151, 5.152, 5.153,
　5.156~5.21, 5.23, 5.233, 5.2341, 5.24,
　5.25, 5.2521, 5.3, 5.43, 5.44, 5.442,
　5.451, 5.4541, 5.47~5.4711, 5.473,
　5.4733, 5.5, 5.501, 5.503, 5.512~5.5151,
　5.525~5.5262, 5.5301, 5.5302, 5.5321,
　5.5351~5.541, 5.5422, 5.5562, 5.5563,
　6~6.01, 6.1~6.1201, 6.1203~6.1222,
　6.1231, 6.1232, 6.124, 6.125, 6.126,
　6.1263~6.1271, 6.2~6.22, 6.2321,
　6.2341, 6.241, 6.31, 6.34, 6.341, 6.343,
　6.4, 6.42, 6.53, 6.54

논리적 — 6.112, 6.113, 6.121, 6.122,
　　6.1222, 6.1231, 6.1232, 6.124,
　　6.125, 6.126, 6.1263, 6.1271

논리학의 — 5.02, 5.43, 6.1, 6.11,
　　6.111~6.12, 6.121, 6.1222, 6.124,
　　6.125, 6.126, 6.1264, 6.127, 6.22

—의 구성 요소 4.025

'—의 내용' 3.13

—의 본질 5.471, 5.4711

물리학의 — 6.341

수학의 — 5.43, 6.2, 6.21, 6.2321

수학적 — 6.211

일반화되지 않은 — 6.1231

일반화된 — 5.526, 5.5261, 6.1231

주어—술어 — 4.1274

명제 기호　3.12, 3.14, 3.143, 3.1431, 3.2,
　　3.21, 3.332, 3.34, 3.41, 3.5, 4.02, 4.44,
　　4.442, 5.31

명제 변항　3.313, 3.314, 3.316, 3.317,

4.2, 4.27, 4.3

비확률적 5.153

ㅅ

사건 5.1361, 5.153〜5.155, 5.452, 6.3611, 6.41, 6.422, 6.4311

사고 머리말, 3, 3.01, 3.02, 3.04〜3.1, 3.12, 3.2, 3.5, 4, 4.002, 4.014, 4.112, 6.21, 6.422

사고 과정 4.1121

사다리 6.54

사라지다 4.1251, 5.143, 5.254, 5.535, 5.441, 6.521

사람 이름 3.323

사물/것 1.1, 2.01〜2.0122, 2.013, 2.02331, 2.151, 3.1431, 3.221, 4.0311, 4.063, 4.1272, 4.243, 5.5301, 5.5303, 5.5351, 5.5352, 5.553, 5.634, 6.1231

사슬 2.03

사실 1.1〜.2, 2, 2.0121, 2.034, 2.06, 2.1, 2.141, 2.16, 3, 3.14, 3.142, 3.143, 4.016, 4.0312, 4.061, 4.063, 4.122, 4.1221, 4.1272, 4.2211, 4.463, 5.154, 5.156, 5.461, 5.5151, 5.542, 5.5423, 6.111, 6.113, 6.2321, 6.43, 6.4321

   긍정적 ― 2.06, 4.063

   부정적 ― 2.06, 4.063

사실이다 3.342, 5.1362, 5.5151, 5.541, 5.5542, 5.61, 6.23

사실적/사실상 5.452, 5.5563, 6.35, 6.36111

사용 3.327, 4.013

사용하다 3.325, 6.1202, 6.341

사이비 개념 4.1272

사이비 관계 5.461

사이비 명제 4.1272, 5.534, 5.535, 6.2

사전 4.025

사태 2〜2.0123, 2.0141, 2.0272〜2.032, 2.034, 2.04〜2.062, 2.11, 2.201, 3.001, 3.0321, 4.023, 4.0311, 4.1, 4.122, 4.2, 4.21, 4.2211, 4.25, 4.27, 4.3

《산수의 근본 법칙》 5.451

산출 3.34

산출하다 4.002, 4.1273, 5.21, 5.3, 5.44, 6.002, 6.126

살다 6.4311

삶 5.621, 6.211, 6.4311, 6.4312, 6.52〜6.521

   ―을 계속함 6.4312

   ―의 문제 6.52

삼키다 3.262

상 6.422

상쇄하다 4.462, 5.253

상이한/다른 2.0122, 2.022, 2.0233, 3.143, 3.321〜3.323, 3.325, 3.333, 4.0141, 4.243, 5.135, 5.4733, 5.535, 5.5423, 5.55, 5.553, 6.232, 6.2322, 6.341〜6.342, 6.3751

상이한 것 4.243

상징 3.24, 3.31, 3.317, 3.32, 3.321, 3.323, 3.325, 3.326, 3.341, 3.3411, 3.344, 4.126, 4.24, 4.465, 4.4611, 4.5, 5.1311, 5.473, 5.4733, 5.513〜5.515, 5.525, 5.5261, 5.5351, 5.555, 6.113, 6.124,

비트겐슈타인 선집 **1**

논리-철학 논고

초판 1쇄 펴낸날 | 2006년 5월 1일
개정 1판 1쇄 펴낸날 | 2020년 6월 16일
개정 2판 1쇄 펴낸날 | 2025년 4월 30일

지은이 루트비히 비트겐슈타인
옮긴이 이영철

펴낸이 김준성
펴낸곳 책세상
등록 1975년 5월 21일 제2017-000226호
주소 서울시 마포구 동교로23길 27, 3층(03992)
전화 02-704-1251
팩스 02-719-1258
이메일 editor@chaeksesang.com
광고·제휴 문의 creator@chaeksesang.com
홈페이지 chaeksesang.com
페이스북 /chaeksesang **트위터** @chaeksesang
인스타그램 @chaeksesang **네이버포스트** bkworldpub

ISBN 979-11-5931-494-0 04100
      979-11-5931-476-6 (세트)